马克思主义理论研究和建设工程重点教材

科学社会主义概论

（第二版）

《科学社会主义概论》编写组

人民出版社

高等教育出版社

教学课件下载

本书有配套教学课件,供教师免费使用,请访问 https://dj.lilun.cn/html/courseware.html,即可浏览下载。

图书在版编目(CIP)数据

科学社会主义概论/《科学社会主义概论》编写组编. --
2 版. -- 北京:人民出版社,2020.8(2024.6 重印)
马克思主义理论研究和建设工程重点教材
ISBN 978-7-01-022303-2

Ⅰ.①科… Ⅱ.①科… Ⅲ.①科学社会主义理论-
高等学校-教材 Ⅳ.①D0-0

中国版本图书馆 CIP 数据核字(2020)第 124689 号

责任编辑 任 民   封面设计 王 洋   版式设计 于 婕   责任校对 段雨菲
责任印制 周文雁

出版发行	人民出版社	网 址	http://www.peoplepress.net
社 址	北京市东城区隆福寺街 99 号	版 次	2012 年 6 月第 1 版
邮政编码	100706		2020 年 8 月第 2 版
印 刷	北京中科印刷有限公司	印 次	2024 年 6 月第 10 次印刷
开 本	787mm×1092mm 1/16	定 价	35.00 元
印 张	17	购书热线	010-84095064
字 数	287 千字	咨询电话	010-84095103

•马克思主义理论研究和建设工程重点教材•

马克思主义理论研究和建设工程咨询委员会委员、审议专家

（以姓氏笔画为序）

《科学社会主义概论》教材编写课题组

首席专家　李君如　　赵　曜　　靳辉明　　严书翰

主要成员　（以姓氏笔画为序）

王怀超　　叶庆丰　　闫志民　　许征帆

许耀桐　　刘建军　　李忠杰　　李宝善

李崇富　　杜飞进　　秦　刚　　徐崇温

黄　宏　　商志晓　　薛汉伟

《科学社会主义概论》教材修订课题组(第二版)

首席专家　方　立　　靳　诺

主要成员　（以姓氏笔画为序）

冯宏良　　许耀桐　　闫志民　　辛向阳

郑云天　　孟　鑫　　郭　强　　郭春生

蒲国良

目　录

导　论

科学社会主义是由马克思、恩格斯为无产阶级和全人类解放而创立并且在实践中不断发展的科学，是关于社会主义、共产主义社会发展规律的科学，就其总体来说是无产阶级解放运动的理论。科学社会主义有广义和狭义两种理解：广义上，科学社会主义即共产主义学说，是马克思主义的同义语；狭义上，科学社会主义同马克思主义哲学、政治经济学一起，是马克思主义3个基本组成部分之一。本教材论述的是狭义上的科学社会主义。

科学社会主义创立170多年来，从一种理论到成为人类社会的一种实践和制度，在世界社会主义既波澜壮阔又形式多样的实践检验中不断丰富和发展。中国特色社会主义是科学社会主义基本原则同当代中国实践和时代特征相结合的产物，习近平新时代中国特色社会主义思想是马克思主义中国化最新成果，是根植于中国大地、反映人民意愿、适应中国和时代发展进步要求的科学社会主义。在人类历史长河中，科学社会主义之所以能够发生重大影响并且被证明是科学的，因为它是马克思、恩格斯在科学分析人类社会特别是资本主义社会发展规律基础上创立的，是建立在唯物史观和剩余价值学说基础之上的，是由实践检验并在实践中不断发展的科学。

一、科学社会主义在马克思主义中的重要地位

马克思主义是马克思、恩格斯在参加革命斗争实践的基础上，批判地继承人类思想文化优秀成果而创立起来的无产阶级革命的科学思想的结晶，是无产阶级的严整而彻底的世界观，是无产阶级及其政党的理论基础和行动指南，是科学的理论、人民的理论、实践的理论、不断发展的开放的理论。科学社会主义作为马克思主义不可分割的组成部分，在马克思主义中具有极其重要的地位。

1. 科学社会主义在马克思主义理论中的地位

马克思主义理论体系主要包括马克思主义哲学、政治经济学和科学社会主

义 3 个基本组成部分。科学社会主义以马克思主义哲学和政治经济学为理论基础，是马克思主义哲学和政治经济学探讨人类社会发展规律、考察和揭示资本主义社会发展规律得出的基本结论。

马克思主义哲学是关于自然、社会和人类思维一般规律的科学，即辩证唯物主义和历史唯物主义。马克思主义哲学阐明了社会存在决定社会意识，生产力决定生产关系，经济基础决定上层建筑，阶级斗争是阶级对立社会发展的直接动力，人民群众是历史的创造者等重要原理，揭示了人类社会在社会矛盾运动中由低级向高级不断发展的客观规律。马克思、恩格斯由此确立的新世界观，将社会主义置于现实基础之上研究和考察，为社会主义从空想到科学的转变提供了哲学武器。

马克思主义政治经济学是研究社会生产方式和生产关系即经济关系的科学。它研究了社会经济关系特别是资本主义经济运动的规律，创立了剩余价值学说，揭示了资本剥削劳动的秘密，论证了社会化大生产与资本主义占有之间的矛盾是资本主义的基本矛盾及其演变的必然趋势，找到了资本主义社会变革的现实力量。马克思、恩格斯创立的剩余价值学说，实现了对整个理论体系的经济学论证。

马克思、恩格斯在唯物史观和剩余价值学说这两大发现基础上，揭示了资本主义基本矛盾发展的最终结果，必然是社会化大生产冲破资本主义私有制桎梏，建立同社会化大生产相适应的生产资料公有制，进一步解放和发展生产力；必然是同社会化大生产相联系的无产阶级，通过革命建立无产阶级专政，消灭阶级和阶级差别，在解放全人类中解放自己，从而把社会主义学说奠定在社会发展客观规律和科学理论的基础之上。正如恩格斯指出的："现代社会主义，就其内容来说，首先是对现代社会中普遍存在的有财产者和无财产者之间、资本家和雇佣工人之间的阶级对立以及生产中普遍存在的无政府状态这两个方面进行考察的结果。"[①] 这个结果，就是从理论上阐明了无产阶级在解决资本主义社会基本矛盾中的历史地位和历史使命，阐明了社会主义取代资本主义的历史必然性，阐明了无产阶级彻底解放的方向和道路。

马克思主义是一个系统而完整的理论体系，3 个基本组成部分既有区别又紧密联系。马克思主义哲学和政治经济学为科学社会主义奠定了理论基础，科

---

① 《马克思恩格斯文集》第 3 卷，人民出版社 2009 年版，第 523 页。

学社会主义是马克思主义哲学和政治经济学考察人类社会特别是资本主义社会得出的必然结论，在马克思主义理论体系中处于核心地位。恩格斯在《反杜林论》序言中明确指出，该书论述社会主义的第三编第二章《理论》部分即专门论述社会主义代替资本主义历史必然性的部分，"是我所主张的观点的一个核心问题的表述"①。

2. 科学社会主义在马克思主义实践中的地位

同马克思主义本质上是批判的革命的科学一样，科学社会主义作为一种学说，不是书斋中形成并单纯依靠学理来论证的理论体系。它植根于社会主义运动又指导社会主义运动，把建立社会主义和共产主义社会制度作为自己的理想，并且指引无产阶级为实现这一理想而不懈奋斗。因此，研究科学社会主义在马克思主义中的地位，还要研究科学社会主义与社会主义思潮、社会主义运动、社会主义制度的相互关系。马克思、恩格斯在《德意志意识形态》中说过："我们所称为共产主义的是那种消灭现存状况的现实的运动。"② 恩格斯在《反杜林论》中明确地把科学社会主义称为"无产阶级运动的理论表现"③。

科学社会主义同马克思主义实践直接相联系的特点，决定了科学社会主义既能够直接指导无产阶级解放运动和社会主义实践、最终实现全人类解放，又能够直接从无产阶级解放运动特别是社会主义实践中汲取营养，不断发展自己的理论体系。科学社会主义与实践紧密联系的开放性，对于马克思主义的与时俱进和完善发展起到了极大的推动作用。

二、科学社会主义的研究对象和基本问题

同任何科学一样，科学社会主义作为科学，也有特定的研究对象和基本问题。

1. 科学社会主义的研究对象

恩格斯最早对科学社会主义研究对象作出界定。1847 年，他在《共产主义

---

① 《马克思恩格斯文集》第 9 卷，人民出版社 2009 年版，第 12 页。
② 《马克思恩格斯文集》第 1 卷，人民出版社 2009 年版，第 539 页。
③ 《马克思恩格斯文集》第 9 卷，人民出版社 2009 年版，第 300 页。

原理》中回答什么是共产主义即科学社会主义时指出，"共产主义是关于无产阶级解放的条件的学说"①。同年10月，他在《共产主义者和卡尔·海因岑》中指出："共产主义作为理论，是无产阶级立场在这种斗争中的理论表现，是无产阶级解放的条件的理论概括。"② 1848年，马克思、恩格斯在《共产党宣言》中把科学社会主义的研究对象概括为"无产阶级运动的条件、进程和一般结果"③。1880年，恩格斯在被马克思称为"科学社会主义的入门"的《社会主义从空想到科学的发展》中，进一步将无产阶级运动的性质作为科学社会主义的研究对象。1885年，恩格斯又在科学社会主义的研究对象中增加了"一般目的"。他指出："共产主义现在已经不再意味着凭空设想一种尽可能完善的社会理想，而是意味着深入理解无产阶级所进行的斗争的性质、条件以及由此产生的一般目的。"④

"无产阶级解放的性质"指的是：无产阶级解放和全人类解放根本上是一致的，无产阶级只有解放全人类才能最后解放自己；无产阶级解放是要用共产主义取代资本主义，最终消灭一切阶级和阶级差别，解放全人类；无产阶级解放运动是为大多数人谋利益的运动，是人类历史上最伟大最进步的运动。

"劳动阶级解放的条件就是要消灭一切阶级"⑤。消灭一切阶级，就是要通过革命推翻资产阶级的政治统治，争得民主；就是要利用无产阶级的政治统治，有步骤地用公有制取代私有制；就是要在建立公有制的基础上尽快发展社会生产力；就是要在社会生产力充分发展的进程中同私有观念彻底决裂，形成共产主义的思想道德；就是要在经济社会全面发展的基础上消灭阶级差别、工农差别、城乡差别以及体力劳动和脑力劳动的对立，建设人与人事实上平等的和谐社会。消灭一切阶级的这些条件，是科学社会主义研究的重点。

"无产阶级解放的一般目的"，就是实现人的自由而全面发展，建立自由人的联合体，最终实现共产主义。

概括起来说，科学社会主义就是研究无产阶级解放运动和全人类解放的过程及其发展规律的科学。实践表明，无产阶级解放运动既包括社会主义取代资

① 《马克思恩格斯文集》第1卷，人民出版社2009年版，第676页。
② 《马克思恩格斯文集》第1卷，人民出版社2009年版，第672页。
③ 《马克思恩格斯文集》第2卷，人民出版社2009年版，第44页。
④ 《马克思恩格斯文集》第4卷，人民出版社2009年版，第233页。
⑤ 《马克思恩格斯文集》第1卷，人民出版社2009年版，第655页。

本主义的社会主义革命过程，也包括建设社会主义并最终实现共产主义的过程。无产阶级解放运动要赢得最后胜利，既要研究社会主义革命规律，又要研究社会主义建设规律包括最终实现共产主义的规律。因此，科学社会主义作为研究无产阶级解放的性质、条件和一般目的的科学，就是研究无产阶级和全人类解放运动及其发展规律的科学，就是研究社会主义革命和建设及其发展规律的科学。

2. 科学社会主义的基本问题

马克思主义哲学、政治经济学、科学社会主义都是研究无产阶级和全人类解放的科学，但侧重点不同。科学社会主义重点研究社会主义革命和社会主义建设及其发展规律，要回答的基本问题是：社会主义为什么必然取代资本主义，社会主义怎样取代资本主义；什么是社会主义，怎样建设社会主义等。马克思、恩格斯对这些基本问题作了原则性回答。

社会主义为什么必然取代资本主义？资本主义曾被一些资产阶级思想家比喻为"千年理想王国"。但是，资本主义发展中暴露出来的种种矛盾、冲突和罪恶，说明资本主义制度并非人类的理想社会。马克思、恩格斯从生产力和生产关系、经济基础和上层建筑的矛盾运动来说明资本主义产生、发展、灭亡的历史必然性，从社会化大生产同生产资料私人占有之间的矛盾来阐释共产主义取代资本主义是自然历史过程，从资本主义社会的阶级对立来分析无产阶级的历史使命，得出无产阶级是最革命的阶级、是资本主义掘墓人和共产主义建设者。马克思、恩格斯指出，必然取代资本主义生产关系的只能是同社会化大生产相适应的社会主义生产关系，必然最终取代资本主义制度的也只能是共产主义制度。这就是《共产党宣言》指出的"资产阶级的灭亡和无产阶级的胜利是同样不可避免的"（简称"两个必然"）科学结论。

当然，必然取代并不等于立即就会被取代。新旧社会形态的更替尤其是社会主义取代资本主义是一个历史过程，是有条件的。这一历史条件，既包括社会化生产的发展水平，也包括与社会化生产密切联系的工人阶级及其政党在理论上和政治上的成熟程度。因此，伴随着这一历史条件的成熟，特别是与社会化生产相联系的工人阶级及其政党的成熟，资本主义最终必将为社会主义所取代。这是社会历史发展不可逆转的总趋势，尽管道路是曲折的。

什么是社会主义？在创立科学社会主义的时候，马克思、恩格斯已经对取代资本主义社会的未来社会进行了研究，并且从社会发展规律上预见了未来社会是自由人的联合体。马克思、恩格斯认为，最能体现未来社会质的规定性的是《共产党宣言》里的这段话："代替那存在着阶级和阶级对立的资产阶级旧社会的，将是这样一个联合体，在那里，每个人的自由发展是一切人的自由发展的条件。"①

马克思、恩格斯对未来社会的设想主要是理论上的，至于如何付诸实践，还有待后人来解答。他们反复强调，要从最顽强的事实出发预测未来社会，坚决反对教条式预测未来和规定未来社会的具体细节，强调科学社会主义原理的运用随时随地都要以具体的历史条件为转移。

社会主义由理论成为现实以后，特别是中国特色社会主义的伟大实践，极大丰富了对于什么是社会主义的认识。中国共产党人在中国特色社会主义实践中进一步认识到：社会主义的本质，是解放生产力，发展生产力，消灭剥削，消除两极分化，最终达到共同富裕；是人的全面发展；是共产党的领导；等等。

社会主义怎样取代资本主义？马克思、恩格斯认为，社会主义代替资本主义这种社会更替是历史性的变革，就其实质而言是革命而不是改良。只有通过无产阶级革命夺取政权并建立无产阶级专政，社会主义取代资本主义才具备基本的前提条件。马克思指出，无产阶级夺取政权并不等于社会主义的建立，还要经历一个过渡时期才能到达社会主义，过渡时期的国家只能是无产阶级专政的国家。实现向社会主义过渡的首要条件是无产阶级国家以社会的名义占有一切生产工具，并尽可能快地增加生产力的总量。同时，也还需要有其他重要条件。比如，作为统治阶级的无产阶级要有革命政党的正确领导，要建立起巩固的工农联盟，要正确掌握革命斗争的战略和策略，等等。当然，马克思、恩格斯并不排除特殊条件下，无产阶级利用和平方式夺取政权的可能性。

20世纪初，列宁把马克思主义基本原理同俄国具体实际相结合，把科学社会主义付诸实践，使社会主义实现了从理论到现实的伟大飞跃。列宁创立了帝国主义时代无产阶级革命的理论，把马克思主义推向新的发展阶段，即列宁主义阶段。

在经济文化比较落后的国家如何实现社会主义？以毛泽东同志为主要代表

---

① 《马克思恩格斯文集》第2卷，人民出版社2009年版，第53页。

的中国共产党人在理论和实践上进一步丰富、发展了马克思列宁主义。毛泽东创立的新民主主义理论是科学社会主义基本原理在中国的运用和发展，是马克思主义中国化的重大成果。

在社会主义与资本主义并存的当今世界，社会主义取代资本主义还取决于社会主义优越性的充分发挥，并由此产生的强大吸引力和凝聚力。习近平指出："事实一再告诉我们，马克思、恩格斯关于资本主义社会基本矛盾的分析没有过时，关于资本主义必然消亡、社会主义必然胜利的历史唯物主义观点也没有过时。这是社会历史发展不可逆转的总趋势，但道路是曲折的。资本主义最终消亡、社会主义最终胜利，必然是一个很长的历史过程。""最重要的，还是要集中精力办好自己的事情，不断壮大我们的综合国力，不断改善我们人民的生活，不断建设对资本主义具有优越性的社会主义，不断为我们赢得主动、赢得优势、赢得未来打下更加坚实的基础。"[1]

怎样建设社会主义？社会主义从理论变为现实，是进入帝国主义时代后首先在经济文化比较落后的国家通过革命实现的。在这些国家如何建设、巩固和发展社会主义，在马克思主义老祖宗那里找不到现成答案。对此，从列宁、斯大林到毛泽东，包括苏联、中国和其他社会主义国家等都作了艰辛的探索。

十月革命胜利后，究竟如何搞社会主义，列宁进行了深入思考和艰辛探索。为了应对帝国主义发动的对苏维埃政权的武装干涉和国内战争，从1918年下半年到1921年春，新生的苏维埃政权实行了战时共产主义政策。1921年3月，俄共（布）召开第十次代表大会，通过了列宁提出的新经济政策，对战时共产主义政策进行了深刻调整。列宁晚年对十月革命道路和新经济政策初步经验进行了总结后认为，"我们不得不承认我们对社会主义的整个看法根本改变了。"[2] 所以，从早期社会主义实践中，马克思主义者就逐步明白了一个道理，社会主义理论必须与实际条件相结合，必须在实践中寻找最合适的实现方式，不可能一步建成纯而又纯的社会主义社会。

列宁逝世以后，斯大林在领导苏联社会主义建设中逐步形成了高度集中的经济政治体制，就是所谓的苏联模式。它既发挥过积极作用，也有严重弊端。进入20世纪80年代后，苏联和东欧国家在改革与调整中由于党和国家高层决

---

[1] 《十八大以来重要文献选编》（上），中央文献出版社2014年版，第117页。
[2] 《列宁选集》第4卷，人民出版社2012年版，第773页。

策失误等原因，在西方等各种势力强大攻势下，逐渐偏离了正确方向，最终导致 1989 年东欧国家先后发生剧变，1991 年苏联解体、苏共解散，使世界社会主义遭受了重大曲折。

中华人民共和国成立后，以毛泽东同志为主要代表的中国共产党人带领全党全国各族人民，进行了社会主义建设伟大探索和实践。刚开始，我们只能学习苏联经验。经过实践，我们党很快就察觉到苏联模式的局限，认识到了苏联在建设社会主义过程中的一些缺点和错误。毛泽东经过慎重思考，提出要以苏联的经验教训为鉴戒，独立探索适合中国国情的社会主义建设道路，逐步形成了一些十分重要的认识。这个时期，我们党团结带领人民全力推进社会主义建设，建立了独立的比较完整的工业体系和国民经济体系，各方面建设取得了巨大成就。上述这些，都为新的历史时期开创中国特色社会主义提供了宝贵经验、理论准备、物质基础。

党的十一届三中全会以来，以邓小平同志为主要代表的中国共产党人重新确立了解放思想、实事求是的思想路线，彻底否定了"以阶级斗争为纲"的错误理论和实践，以巨大的政治勇气和理论勇气提出进行改革开放，并明确提出必须搞清楚什么是社会主义、怎样建设社会主义这个重大理论和实际问题，创立了邓小平理论。我们党反复强调邓小平开创了中国特色社会主义，关键就在于：邓小平第一次比较系统地初步回答了在中国这样经济文化比较落后的国家如何建设社会主义、如何巩固和发展社会主义的一系列基本问题，用新的思想观点，继承和发展了马克思主义，把对社会主义的认识提高到新的科学水平。

党的十三届四中全会以来，以江泽民同志为主要代表的中国共产党人在国内外形势十分复杂、世界社会主义出现严重曲折的严峻考验面前捍卫了中国特色社会主义，依据新的实践确立了党的基本纲领、基本经验，确立了社会主义市场经济体制的改革目标和基本框架，确立了社会主义初级阶段的基本经济制度和分配制度，推进党的建设新的伟大工程，创立了"三个代表"重要思想，开创全面改革开放新局面，成功把中国特色社会主义推向 21 世纪。

党的十六大以来，以胡锦涛同志为主要代表的中国共产党人强调坚持以人为本、全面协调可持续发展，提出构建社会主义和谐社会、加快生态文明建设，形成中国特色社会主义事业总体布局，着力保障和改善民生，促进社会公平正义，推动建设和谐世界，推进党的执政能力建设和先进性建设，形成了科学发展观，成功在新的历史起点上坚持和发展了中国特色社会主义。

党的十八大以来，以习近平同志为主要代表的中国共产党人围绕新时代坚持和发展什么样的中国特色社会主义、怎样坚持和发展中国特色社会主义这个重大时代课题，团结带领全党全国各族人民进行具有许多新的历史特点的伟大斗争，统筹推进"五位一体"总体布局，协调推进"四个全面"战略布局，推动改革开放和社会主义现代化建设取得新的重大成就，推动党和国家事业发生历史性变革，开启了中国特色社会主义新时代，创立了习近平新时代中国特色社会主义思想，深刻回答了新时代坚持和发展中国特色社会主义的一系列重大问题，实现了马克思主义基本原理与中国具体实际和时代特征相结合的又一次飞跃，为中国特色社会主义注入了新的科学内涵，开辟了马克思主义和中国特色社会主义新境界。

从中国特色社会主义的实践看，科学社会主义基本原则不能丢，丢了就不是社会主义。中国特色社会主义，既坚持了科学社会主义基本原则，又根据时代条件赋予其鲜明的中国特色。这就是说，中国特色社会主义是社会主义，不是别的什么主义。一个国家实行什么样的主义，关键要看这个主义能否解决这个国家面临的历史性课题。在中华民族积贫积弱、任人宰割的时期，各种主义和思潮都进行过尝试，资本主义道路没有走通，改良主义、自由主义、社会达尔文主义、无政府主义、实用主义、民粹主义、工团主义等也都"你方唱罢我登场"，但都没能解决中国的前途和命运问题。是马克思列宁主义、毛泽东思想引导中国人民走出了漫漫长夜、建立了新中国，是中国特色社会主义使中国快速发展起来了。不说更早的时期，就从改革开放开始，特别是苏联解体、东欧剧变以后，唱衰中国的舆论在国际上不绝于耳，各式各样的"中国崩溃论"从来没有中断过。但是，中国非但没有崩溃，反而综合国力与日俱增，人民生活水平不断提高，"风景这边独好"。历史和现实都告诉我们，只有社会主义才能救中国，只有中国特色社会主义才能发展中国，这是历史的结论、人民的选择。

近些年来，国内外有些舆论提出中国现在搞的究竟还是不是社会主义的疑问，有人说是"资本社会主义"，还有人干脆说是"国家资本主义""新官僚资本主义"。这些都是完全错误的。我们说中国特色社会主义是社会主义，那就是不论怎么改革、怎么开放，我们都始终要坚持中国特色社会主义道路、中国特色社会主义理论体系、中国特色社会主义制度、中国特色社会主义文化，坚持党的十八大以来特别是十九大提出的坚持和发展中国特色社会主义的基本要求。这就包括在中国共产党领导下，立足基本国情，以经济建设为中心，坚持四项基本原则，坚持改革开放，解放和发展社会生产力，建设社会主义市场经济、社会主义民主政治、社会主义先进文化、社会主义和谐社会、社会主义生态文明，促进人的全面发展，逐步实现全体人民共同富裕，建设富强民主文明和谐美丽的社会主义现代化强国；包括坚持人民代表大会制度的根本政治制度，中国共产党领导的多党合作和政治协商制度、民族区域自治制度以及基层群众自治制度等基本政治制度，中国特色社会主义法律体系，公有制为主体、多种所有制经济共同发展的基本经济制度。这些都是在新的历史条件下体现科学社会主义基本原则的内容，如果丢掉了这些，那就不成其为社会主义了。

邓小平同志曾经深刻地、总结性地指出："我们的现代化建设，必须从中国的实际出发。无论是革命还是建设，都要注意学习和借鉴外国经验。但是，照抄照搬别国经验、别国模式，从来不能得到成功。这方面我们有过不少教训。"① 过去不能搞全盘苏化，现在也不能搞全盘西化或者其他什么化。冷战结束后，不少发展中国家被迫采纳了西方模式，结果党争纷起、社会动荡、人民流离失所，至今都难以稳定下来。《庄子·秋水》中写道："且子独不闻夫寿陵余子之学行于邯郸与？未得国能，又失其故行矣，直匍匐而归耳。"我们千万不能"邯郸学步，失其故行"。我们就是把马克思主义中国化，就是搞中国特色社会主义。近年来，随着我国综合国力和国际地位上升，国际上关于"北京共识""中国模式""中国道路"等议论和研究也多了起来，其中不乏赞扬者。一些外国学者认为，中国的快速发展，导致一些西方理论正在被质疑，一种新版的马克思主义理论正在颠覆西方的传统理论。我们始终认为，各国的发展道路应由各国人民选择。所谓的"中国模式"是中国人民在自己的奋斗实践中创造的中国特色社会主义道路。我们坚信，随着中国特色社会主义不断发展，我们的制度必将越来越成熟，我国社会主义制度的优越性必将进一步显现，我们的道路必将越走越宽广，我国发展道路对世界的影响必将越来越大。我们就是要有这样的道路自信、理论自信、制度自信、文化自信。

总之，无论从理论还是实践看，科学社会主义都是马克思主义的一门重要科学。恩格斯曾经指出："社会主义自从成为科学以来，就要求人们把它当做

① 《邓小平文选》第三卷，人民出版社1993年版，第2—3页。

科学来对待，就是说，要求人们去研究它。"① 恩格斯还在《社会主义从空想到科学的发展》一书中提出，现在需要对科学社会主义这门科学的一切细节和联系作进一步的探讨。这既是工人阶级及其政党的历史使命，又是科学社会主义研究的任务。科学社会主义研究涉及经济、政治、文化、社会、党的建设和对外关系等内容，并不是要把这些领域分门别类加以研究，而是进行综合研究。核心是结合新的历史条件，搞清楚社会主义为什么必然取代资本主义、社会主义怎样取代资本主义，什么是社会主义、怎样建设社会主义这些基本问题。正是从这个意义上说，科学社会主义是一门独立的综合性很强的科学。

三、科学社会主义的特点

科学社会主义是关于直接指导无产阶级解放和人类解放运动的行动科学，具有鲜明的理论特点。

1. 科学社会主义是革命性与科学性相兼备的学说

科学社会主义是以彻底解放无产阶级和全人类为己任的革命学说，革命性是其鲜明特点。无产阶级解放运动不是用一种剥削制度代替另一种剥削制度，而是要用公有制取代资本主义私有制，是人类历史上最为深刻的社会革命。科学社会主义确立的革命任务、目标及其性质决定了它具有鲜明的革命性。与此同时，科学社会主义研究无产阶级解放运动的性质、条件和一般目的。因此，科学社会主义对资本主义的批判和对未来社会的设想不是建立在抽象的"理性""正义""良知"等基础上，而是以唯物史观和剩余价值学说为基石，把对资本主义批判和对未来社会主义社会的展望"置于现实的基础之上"②。使它既具有革命彻底性又具有严密的科学性，是革命性与科学性相兼备的学说。

2. 科学社会主义是理论性与实践性相结合的学说

科学社会主义是一门理论性很强的学说。在它诞生之前，资本主义生产方

---

① 《马克思恩格斯文集》第 2 卷，人民出版社 2009 年版，第 219 页。
② 《马克思恩格斯文集》第 3 卷，人民出版社 2009 年版，第 537 页。

式就已经存在。从那时起，"由社会占有全部生产资料，常常作为未来的理想隐隐约约地浮现在个别人物和整个整个派别的头脑中"①。但是，只有在科学社会主义诞生之后，被压迫的无产阶级才能认识到自己的行动条件和性质，才能认识到未来社会主义社会是一定能够实现的。因此，科学社会主义是无产阶级的"批判的武器"②。同时，科学社会主义绝不是书斋里的学问，恩格斯明确指出，科学社会主义是"活的行动理论"③。它一经掌握群众，就会变成改造旧世界的强大的物质力量。可见，科学社会主义是理论性与实践性高度结合的学说。

3. 科学社会主义是批判性与继承性相统一的学说

科学社会主义既是在批判资本主义的现实矛盾中，又是在批判种种非科学社会主义思想流派中创立和发展的。这种批判性，是建立在科学分析基础上的。它在对资本主义的批判中，既指出其相对于封建社会的进步性，又指出其剥削、奴役无产阶级的本质；既指出社会主义取代资本主义的必然性，又指出资本主义创造的文明成果是建立和发展社会主义的基础和条件。在对影响工人运动的各种思潮的批判中，既指出小资产阶级和资产阶级的社会主义的阶级实质，又指出科学社会主义是在同它们的批判斗争中发展起来的；既指出空想社会主义的缺陷，又指出它有积极的合理性因素，需要加以批判地继承，作为科学社会主义的重要思想来源。科学社会主义这种批判性与继承性相统一的特点，表明了它绝不是离开世界文明发展大道而产生的一种故步自封、僵化不变的学说。恰恰相反，它总是以开放的姿态借鉴人类文明的有益成果，并回答人类社会发展中提出的种种问题。

4. 科学社会主义是时代性与开放性相一致的学说

科学社会主义具有与时俱进的开放的理论品质，总是随着实践发展和认识深化不断地向前发展。它要求把马克思主义一般原理与各国具体实践结合起来。因为只有这种结合才能改变和推动社会实践，从而也丰富和发展理论本身。马克思、恩格斯在《共产党宣言》1872年德文版序言中指出："这个《宣

① 《马克思恩格斯文集》第3卷，人民出版社2009年版，第562页。
② 《马克思恩格斯文集》第1卷，人民出版社2009年版，第11页。
③ 《马克思恩格斯全集》第38卷，人民出版社1972年版，第93页。

言》中所阐述的一般原理整个说来直到现在还是完全正确的。""这些原理的实际运用，正如《宣言》中所说的，随时随地都要以当时的历史条件为转移"。①这就是说，坚持马克思主义，坚持社会主义，一定要有发展的观点，一定要以我国改革开放和现代化建设的实际问题、以我们正在做的事情为中心，着眼于马克思主义理论的运用，着眼于对实际问题的理论思考，着眼于新的实践和新的发展，不断有所发现、有所创造、有所前进，不断推进理论创新、实践创新、制度创新。

四、学习《科学社会主义概论》的意义和方法

《科学社会主义概论》是我国高等院校的基础理论教材。学习《科学社会主义概论》对于系统掌握科学社会主义基本原理，提高马克思主义理论素养，坚定共产主义和中国特色社会主义理想信念，增强中国特色社会主义实践能力，都具有重要意义。

1. 学习《科学社会主义概论》的意义

（1）坚定共产主义和中国特色社会主义理想信念。坚定的理想信念建立在对人类社会发展规律的深刻认识基础上，建立在对科学理论的深刻掌握基础上。理论上清醒坚定，是理想信念上清醒坚定的基础。《科学社会主义概论》采用史论结合、论从史出的方法，深刻阐明社会主义从空想发展为科学，从科学理论转变为伟大实践，从经济文化比较落后国家率先走上社会主义道路到中国特色社会主义形成和发展波澜壮阔的历史过程；深刻阐明科学社会主义的理论依据、实践依据和对人类历史发展的伟大作用；深刻阐明科学社会主义的崇高理想、不同历史时期的阶段性任务及实现这些任务的基本原则；深刻阐明中国特色社会主义是践行中国特色社会主义共同理想和坚定共产主义远大理想的统一。学习《科学社会主义概论》，有助于增强我们的道路自信、理论自信、制度自信、文化自信，真正做到"千磨万击还坚劲，任尔东西南北风"。

---

① 《马克思恩格斯文集》第 2 卷，人民出版社 2009 年版，第 5 页。

（2）进一步划清重大是非界限。《科学社会主义概论》深刻阐明，中国特色社会主义是社会主义而不是其他什么主义，科学社会主义基本原则不能丢，丢了就不是社会主义。中国特色社会主义，既坚持了科学社会主义基本原则，又根据时代条件赋予其鲜明的中国特色。要认识和把握纷繁复杂的社会思潮，特别是深刻认识深层次重大理论问题，就必须掌握科学社会主义基本理论，提高理论素养和判别是非的能力。学习《科学社会主义概论》，有助于我们划清科学社会主义与民主社会主义的界限，划清中国特色社会主义民主与西方资本主义民主的界限，划清社会主义思想文化与封建主义、资本主义腐朽思想文化的界限，划清社会主义公有制为主体、多种所有制经济共同发展的基本经济制度与私有化和单一公有制的界限，有助于搞清楚新中国成立以来有改革开放前和改革开放后两个历史时期，本质上都是我们党领导人民进行社会主义建设的实践探索。这样，就能够提高辨别和抵制错误思潮的能力，坚定只有社会主义才能救中国、只有中国特色社会主义才能发展中国的信心和决心。

（3）加深理解和掌握习近平新时代中国特色社会主义思想。科学社会主义是中国共产党人的行动指南，是我们党制定路线、方针、政策的根本依据。习近平新时代中国特色社会主义思想是科学社会主义基本原则与中国实际和时代特征相结合的产物，是马克思主义中国化最新成果，是扎根于当代中国的科学社会主义，是中国特色社会主义理论体系的重要组成部分。在当代中国，坚持习近平新时代中国特色社会主义思想，就是真正坚持中国特色社会主义理论体系，就是真正坚持马克思主义；学习和掌握马克思主义，最重要的就是学习和掌握中国特色社会主义理论体系特别是习近平新时代中国特色社会主义思想。《科学社会主义概论》对习近平新时代中国特色社会主义思想的历史地位、实践基础、科学内涵、理论渊源、核心要义、理论品格等进行了系统阐述。学习《科学社会主义概论》，有助于完整准确把握习近平新时代中国特色社会主义思想，不断增强贯彻落实的自觉性和坚定性。

2. 学习《科学社会主义概论》的方法

（1）学习《科学社会主义概论》要与研读马克思主义创始人的经典代表作和中国化马克思主义的代表作相结合。只有读懂读透科学社会主义代表作，才能深刻领会蕴涵于其中的马克思主义立场、观点和方法以及科学社会主义的基本原则。这也是马克思主义创始人对学习马克思主义的基本要求。恩格斯曾明确要求，必须"根据原著来研究这个理论，而不要根据第二手的材料来进行研究"①。列宁 1919 年 7 月在斯维尔德洛夫大学讲演时，要求在校大学生和学员"除听讲以外，你们还花些时间，把马克思和恩格斯的主要著作至少读几本"②。同时，我们更要重视学习当代中国化马克思主义代表作，包括《毛泽东选集》《邓小平文选》《江泽民文选》《胡锦涛文选》《习近平谈治国理政》等重要著作，学习党的十八大以来的重要文献。这样，才能加深领会和掌握科学社会主义基本原则。

（2）学习《科学社会主义概论》要与学习科学社会主义发展史相结合。掌握科学社会主义基本理论最好的方法之一就是向历史，特别是向科学社会主义发展史学习。科学社会主义是在批判和继承空想社会主义基础上形成的，也是在同五花八门的思想流派和各种机会主义作斗争中发展起来的。要真正掌握科学社会主义基本理论，必须学习科学社会主义发展史。这种学习，一是往前追溯，了解空想社会主义是在什么背景下产生的，有哪些基本主张，有哪些缺陷，又是如何从兴起到衰败的，从而认识社会主义从空想到科学的发展是历史必然；二是往后延伸，了解科学社会主义是怎样从一种学说转变为运动和社会制度的，重点了解它在经济文化比较落后的国家尤其在中国运用和发展的历史过程。通过史论结合的学习，加深对科学社会主义基本原理的认识和把握。

（3）学习《科学社会主义概论》要与吸收人类所创造的丰富知识相结合。科学社会主义是一门综合性很强的学科，要深刻领会它的基本原理，必须有广博的科学知识特别是社会科学方面的知识。恩格斯在《社会主义从空想到科学的发展》一书的 1882 年德文第一版序言中说，有的读者会觉得奇怪，为什么此书在社会主义发展史的简述中提到康德—拉普拉斯的天体演化学，提到现代自然科学和达尔文，提到德国的古典哲学和黑格尔。这是因为科学社会主义"只能产生在古典哲学还生气勃勃地保存着自觉的辩证法传统的国家，即在德国"③。理解科学社会主义产生尚且涉及自然科学、哲学和历史等，那么要掌握它的基本原理就必须要有广博的知识。列宁有句名言也是从这个意义上说的：

---

① 《马克思恩格斯文集》第 10 卷，人民出版社 2009 年版，第 593 页。
② 《列宁选集》第 4 卷，人民出版社 2012 年版，第 24 页。
③ 《马克思恩格斯文集》第 3 卷，人民出版社 2009 年版，第 495 页。

"只有了解人类创造的一切财富以丰富自己的头脑，才能成为共产主义者。"①
因此，要把学习科学社会主义与掌握人类所创造的丰富知识结合起来，深刻理
解科学社会主义的科学性真理性。

（4）学习《科学社会主义概论》要紧密联系中国特色社会主义伟大实践。
理论来自实践并且指导实践。只有理论联系实际，才能加深理解科学社会主义
基本原理的科学内涵。学习和掌握习近平新时代中国特色社会主义思想，更要
紧密结合社会主义发展史，紧密结合中国近代史和中国共产党的历史，紧密结
合党的十一届三中全会以来的理论和路线方针政策，紧密联系党的十八大以来
我国改革开放和现代化建设的伟大实践。要进一步明确，马克思主义必定随着
时代、实践和科学的发展而不断发展，不可能一成不变，社会主义从来都是在
开拓中前进的。坚持和发展中国特色社会主义是一篇大文章，我们这一代人的
任务，就是继续把这篇大文章写下去。只有紧密联系中国国情和改革开放实践
来学习，紧密结合国际国内形势发展变化来学习，紧密结合思想实际来学习，
才能更好地用习近平新时代中国特色社会主义思想武装头脑、指导实践、推动
工作。

思考题：

1. 怎样认识科学社会主义在马克思主义中的地位？

2. 科学社会主义的研究对象和基本问题是什么？

3. 科学社会主义有哪些特点？

4. 为什么说习近平新时代中国特色社会主义思想是马克思主义中国化最新
成果？

---

① 《列宁选集》第4卷，人民出版社2012年版，第285页。

第一章　社会主义从空想到科学的发展

19 世纪中叶，随着社会化大生产不断发展，资本主义各种社会矛盾全面展开，工人阶级作为独立政治力量登上历史舞台。马克思、恩格斯深入考察资本主义经济、政治、社会状况，批判继承德国古典哲学、英国古典政治经济学和法国、英国空想社会主义的合理成分，创立了唯物史观和剩余价值学说，并把社会主义思想置于这两大理论基石之上，从而使社会主义实现了从空想到科学的伟大飞跃，为无产阶级和全人类解放事业提供了强大的思想武器。

第一节　人类对未来美好社会的向往

在科学社会主义诞生之前，人类就一直追求美好的未来，提出过各种关于理想社会的构想。这些伟大思想是人类文明的重要成果，也是科学社会主义的重要思想源泉，科学社会主义是对这些思想的继承和超越。

一、空想社会主义之前的理想社会构想

人类社会在原始公社解体以后，先后进入了奴隶社会、封建社会和资本主义社会，这些社会比起原始公社无疑是历史的进步，但都是建立在私有制基础之上的。阶级矛盾、阶级斗争和阶级剥削、阶级压迫是最基本的社会现象。历史的进步以广大劳动者的痛苦和牺牲为代价，极少数人的富裕、文明、自由建立在大多数人的贫穷、愚昧、被奴役的基础上，整个社会呈现出畸形发展状态，充满着由剥削和压迫所产生的各种罪恶、苦难和仇恨。面对社会的严重不公和深重苦难，不断有思想家发出抗议和批判的声音，并且憧憬代替这种不合理社会的美好未来。

在我国古代，以孔子（公元前 551—前 479 年）为代表的儒家学派曾提出过"天下为公"的大同世界构想。儒家经典《礼记·礼运》说："大道之行也，天下为公。选贤与能，讲信修睦。故人不独亲其亲，不独子其子。使老有所终，壮有所用，幼有所长。鳏寡孤独废疾者，皆有所养。男有分，女有归。货恶其弃于地也，不必藏于己。力恶其不出于身也，不必为己。是故谋闭而不

兴，盗窃乱贼而不作。故外户而不闭。是谓大同。"源于《春秋公羊传》的儒家"三世说"认为，中国的社会发展要经历"据乱世""升平世""太平世"3个阶段，其中的"升平世"就是小康社会，这时人们温饱无忧，生活宽裕。到了"太平世"，就实现了"天下为公"的大同世界，达到了人类理想的最高境界①。在我国长达 2000 多年的封建社会中，很多人都把"天下为公"的大同世界视为至善至美的理想未来，并出现了《桃花源记》这样对小农经济条件下理想社会进行描绘的文学作品。

在古希腊时期，著名哲学家柏拉图（公元前 427—前 347 年）曾提出过关于公平正义的"理想国"的构想。按照柏拉图的设想，理想国的公民分为治国者、武士、劳动者，分别代表智慧、勇敢、欲望 3 种品性。他们各行其是、各司其职，彼此之间和谐相处，而治国者必须是德高望重的哲学家，因为只有他们才具有完美的德行和高超的智慧，明了正义之所在，能够按照理性的指引公正地治理国家。为了保证社会公正，治国者和武士不能有自己的私产和家庭，因为私产和家庭是一切私心邪念的根源。

这些古代思想家提出的关于理想社会的构想，反映了人类早期对未来美好社会的向往和追求，但还不是通常所说的空想社会主义。古代思想家对理想社会的构想，是在落后的自然经济条件下产生的，奴隶社会和封建社会是其出现的社会基础，而空想社会主义是人类进入资本主义社会以后，作为资本主义的对立物、批判者出现的。它是反对资本主义的众多思想中的一种进步思潮，其对资本主义社会的批判和对未来社会的构想，不仅内容相当丰富，而且具有较为重要的历史意义。

二、空想社会主义的产生和发展

1. 空想社会主义产生的历史条件和发展阶段

空想社会主义产生于 16 世纪初期，到 19 世纪上半叶达到顶峰。这 300 多年正是欧洲从封建主义生产方式向资本主义生产方式转变的时期。

16、17 世纪的空想社会主义。当时西欧一些国家的资本主义由简单协作进入工场手工业阶段，资本主义原始积累正在加速进行。新兴的资产者通过拼命压榨手工工场工人、残暴剥夺本国农民土地、掠夺海外殖民地，积聚资本和扩

---

① 儒家说的"大同"是原始共产主义社会，后来人们把对过去的怀旧转化为对未来的追求。

大经营。资本原始积累造成的社会罪恶，尖锐地暴露出资本主义的内在矛盾和弊端。早期无产者不堪忍受封建主义和资本主义双重压迫，不断地进行反抗和斗争，并和农民一起举行武装起义。在这样的历史背景下，产生了反映早期无产者要求摆脱资本主义剥削压迫、追求理想社会愿望的空想社会主义。欧洲最早的空想社会主义者是英国的莫尔（1478—1535 年）。他在 1516 年出版的《乌托邦》一书中，深刻揭露资本主义原始积累过程中的悲惨景象，最著名的揭露就是他说的在圈地运动中的"羊吃人"现象，同时描绘了一个没有剥削压迫、人人平等的理想社会。这本书被称为空想社会主义的开山之作。早期空想社会主义的另一位代表人物是意大利的康帕内拉（1568—1639 年）。他的代表作《太阳城》也产生了很大的影响。早期空想社会主义在实际斗争方面的代表人物是 1524 年德国农民起义领袖闵采尔（约 1490—1525 年）和 17 世纪中叶英国掘土派运动领袖温斯坦莱（约 1609—约 1660 或 1676 年）。

18 世纪的空想社会主义。当时工场手工业已进入全盛时期，在英国开始向机器大工业过渡。这一时期资本主义生产方式的内在矛盾有了新的发展，问题和弊端进一步暴露出来，无产阶级的生活状况更加恶化。在这种背景下，反映早期无产阶级愿望和要求的空想社会主义也发展到了一个新阶段。在理论方面的主要代表是法国的摩莱里（1717—1778 年）和马布利（1709—1785 年）；在实际斗争方面的代表是法国的巴贝夫（1769—1797 年）。早期空想社会主义只限于对理想社会制度的空想描写，18 世纪的空想社会主义已经形成了直接的共产主义理论。正因为如此，恩格斯称它的主要代表人物摩莱里和马布利是社会主义的"最初代表"。但这个时期的空想社会主义带有强烈的禁欲主义色彩。

19 世纪初期的空想社会主义。经过英国、法国资产阶级革命，资本主义在欧洲迅速发展起来，从英国开始的工业革命催生了工业资产阶级和工业无产阶级，资产阶级对劳苦大众的残酷剥夺和剥削，促使资本主义社会内部矛盾和弊病日益暴露出来。那个时代，法国作家巴尔扎克的《人间喜剧》，雨果的《巴黎圣母院》《悲惨世界》等作品，英国作家狄更斯的《雾都孤儿》《大卫·科波菲尔》等作品，都以写实笔法揭露了社会上层和资产阶级的虚伪、贪婪、凶残，描写了下层民众的悲惨处境，反映了劳苦大众的抗争。在这样的背景下，英国和法国出现了形态最完备的空想社会主义，即以圣西门（1760—1825 年）、傅立叶（1772—1837 年）、欧文（1771—1858 年）为代表的三大空想社会主义。他们不但尖锐揭露资本主义的罪恶，批判资本主义制度的全部基础，而且论证未来社会代替资本主义的必然性和合理性，对未来社会提出了一些积极主张和有价值的猜想。

2. 三大空想社会主义是科学社会主义的直接思想来源

在空想社会主义发展历史中，圣西门、傅立叶、欧文等人的主张最值得重视。他们出现于工业革命兴起之际，其主张反映了现代工人的一些利益和要求。他们在批判资本主义制度过程中，为科学社会主义形成提供了许多有益的思想材料。

圣西门深刻地洞察到法国大革命的阶级斗争性质，而且形成了比较丰富的经济思想，"实业制度"是其学说的核心。他提出法国大革命不仅是封建贵族和市民等级之间的政治斗争，而且是封建贵族、市民等级同无产阶级之间的斗争。他论述了实业制度必然要代替资本主义制度，并以工人阶级代言人身份宣布自己的最终目的是工人阶级的解放。《新基督教》是他最成熟的著作。

傅立叶以巧妙而诙谐的笔调对旧社会进行了辛辣揭露和批判，被恩格斯誉为"自古以来最伟大的讽刺家之一"[1]。他在经历第一次经济危机后所写的著作《经济的和协作的新世界》中，揭露和批判了资本主义竞争和无政府状态造成的灾难。他把所追求的和谐制度的基本单位称为"法郎吉"，并对由其构成的和谐社会进行了详细描述。

欧文空想社会主义的突出特点，是它直接带有试验示范的性质。他在1800年至1829年担任新拉纳克大棉纺厂经理，把这个工厂作为进行社会改革的试验场所，其间发表的《致拉纳克郡报告》阐述了他的空想社会主义思想。欧文为了实践自己的思想，于1824年到美国购买了8万英亩土地，建立了共产主义劳动公社，称为"新和谐村"，有1000多人参加。他由于以全部财产在美洲进行的共产主义试验失败，后来变得一贫如洗，于是就直接到工人阶级中进行活动，前后长达30年。他的主要著作是《新社会观》《人类思想和实践中的革命》。

19世纪30—40年代以后，空想社会主义逐步走向衰落。到马克思和恩格斯1847年年底起草《共产党宣言》的时候，英国的欧文派和法国的傅立叶派

---

[1] 《马克思恩格斯文集》第3卷，人民出版社2009年版，第531页。

"都已经降到纯粹宗派的地位，并在逐渐走向灭亡"①。

三、空想社会主义的贡献和局限

1. 空想社会主义对资本主义的揭露和批判

空想社会主义对资本主义进行了尖锐的揭露和批判，其主要内容包括：

第一，批判矛头直指私有制。几乎所有空想社会主义者都对资本主义私有制进行了无情批判，认为它是违反理性和人类道德的，造成了一部分人剥削、压迫另一部分人的状况，是工人贫困、社会不公和各种罪恶产生的根源。例如，欧文说私有制"是各国的一切阶级之间的纷争的永久根源"②，它使穷人失业、贫困、饥饿和无知，使富人成为没有理性的"衣冠禽兽"和贪婪的"两脚兽"。

第二，揭露了资本主义社会的矛盾冲突和阶级对立。傅立叶说，在这个所谓的文明社会里，处处存在着个人利益与大众利益的冲突，"医生希望自己的同胞患寒热病；律师则希望每个家庭都发生诉讼；建筑师需要一场大火把一个城市的四分之一化为灰烬……"③他通过对资本主义社会现象的深刻分析，终于发现"文明制度的机构在一切方面都只是巧妙地掠夺穷人而发财致富的艺术"④。他进一步把这归结为阶级对立，并指出在文明制度下有两个阶级：一个是"工厂主阶级"，一个是"一无所有的阶级"。

第三，揭露了资本家对工人的残酷剥削。傅立叶认为资本主义是一种"反社会的工业主义制度"，在这种制度下"贫困在随着生产发展的程度而增长"，"贫困是由富裕产生的"。巴贝夫揭露了资本主义雇佣劳动的剥削性质及其残酷性。欧文在李嘉图（1772—1823年）的劳动价值论基础上，首次提出"剩余产品"的概念。他说，工人"除了生产出自己的生活资料"之外，还"生产出剩余产品"，被资本家占有。傅立叶和欧文等人都认为，工人的失业、贫困和饥饿，是资本主义制度造成的，对这样的制度不是要改善，而是要消灭。

第四，揭露和批判了生产的无政府状态及其所造成的经济危机。圣西门指出，这种生产无政府状态是"一切灾难中最严重的灾难"，是引起其他灾难的

---

① 《马克思恩格斯文集》第 2 卷，人民出版社 2009 年版，第 13 页。
② 《欧文选集》第二卷，商务印书馆 1981 年版，第 146 页。
③ 《傅立叶选集》第一卷，商务印书馆 1979 年版，第 122 页。
④ 《傅立叶选集》第三卷，商务印书馆 1979 年版，第 114 页。

根源，并认为生产无政府状态是经济自由的必然结果，是资本主义本身无法克服的。傅立叶则对无政府状态所导致的经济危机进行了分析，他指出这是由"物质过多的压力造成的危机，是丰富造成了萧条，过剩造成了贫困"。因此他把经济危机称为"多血症的危机""生产过剩引起的危机"。①

第五，严厉地批判了资本主义的利己主义思想和道德。圣西门指出，在资本主义制度下，"贪婪已变成在每个人身上占有统治地位的感情；利己主义这个人类的坏疽，侵害着一切政治机体，并成为一切社会阶级的通病"②。它使人们道德沦丧，精神低下，使整个社会陷于冷酷之中。傅立叶说，在资本主义社会，"文明是欺骗的王国，而道德则是它的工具"③。他痛斥资产阶级道德家是一群"无赖骗子"，资产阶级道德学"是一种对阴谋家很合适的科学"，并指出资产阶级道德是为统治阶级和商人服务的，是富人对穷人、雇佣劳动者和妇女实行统治的手段。

2. 空想社会主义对未来社会的天才设想

空想社会主义者精心描绘了未来社会的蓝图，有的还进行了社会改造的试验。他们对未来社会的描绘包含了大量的天才思想，主要有：

第一，主张改变生产资料私有制。大部分空想社会主义者都主张废除私有制、建立公有制，认为只有这样才能消灭人对人的剥削和压迫，实现社会公平和正义。他们的主张又有差别。例如，莫尔和康帕内拉主张全部财产公有，而温斯坦莱和马布利则把生产资料和生活资料加以区分，主张土地等生产资料实行公有，生活消费品属于私人所有。圣西门和傅立叶主张未来社会保留私有制，欧文则主张实行生产资料公有制，提出在未来社会"纯粹个人日常用品以外的一切东西都变成公有财产"④。

第二，主张改变资本主义分配制度。几乎所有空想社会主义者都强调劳动的意义，主张未来社会实行普遍义务劳动制度，改变资本主义的分配制度，但他们的分配主张有一定的差异。如莫尔、康帕内拉、摩莱里、马布利等人提出理想社会实行按需分配制度，但还带有平均主义和禁欲主义色彩。圣西门和傅立叶克服了早、中期空想社会主义的这种局限，提出生产的目的是为了"满足

① 《傅立叶选集》第一卷，商务印书馆 1979 年版，第 120 页。
② 《圣西门选集》下卷，商务印书馆 1962 年版，第 39 页。
③ 《傅立叶选集》第四卷，商务印书馆 1964 年版，第 203 页。
④ 《欧文选集》第二卷，商务印书馆 1981 年版，第 13 页。

人们的需要"，主张按人的才能和贡献大小进行分配。在主张按劳分配的同时，他们还主张资本参加分配，按劳动、资本、才能进行分配。傅立叶把这种分配称为"按比例分配"。欧文明确地提出未来社会实行各尽所能和按需分配的思想。

第三，主张消灭商品交换和实行计划生产。由于大多数空想社会主义者都主张消灭私有制和实行按需分配，所以他们都认为未来理想社会不存在商品交换和货币关系。莫尔指出，乌托邦的整个生产和消费都是根据需要在全国范围内有组织进行的，其内部不存在商品货币关系。这种关系只存在于对外贸易，因为乌托邦不拥有生产某些产品的资源，需要通过外贸才能获得。巴贝夫发展了莫尔的计划生产思想，提出应计算出社会需要，并根据这些计算有计划地安排生产，整个社会经济活动是有计划进行的。

第四，主张消灭城乡差别、脑力劳动与体力劳动差别和阶级差别。在康帕内拉描绘的"太阳城"中，已经不存在这些差别。傅立叶把自己所追求的社会描绘为一个没有城乡差别、没有工农差别的社会。欧文设计的共产主义劳动公社也是"一个农、工、商、学结合起来的大家庭"，除了要消灭上述社会差别外，没有军队、警察，也没有法庭和监狱。

第五，提倡社会和谐，主张把国家变成纯粹的生产管理机构。傅立叶把自己所追求的理想社会制度称为"和谐制度"。欧文也突出了未来社会的和谐特征，把自己在美国印第安纳州所创造的社会组织称为"新和谐"公社。而圣西门则注意到由于阶级消灭所引起的国家职能的变化，提出未来社会的政治将是关于生产的科学，对人的管理将代之以对物的管理。这是关于国家消亡思想的萌芽。

此外，空想社会主义者还提出了其他一些天才思想，如傅立叶认为妇女解放的程度是衡量人类普遍解放的天然尺度；欧文主张教育与生产劳动相结合，培养全面发展的人；等等。

3. 空想社会主义的历史局限

空想社会主义是在资本主义产生过程中无产阶级与资产阶级的斗争还不发展的最初时期出现的。不成熟的理论是和不成熟的资本主义生产状况、不成熟的阶级状况相适应的。16世纪初到19世纪初的社会发展水平，决定了这些人提出的社会主义观点存在着根本的缺陷，具有十分虚幻和空想的性质。

首先，他们对社会主义的认识是从唯心史观出发的。空想社会主义对于资本主义和社会主义的认识，不是建立在人类社会发展的客观规律基础上，而是以它们是否合乎人类理性为评判标准。他们认为资本主义之所以是罪恶社会，是因为它违背人类理性；社会主义之所以是理想社会，是因为它符合人类理性。而这个符合人类理性的"绝对真理"是早已存在的，但要靠像他们这样的天才人物去发现，至于什么时候才能发现纯属偶然，可能是在今天，也可能是在 500 年前。

其次，他们虽然对资本主义进行了无情批判，提出了对未来社会的天才设想，却无法找到实现其社会理想的正确道路和社会力量。

空想社会主义者看到了资本主义社会的阶级对立，但由于当时的无产阶级还不够成熟，无力采取独立的政治行动，仅仅表现为一个被压迫的受苦受难的等级。因此，空想社会主义者看不到无产阶级的历史主动性，看不到无产阶级运动的重要作用，他们不是启发无产阶级自己解放自己，而是从外部或者上面去寻找拯救无产阶级的力量，把无产阶级的解放寄托于出现更多像他们这样的天才人物身上。

空想社会主义者憧憬不同于资本主义的新的社会制度，但由于当时资本主义生产方式所产生的冲突才刚刚形成，社会所表现出来的只是弊病，在他们看来，消除这些弊病便成为思维着的理性的任务。于是他们就去探求某种社会科学以便创造这些条件，从头脑中设计出新的社会方案，这就注定了他们关于未来社会的构想成为空想，并且愈是制订得详尽周密，愈是要陷入纯粹的幻想之中。

三大空想家是英国产业革命和法国政治革命的产物。英国虽然经过了产业革命，但机器大工业才刚刚确立，资本主义生产方式的内在矛盾尚未充分展开；法国刚经历了 1789 年的政治革命，资产阶级的政治统治尚未稳固建立起来，当时社会的主要矛盾还是与封建复辟势力的斗争。这使三大空想社会主义者难以超越历史的局限，迈向科学社会主义。但正如恩格斯所说的："虽然这三个人的学说含有十分虚幻和空想的性质，但他们终究是属于一切时代最伟大的智士之列的，他们天才地预示了我们现在已经科学地证明了其正确性的无数真理。"①

第二节　马克思、恩格斯创立科学社会主义

科学社会主义的创立，是社会主义学说的历史性变革。它标志着社会主义

① 《马克思恩格斯文集》第 2 卷，人民出版社 2009 年版，第 218 页。

已经建立在对人类社会发展规律和对资本主义生产方式本质的科学认识基础上，已经找到了实现自身目标的物质基础和社会力量，成为争取无产阶级和全人类解放的理论武器。马克思、恩格斯是科学社会主义的创立者，为这一伟大学说的形成和发展作出了历史性的贡献。

一、科学社会主义形成的社会历史条件

科学社会主义在 19 世纪中期形成，随后在世界各国广泛传播并产生巨大影响，成为对人类历史发展进程产生巨大作用的理论。科学社会主义的产生是人类历史尤其是资本主义发展的必然结果，有着深刻的社会历史原因。

1. 社会化生产的发展

社会化生产的发展，是科学社会主义形成和发展的重要社会条件。社会化生产，指的是在协作与分工基础上进行社会劳动所形成的组织化、规模化的生产，是相对于中世纪分散的、落后的个体小生产而言的。

社会化生产的形成是生产力的质的飞跃，势必在整个社会发展变化中发挥革命性的作用。马克思、恩格斯敏锐地注意到了社会化生产形成的革命意义。

首先，社会化生产极大地解放和发展了社会生产力。相对于分散落后的个体小生产而言，社会化生产具有巨大的优越性，它不仅是社会生产力发展的必然结果，而且推动了社会生产力的解放，为生产力进一步发展开辟了更加广阔的道路；但同时，随着生产社会化程度不断提高，资本主义私有制日益不能适应生产力进一步发展的需要，资本主义社会的基本矛盾在暴露和加深。

其次，社会化生产必然要求形成与其相适应的新的生产关系。社会化生产是在资本主义私有制形成和发展过程中出现的，但是任何一种私有制包括资本主义私有制最终都满足不了社会化生产的要求，它势必要突破资本主义私有制的束缚，呼唤与其相适应的新生产关系和新社会形态的出现，并成为未来新社会的物质基础。

再次，社会化生产势必造就与其相联系的革命阶级。社会化生产作为一种生产方式，与其他生产方式一样，也是由劳动者、劳动资料和劳动对象三要素构成的，但社会化生产的特点，不仅体现在它的劳动资料甚至劳动对象上，而且体现在它的劳动者身上。社会化生产造就的劳动者，是掌握最先进劳动技能的现代工人阶级。由于他们追求解放的要求与社会化生产发展的要求相一致，是一个代表历史发展方向的先进阶级，势必成为突破资本主义私有制束缚的革

命力量，成为建立与社会化生产相适应的新的生产关系的革命力量，成为建设未来新社会的革命力量。

2. 资本主义生产方式的确立

最早的资本主义萌芽在 14 世纪末 15 世纪初地中海沿岸的一些城市就出现了，但到 16 世纪才开始迅速发展。马克思说："虽然在 14 和 15 世纪，在地中海沿岸的某些城市已经稀疏地出现了资本主义生产的最初萌芽，但是资本主义时代是从 16 世纪才开始的。"① 15 世纪末通往美洲和印度航道的发现，使世界市场迅速扩大，这就迫切要求商品生产以更大的规模和更快的速度发展。当时正在形成的资本家阶级通过剥夺农民、掠夺殖民地、贩卖黑奴、发行国债和建立现代税收制度等手段，获得了大批可供自己雇佣的工人，并迅速地积累起大量的货币资本。这就是资本的原始积累。在资本原始积累中，"征服、奴役、劫掠、杀戮，总之，暴力起着巨大的作用"②。其中最骇人听闻的是对农民和殖民地人民的强掠。

剥夺农民的土地，把失地农民变成一无所有的自由劳动力，是资本原始积累的重要方式。这在英国的"圈地运动"中表现得尤为突出。地理大发现后，由于欧洲市场扩大了对羊毛的需求，羊毛价格迅速上涨。英国资本家和封建贵族感到养羊比经营农作物更为有利可图，就通过各种手段把大片土地围圈起来，改作养羊的牧场。土地上的农民被驱赶出去，成为一无所有的流浪者，最终为生活所迫不得不到资本家的工厂出卖劳动力。这被称为"羊吃人"的运动。

资产阶级还通过武力征服对海外殖民地进行疯狂掠夺，他们不仅抢劫当地的物质财富，而且贩卖人口。西方殖民者在 300 多年时间里，仅从中南美洲就抢走了 250 万公斤黄金、1 亿公斤白银。1783 年到 1793 年的 10 年间，仅英国利物浦一地就贩运了约 33 万黑人。奴隶贸易使非洲丧失人口达 1 亿多。马克思尖锐地指出："美洲金银产地的发现，土著居民的被剿灭、被奴役和被埋葬于矿井，对东印度开始进行的征服和掠夺，非洲变成商业性地猎获黑人的场所——这一切标志着资本主义生产时代的曙光。"③ "资本来到世间，从头到

---

① 《马克思恩格斯文集》第 5 卷，人民出版社 2009 年版，第 823 页。
② 《马克思恩格斯文集》第 5 卷，人民出版社 2009 年版，第 821 页。
③ 《马克思恩格斯文集》第 5 卷，人民出版社 2009 年版，第 860—861 页。

脚，每个毛孔都滴着血和肮脏的东西。"① 资本主义生产关系以劳动者和劳动实现条件的所有权之间的分离为前提，而资本原始积累的实质就是以各种手段，尤其是残酷的暴力，大规模地实现这种分离。随着原始积累的完成，资本主义生产关系基本上确立起来了。

通过原始积累发展壮大的资产阶级，与封建统治阶级的矛盾日益尖锐，迫切要求扫除封建制度对发展资本主义的束缚和阻碍。同时，农民反对封建主的斗争也更加激烈，不断发动起义。资产阶级借助广大农民和正在形成的无产阶级的力量，通过革命推翻了封建统治，取得了政权，建立起资本主义政治制度。

世界上最早的资产阶级革命，是尼德兰革命。尼德兰泛指欧洲莱茵河、马斯河、斯海尔德河下游及北海沿岸一带地区，相当于今天的荷兰、比利时、卢森堡和法国东北地区。16 世纪初，这里是西班牙哈布斯堡王朝的领地。1566年，尼德兰爆发了反对西班牙统治的人民起义，历史上称作尼德兰革命。这次革命使荷兰摆脱了西班牙统治，取得了民族独立，同时也打击了本国的封建势力，在欧洲建立起第一个资产阶级共和国。革命后的荷兰在 17 世纪中期迅速崛起，成为东方贸易的霸主、世界的金融中心和世界性的"海上马车夫"。但由于工业资本不发达，荷兰这种强盛势头难以持久，到 17 世纪下半叶开始走向衰落。

1640 年开始的英国革命是第一个具有世界历史意义的资产阶级革命。英国资产阶级和新贵族通过革命推翻了斯图亚特王朝的封建君主专制政权，建立了君主立宪制的资产阶级国家。这次革命的结果虽然带有妥协的色彩，但毕竟确立了资产阶级在国家中的统治地位，为发展资本主义扫清了障碍，同时也极大地促进了欧洲其他国家反封建的斗争，推动了整个人类历史的发展，并因此成为世界近代历史的开端。这次革命以后，英国实力迅速发展起来，在 18 世纪成为世界上最强大的殖民国家。

1789 年爆发的法国大革命是一次最彻底的资产阶级革命。它彻底废除了君主制和封建等级制，取消了教会和贵族的各种特权，并按照启蒙思想家的理论，实行普选制和分权制衡，建立了资产阶级民主共和国。法国大革命是一次广泛而深刻的政治革命，它动摇了欧洲大陆的封建统治，传播了自由民主进步

---

① 《马克思恩格斯文集》第 5 卷，人民出版社 2009 年版，第 871 页。

思想，有力地推动了世界的资产阶级革命。

资产阶级革命的发生和资产阶级政权的建立，标志着人类社会从封建主义进入资本主义的历史时期。资产阶级掌握政权，不仅极大地推动了资本主义发展，而且使社会政治关系发生了根本改变。过去是资产阶级联合农民和正在形成的无产阶级共同反对封建专制统治，资产阶级掌握了国家政权以后，为了维持自己的统治，不惜用政权力量镇压无产者反抗，使无产阶级与资产阶级的斗争尖锐起来。

18世纪60年代，以珍妮纺纱机和瓦特蒸汽机发明为标志，工业革命首先在英国开始。资本主义开始是从资本原始积累时期的工场手工业向机器大工业转变。随后，工业革命从英国传播到欧洲大陆和世界其他地方，比利时、法国、德国、美国、俄国等先后进入了工业革命时期。工业革命既是技术革命又是生产关系的重要变革，它为资本主义生产奠定了现代物质技术基础。随着工业革命完成和农业资本主义发展，资本主义生产方式最终确立起来。

从18世纪下半叶工业革命开始到19世纪末，是资本主义发展的自由竞争阶段。这一阶段，以机器大工业为基础的工厂制度建立起来，促进了生产力空前发展。资本家之间的市场竞争发展起来，无政府状态的自由竞争占据统治地位。自由竞争主要有两种形式：一是同一部门内部资本家之间为攫取超额剩余价值而进行的竞争；二是不同部门的资本家之间为争夺更有利的投资场所而进行的竞争。自由竞争使资本家不断改进技术，提高劳动生产率，但也使资本主义生产的无政府状态空前加剧。

产业革命的完成意味着资本主义已经建立在机器大工业的基础上，并且成为占统治地位的生产方式，这种生产方式在显示出巨大优越性的同时，其内在的矛盾也全面展开并剧烈爆发出来。在这种形势下，无产阶级与资产阶级的矛盾开始尖锐起来，斗争不断向前发展。

3. 无产阶级的发展壮大

无产阶级是社会化生产的产物。恩格斯曾对无产阶级的含义作过经典性表述。他说："无产阶级是指没有自己的生产资料，因而不得不靠出卖劳动力来维持生活的现代雇佣工人阶级。"[①] 他认为无产阶级既包括从事体力劳动的工人阶级，也包括从事脑力劳动的工人阶级，并且明确使用过"脑力劳动的工人阶

---

① 《马克思恩格斯文集》第2卷，人民出版社2009年版，第31页。

级"的概念。马克思也曾多次使用过"总体工人"的概念，把直接或间接参与生产过程的劳动者，其中包括生产的管理者、监督者和科学技术人员等，都包括在工人阶级的范围之内。但他们所说的无产阶级的主体，是直接从事社会化生产的产业工人。

在资本主义生产关系形成过程中，与社会化生产相联系的现代无产阶级应运而生。现代无产阶级的前身是简单协作阶段和工场手工业阶段的手工业工人。简单协作基本上没有改变个人的劳动方式，而工场手工业使它发生了彻底革命。在资本家的手工业工场中，由于把原来由一个手工业者独立完成的生产过程进行高度细化的分工，不仅各种局部劳动被分配给不同个体，而且个体本身也被分割，成为某种局部劳动的自动工具。每个工人只完成整个生产过程中的某一操作甚至某一动作。其结果是工场手工业把能够进行各种劳动的工人变成了畸形物，它压抑工人多种多样的生产兴趣和生产才能，人为地培养工人片面的技巧。这种变化进一步强化了资本家对工人的控制。马克思说："起初，工人因为没有生产商品的物质资料，把劳动力卖给资本，现在，他个人的劳动力不卖给资本，就得不到利用。它只有在一种联系中才发挥作用，这种联系只有在它出卖以后，在资本家的工场中才存在。"[1]

机器大生产的出现对现代工人形成起了决定性的作用。机器大生产从根本上改变了工人与劳动资料的关系。在工场手工业中工人可以支配劳动资料，而在现代化工厂中工人则要受劳动资料的支配。机器大生产本来为工人的解放提供了有利条件，但它的资本主义使用却加深了工人的痛苦，恶化了他们的劳动和生活条件。

首先，机器的使用使大批工人丧失工作，造成了庞大的劳动后备军。资本家利用市场上失业工人与在职工人的竞争，把工人的工资压到了最低限度。

其次，机器代替手工操作使资本家有可能大量使用女工和童工。它把工人的妻子和子女也变为剥削对象，扩大了资本的剥削范围，而且女工和童工的低廉工资成了资本家压低一般工人工资的有力武器。

再次，机器的使用曾一度使工人劳动时间达到甚至超出生理极限，再加上极其恶劣的劳动条件，严重地摧残了工人的身心健康。机器的使用打破了手工生产所受到的人的生理局限，机器可以持续不断地进行运转，而机器持续运转

---

[1] 《马克思恩格斯文集》第 5 卷，人民出版社 2009 年版，第 417 页。

的时间越长，就越能加快资本的周转速度，更快地把不变资本转移到产品上去，并生产出更多的剩余价值，同时还可以减少由于机器不使用和无形损耗所带来的损失。正因为如此，资本家在开始使用机器生产的时候，仍然坚持通过延长工作日来提高剩余价值率。他们不顾工人的健康，把工作日延长到工人的生理极限，甚至超过这个生理极限，大量侵吞了工人的生活时间。马克思曾经对这种现象进行了无情揭露，他说，机器这种"缩短劳动时间的最有力的手段，竟变为把工人及其家属的全部生活时间转化为受资本支配的增殖资本价值的劳动时间的最可靠的手段"①。然而工人工作日的延长是有极限的，长期下去不仅会严重摧残资本家所需要的劳动力，而且会激起工人的反抗和斗争，直接威胁资本家的统治和利益。在机器大工业真正确立并发展起来的情况下，资本家后来更多地通过技术进步和改进管理，来缩短工人的必要劳动时间，相对延长剩余劳动时间，而工人被剥削的地位并没有因此改变。

在资本主义社会中，工人阶级作为雇佣劳动者、作为无产阶级，具有革命的彻底性，是资本主义社会中最革命的社会力量。

资产阶级在其发展的上升时期，能够顺应社会化生产要求，对全部社会关系不断进行革命改造，"在历史上曾经起过非常革命的作用"②。但当社会化生产与资本主义制度发生矛盾并试图打破其阻碍时，资产阶级作为资本主义制度的既得利益者，就要千方百计地维护现存社会制度，从而阻碍生产力继续发展。这就决定了资产阶级是与现代社会发展相对立的阶级。

在资本主义发展过程中，介于无产阶级和资产阶级之间的中间阶层，除了极少数人能上升到资产阶级行列，其他绝大多数人，尤其是其中的下层群众，相继加入无产阶级行列。由于这部分社会力量对资本主义制度不满并且行将落入无产阶级队伍，所以他们可以成为无产阶级反对资产阶级的革命同盟军；又由于他们处在中间阶层的地位，还有某种可能上升到资产阶级行列，所以他们在革命中又具有动摇性的一面。

广大农民深受封建地主和资本家的剥削压迫，具有强烈的革命要求。但由于他们既是劳动者又是小私有者，同正在被淘汰的落后生产方式相联系，处在彼此孤立分散的状态，他们的革命性是不彻底的，也很难作为一个阶级独立行

---

① 《马克思恩格斯文集》第 5 卷，人民出版社 2009 年版，第 469 页。
② 《马克思恩格斯文集》第 2 卷，人民出版社 2009 年版，第 33 页。

动。只有在无产阶级的教育和领导下，他们才能成为强大的反对资本主义的革命力量。

在资本主义社会中，唯有无产阶级是最革命的阶级。这是因为：

第一，无产阶级代表社会化生产的发展要求和人类社会的前进方向，是人类历史上最先进的阶级。无产阶级与社会化生产相联系，是资本主义社会唯一代表先进生产力的力量，其阶级解放的利益与社会化生产的要求完全一致。无产阶级只有推翻资产阶级的政治统治，废除资本主义雇佣劳动制度，消灭资本家的剥削和压迫，才能得到彻底解放；而社会化生产也只有通过无产阶级的解放运动，才能根本变革资本主义生产关系，扫除继续向前发展的障碍。

第二，无产阶级处于资本主义社会最底层，只有解放全人类才能最终解放自己，是革命最坚决、最彻底的阶级。无产阶级作为雇佣劳动者，除了不得不出卖的劳动力以外，其他一无所有。只有消灭生产资料私有制以及一切剥削压迫制度，无产阶级才能最终实现自身的解放。革命对于无产者来说，"失去的只是锁链。他们获得的将是整个世界"①。

第三，无产阶级是最有远大发展前途的阶级。社会化生产的发展使其他一切生产方式都变得无足轻重，与其相联系的社会成员绝大多数先后加入无产阶级的队伍。社会化生产也把管理和科技等提到十分重要的地位，使脑力无产者的人数和作用不断增加。在资本主义社会危机日益暴露的情况下，原来为资产阶级服务的知识分子也越来越多地转向了无产阶级。所有这些都导致无产阶级的人数不断增加，成员的素质日益提高，所起的作用越来越大。

无产阶级在其出现的初期，并没有意识到自己的历史使命，只是一个自在的阶级。他们反对资产阶级的斗争，最初是单个的工人，然后是某一工厂的工人，再后来是某一地方的或某一劳动部门的工人，同直接剥削他们的单个资本家作斗争。他们还不能把机器与机器的资本主义使用区分开来，不仅攻击当时的资产阶级生产关系，而且攻击生产工具本身；毁坏那些带来竞争的外国商品，捣毁机器，破坏工厂，力图以此来维护自身的利益。

随着工业的发展，无产阶级不仅人数增加了，而且结合成更大的集体。它的力量日益增长，并越来越感受到自己的力量。这时工人开始成立反对资本家的同盟。他们联合起来保卫自己的利益，有些地方还爆发了罢工和起义，许多

---

① 《马克思恩格斯文集》第2卷，人民出版社2009年版，第66页。

性质相同的地方性斗争逐渐汇合成为全国性斗争。无产者不仅日益联合成为阶级，而且还组织了政党。无产阶级革命政党的建立以及与此相联系的无产阶级革命理论的形成，对于无产阶级成为自为的阶级具有决定性的意义。因为无产阶级政党在组织上能把无产者联合起来，作为一个阶级展开行动；而理论则在思想上使无产者意识到自己的阶级地位，自觉承担起阶级的历史使命，并指导无产阶级制定符合自己利益的纲领，开展反对资产阶级的斗争。当无产阶级组织起革命的政党，在无产阶级革命理论指导下作为一个阶级为自己的阶级利益开展斗争的时候，工人运动就由自在阶段发展到自为阶段。无产阶级只有成为一个自为的阶级，才能担当起革命的领导使命。

到 19 世纪 30、40 年代，无产阶级开始作为一支独立的政治力量出现在历史舞台上。1831 年和 1834 年法国里昂工人两次举行起义，提出"资产阶级为自己举行了革命，现在我们也要进行自己的革命"。1836 年至 1848 年的英国宪章运动中，工人提出争取普选权，按照民主原则改组下议院，让工人也有权参与管理国家。1844 年爆发的德国西里西亚纺织工人起义，公开提出反对私有制社会的口号。这三大工人运动虽然失败了，但其表明：无产阶级不只为改善生活条件而斗争，而且开始为争取本阶级的政治权利而斗争；无产阶级的斗争已经由破坏机器，转变到锋芒直指资本主义制度和资产阶级；无产阶级的斗争也由分散的个别的斗争形式，改变为建立工会和其他政治组织，有组织地开展大规模的斗争，其中包括武装起义。

4. 资本主义社会基本矛盾的爆发

资本主义代替封建主义曾经强有力地推动了社会化生产的发展。对于资产阶级在解放和发展生产力方面的作用，马克思、恩格斯给予了充分的肯定，认为"资产阶级在它的不到一百年的阶级统治中所创造的生产力，比过去一切世代创造的全部生产力还要多，还要大"[①]。社会化生产的发展，必然同资本主义占有之间发生矛盾。在中世纪的自然经济和小商品生产中，个体生产者通常都是使用自己的原料和劳动工具，通过自己或家属的手工劳动来制造产品。这样的产品自然是属于他自己的。因此，产品所有权是以自己的劳动为基础的，即产品的生产者占有自己生产的产品。但是在社会化生产取代自然经济和小商品生产以后，社会化劳动所使用的生产资料和所生产的产品，已经不是为使用生

---

① 《马克思恩格斯文集》第 2 卷，人民出版社 2009 年版，第 36 页。

产资料和生产这些产品的无产阶级所占有，而是为那些不劳而获的资本家所占有，这就出现了一个根本性的矛盾，即社会化生产和资本主义占有的矛盾。这个矛盾已经包含着资本主义社会一切冲突的萌芽。资本主义生产方式愈是突飞猛进地向前发展，社会化生产和资本主义占有的不相容性，也必然愈加明显地表现出来。社会化生产和资本主义占有的矛盾是资本主义社会的基本矛盾，资本主义社会的各种社会矛盾，都根源于这一基本矛盾。

社会化生产和资本主义占有的矛盾虽然是伴随着资本主义生产关系而出现的，但在产业革命以前，由于社会化生产尚处在形成时期，生产的社会化程度比较低，这种矛盾表现得还不明显，尚未引起人们的足够注意。当时的社会主义者对资本主义的揭露，包括对私有制的批判，还没有找到资本主义生产方式的这个症结。到了 19 世纪 20 年代，英国的产业革命基本完成，社会化生产已经建立在机器大工业的基础上，并开始起来反抗束缚它的资本主义占有关系，使社会化生产和资本主义占有之间的矛盾达到剧烈爆发的程度，从而引发了资本主义国家从 1825 年开始出现的周期性经济危机。

产业革命标志着资本主义的发展进入了自由竞争阶段。空前激烈的无政府状态的市场竞争，驱使每个资本家在遭受毁灭的威胁下，不断地改进机器和提高机器的生产能力，不断地扩大生产规模和把先进技术应用到生产中去，不顾一切地去实现大工业在质量上和数量上的巨大扩张。然而由于生产资料的资本家私人占有，广大工人群众的收入并没有随着生产的这种扩张而相应增加，相反，机器的广泛采用和技术的不断改进成了资本家用来对付工人阶级最强有力的武器。为了追求最大限度的利润，资本家千方百计地以机器和技术的改进来排挤工人，不仅工人的工资被压低到只能勉强维持劳动力的生产和再生产的水平，而且造成了庞大的失业者队伍，他们连最起码的生活也难以维持。这就把社会绝大多数人的需求降到了最低水平，使市场需求的增长远远赶不上生产的扩张，出现了愈来愈多的剩余产品。当社会生产的无限扩张趋势与劳动群众有限购买能力的矛盾及其所造成的生产过剩发展到一定程度时，就会爆发严重的经济危机。

19 世纪经济危机的特点是：商业停顿，市场盈溢，产品滞销，银根奇缺，信用缺失，工厂倒闭，破产相继发生，拍卖纷至沓来。由此造成大批工人被解雇，在职工人收入被压低，整个工人阶级的生活状况极度恶化。在如此严重的危机面前，资本家不是采取提高工人收入的办法来扩大需求，而是限制和废弃已经形成的生产力，造成生产力和产品被大量浪费和破坏。直到大批积压的商品以或多或少压低了的价格卖出去，生产和交换才逐渐恢复过来。然后又进入新一轮的生产扩张，接着运动逐渐加快，慢步变成快步，快步转成跑步，跑步又转成拼命的狂奔和跳跃，最后又陷入危机的深渊。这样，资本主义经济就出现了危机、萧条、复苏和高涨 4 个阶段周而复始的恶性循环，形成了无法克服的周期性经济危机和社会灾难。资本主义经济危机的出现表明：一方面，资本主义生产方式暴露出自己不能继续驾驭这种生产力；另一方面，这种生产力以日益增长的威力，要求摆脱它作为资本的那种属性，要求在事实上承认它作为社会生产力的那种性质。

猛烈增长着的生产力要求资本主义生产方式承认它的社会本性，这就迫使资本家阶级在资本关系内部可能的限度内，愈来愈把生产力当作社会生产力看待。大的生产机构和交通机构向股份公司、托拉斯或国家财产的转变所表现出的就是这种历史趋势。但是无论是转化为股份公司和托拉斯，还是转化为国家财产，都还是没有消除生产力的资本主义属性。正像恩格斯所说的："在股份公司和托拉斯的场合，这一点是十分明显的。而现代国家也只是资产阶级社会为了维护资本主义生产方式的一般外部条件使之不受工人和个别资本家的侵犯而建立的组织。现代国家，不管它的形式如何，本质上都是资本主义的机器，资本家的国家，理想的总资本家。它越是把更多的生产力据为己有，就越是成为真正的总资本家，越是剥削更多的公民。"①

这一切都说明，社会化生产和资本主义占有的矛盾已经发展到剧烈对抗的地步，它周期性地爆发而无法根本解决。这一矛盾把社会主义代替资本主义的历史必然性清晰地展现出来，预示着社会主义由空想变为科学的社会历史条件开始成熟了。

二、两大发现使社会主义从空想发展为科学

马克思的两大发现，使社会主义由空想发展为科学从可能变为现实。恩格斯说：马克思的一生中在他所研究的每一个领域都有独到的发现，但他作出的两个重大发现具有重大意义。一是同达尔文发现有机界的发展规律一样，马克思发现了人类历史的发展规律，即唯物史观；二是马克思发现了现代资本主义

---

① 《马克思恩格斯文集》第 3 卷，人民出版社 2009 年版，第 559—560 页。

生产方式和它所产生的资产阶级社会的特殊的运动规律，即剩余价值学说。正是这两大发现使社会主义从空想发展到科学，并奠定了科学社会主义的坚实基础。

1. 唯物史观揭示了人类社会发展的规律

唯心史观认为，一切历史变动的最终原因，应当到人们变动着的思想中去寻找，并且认为在一切历史变动中，最重要的、决定全部历史的是政治变动。但是人的思想究竟是从哪里来的，政治变动的根本动因又是什么，它却无法作出令人信服的回答。马克思在研究资本主义社会现实矛盾的过程中，创立了观察人类历史发展的唯物史观，解开了人类社会历史发展这个千古之谜。

马克思、恩格斯提出，人类社会的历史是由从事实践活动的人创造的，而"人们为了能够'创造历史'，必须能够生活。但是为了生活，首先就需要吃喝住穿以及其他一些东西。因此第一个历史活动就是生产满足这些需要的资料，即生产物质生活本身"①。这样，物质生产便成为人类最基本的实践活动，而人们只要进行生产活动，就必然同自然发生关系，这种关系通过共同活动方式表现出来，它反映了人们改造自然的能力，即表现为一定的生产力。由于改造自然是"许多个人的活动"，他们在生产中必然要结成一定的交往关系，即生产关系。这样生产力与生产关系便构成了物质生产过程中不可分割的两个方面。生产关系是根据生产力的需要建立起来的，生产力最终决定生产关系的性质和状况，生产关系又能对生产力起能动的反作用。这就揭示了人类社会发展的最基本规律——生产关系要适应生产力发展的规律。

马克思、恩格斯通过对生产方式的分析，揭示了生产力在社会历史发展中的决定作用，以及生产力与生产关系的辩证运动，从而将社会历史看成自然的历史过程。但要完整地说明社会历史的发展，说明社会形态的更替和演变，还需要分析国家等政治上层建筑以及意识形态等观念上层建筑与生产方式的相互关系和矛盾运动。为此他们进一步阐明了经济基础与上层建筑相互关系的原理。这个原理在马克思的《〈政治经济学批判〉序言》中有精确的表述：社会生产关系的总和构成社会的经济结构，即有法律的和政治的上层建筑竖立其上并有一定的社会意识形式与之相适应的现实基础。这就揭示出了人类社会发展的另一条基本规律——上层建筑要适应经济基础的规律。

① 《马克思恩格斯文集》第 1 卷，人民出版社 2009 年版，第 531 页。

马克思、恩格斯认为，整个人类历史发展是在生产力与生产关系、经济基础与上层建筑的矛盾运动中进行的，是这一社会基本矛盾运动规律发生作用的必然结果。马克思对此作了精辟的阐述：社会的物质生产力发展到一定阶段，便同它们一直在其中运动的现存生产关系或财产关系发生矛盾。于是这些关系便由生产力的发展形式变成生产力的桎梏。那时社会革命的时代就到来了。随着经济基础的变更，全部庞大的上层建筑也或慢或快地发生变革。这在人类历史上第一次把对历史发展的解释建立在唯物主义的基础上，揭示了人类社会发展的客观规律。

马克思、恩格斯进一步揭示了阶级斗争与历史发展的关系，明确指出，自从原始社会解体以来，至今一切社会的历史都是阶级斗争的历史，而这些互相斗争的社会阶级在任何时候都是自己时代经济关系的产物。在阶级社会，生产力与生产关系、经济基础与上层建筑的矛盾，通常是通过阶级矛盾和阶级斗争表现出来和获得解决的，因而阶级斗争是阶级对立社会发展的直接动力。

2. 剩余价值学说揭示了资产阶级社会的特殊运动规律

空想社会主义者看到了资本主义给工人带来的苦难，并且尖锐地批判了资本主义的罪恶，但是他们却没有搞清楚资本家是如何剥削工人的，因而不能揭露出资本主义生产方式的本质，也就找不到解决这些问题的根本出路。马克思在批判地继承英国古典政治经济学的思想成果，尤其是在李嘉图的劳动价值理论的基础上，创立了剩余价值学说，科学地回答了这个重大问题。原来，资本主义剥削的秘密是被这样的现象掩盖着：资本家在商品市场上购买工人劳动力的时候，按照等价交换的原则，付给了工人劳动力以等价的报酬。似乎这里一切都是公平合理的，不存在资本家对工人劳动的无偿占有。那么工人为什么受苦受难，而资本家却越来越富？马克思经过研究发现，资本家在市场上购买的只是工人的劳动力，而劳动力的使用即雇佣劳动所创造的价值，远远超过资本家购买劳动力所付给工人的报酬，超过的这部分就是工人创造的剩余价值，它被资本家无偿占有，成为资本家各种利润的来源。这就证明，对工人剩余劳动的无偿占有是资本家剥削工人的基本形式。资产阶级手中日益增加的资本量和由此积累而成的价值总量归根到底来源于剩余价值。马克思创立的剩余价值学说令人信服地说明了资本主义生产过程和资本主义生产方式的本质，揭示了资本家剥削工人的秘密。

3. 两大发现奠定了科学社会主义的理论基石

马克思、恩格斯用唯物史观分析人类社会尤其是资本主义社会发展的规律。他们深刻地指出，资产阶级赖以形成的生产资料和交换手段是在封建社会中产生的。当封建社会发展到一定的阶段，封建的所有制关系就不适应已经发展的生产力了。这种关系已经在阻碍生产而不是在促进生产，变成了生产发展的桎梏。这时，代表生产力发展要求的资产阶级，便起来推翻过时的封建所有制关系，建立起资产阶级的经济统治和政治统治。由于资产阶级的经济政治制度适应了当时生产力的需要，所以能够有力地推动生产力的发展和社会的进步。但是资产阶级并没有想到，社会在更高水平上又进行着类似的运动，由此获得了新的巨大发展的生产力又同资产阶级建立起来的生产关系不相容，资本主义的生产关系成了生产力发展的障碍。马克思、恩格斯根据生产关系一定要适应生产力发展的规律，得出了社会主义必然代替资本主义的结论，把社会主义建立在人类社会发展的历史必然性的基础上，从而奠定了科学社会主义的第一块理论基石。

历史规律是要通过实践着的人来实现的，在阶级社会中是通过一定的阶级来实现的。在资本主义社会中，谁是埋葬资本主义的社会力量呢？剩余价值学说从理论上解决了这个问题。通过剩余价值学说，马克思、恩格斯揭示了资本主义社会中资产者与无产者利益的根本对立，资产阶级凭借手中的生产资料，无偿占有无产者的剩余价值，无产者由于不占有生产资料，不得不受资产者的剥削，否则他们就无法维持自己和家庭的生活。因此无产阶级要摆脱资产阶级的剥削，就必须消灭生产资料的资本主义占有以及建立在这个基础上的资本主义生产关系，就必须推翻维护这种生产关系的资产阶级国家机器。无产阶级争取解放的这种要求所反映的正是生产力发展的要求，正是社会前进的方向。无产阶级消灭人类社会最后一个剥削压迫制度，代表的不仅是其自身解放的利益，而且是全人类解放的利益，无产阶级只有解放全人类才能最终解放自己。通过这样的分析，马克思、恩格斯指出，资产阶级不仅锻造了置自身于死地的武器，它还产生了运用这个武器的人——现代的工人，即无产者。马克思、恩格斯通过剩余价值学说，找到了变革资本主义的社会主体，找到了实现社会主义的现实的社会力量，从而奠定了科学社会主义的另一块理论基石。

唯物史观和剩余价值学说这两大发现，既揭示了社会主义必然代替资本主义的客观规律，又找到了实现这个客观规律的社会力量，从而把社会主义置于科学的基础上，使社会主义从空想变成了科学。

4.《共产党宣言》是科学社会主义诞生的标志

《共产党宣言》是马克思、恩格斯 1847 年 11 月 29 日至 12 月 8 日在伦敦召开的共产主义者同盟第二次代表大会之后，受同盟的委托，为同盟起草的纲领。这是世界上第一个国际性共产党的纲领，1848 年 2 月 23 日首先在伦敦用德文发表。它的发表标志着科学社会主义的诞生。

《共产党宣言》科学地论证了社会主义代替资本主义的历史必然性。马克思、恩格斯运用唯物史观系统分析了资本主义产生和发展的过程，研究了这个过程中的社会矛盾运动和阶级斗争，论证了这些矛盾和斗争的发展必然导致社会主义代替资本主义，而承担这个历史使命的是代表先进生产力发展要求又深受资产阶级剥削压迫的无产阶级，从而说明了社会主义是资本主义社会内在矛盾发展的必然结果，是资产阶级和无产阶级的阶级斗争发展的必然结果，得出了"资产阶级的灭亡和无产阶级的胜利是同样不可避免的"科学结论。这一科学结论，揭示了人类社会发展的重要规律，指出了人类社会的发展方向。

《共产党宣言》系统阐述了科学社会主义一般原理。这些原理所揭示的是无产阶级解放运动的普遍规律，指明的是无产阶级解放运动的基本方向，因而是共产党领导无产阶级争取解放所应遵循的根本原则，对于共产党领导的无产阶级解放运动具有长期的根本的指导意义，它构成了马克思、恩格斯所创立的科学社会主义理论的基本内容。马克思、恩格斯及以后的马克思主义者又根据新的实践经验，对科学社会主义一般原理作了新的重大发展。然而，作为一个纲领性文献，《共产党宣言》无疑是科学社会主义的奠基之作。

《共产党宣言》明确地划清了科学社会主义与其他社会主义流派的界限。在社会主义思潮蓬勃兴起的情况下，当时出现了各种各样自称社会主义的派别，马克思、恩格斯按照这些派别的阶级性质和历史作用，把它们区分为反动的社会主义、保守的或资产阶级的社会主义、批判的空想的社会主义和共产主义，并且通过对这些流派的分析，从根本上划清了科学社会主义与它们的界限。与此同时，马克思、恩格斯对资产阶级攻击和歪曲社会主义和共产主义的言论进行了批驳，从各个方面说明了科学社会主义和共产党是什么和不是什么，主张什么和反对什么。在这个意义上，《共产党宣言》是科学社会主义和共产党的一篇公开的宣言书。

《共产党宣言》奠定了无产阶级政党学说的基础。它论述了共产党的性质，指出共产党是工人阶级的政党，没有任何同整个工人阶级的利益不同的利益，同时强调共产党人不同于一般工人阶级群众，是工人阶级中先进的和觉悟的部分；它论述了共产党的纲领和任务，提出共产党人的最近目的是由无产阶级夺取政权，然后一步一步地夺取资产阶级的全部资本，并且尽可能地增加生产力的总量，无产阶级运动的最终目的是要建设一个没有阶级的未来社会；它阐述了无产阶级政党的策略思想，要求共产党人把长远利益同当前利益、原则的坚定性同策略的灵活性结合起来，团结一切民主进步力量，支持一切反对现存落后保守社会制度和政治制度的革命运动。

总之，《共产党宣言》的问世，表明社会主义已经实现了从空想到科学的转变，开始与独立登上了政治舞台的工人运动相结合，成为指导工人阶级实现伟大历史使命的理论武器。《共产党宣言》的发表是科学社会主义诞生的标志。

三、科学社会主义诞生的伟大意义

科学社会主义的诞生，指明了人类社会的发展方向，实现了工人运动和社会主义的结合，使无产阶级有了科学理论作为自身解放运动的指南，国际共产主义运动和世界各国的民族解放运动从此进入了一个崭新的阶段。纵观人类思想史，没有哪一种思想体系像科学社会主义那样，在人类认识世界和改造世界中发挥如此巨大的作用，产生如此广泛而深远的影响，如此经久不衰地焕发着革命的、批判的伟大精神和创造性的理论活力。

1. 科学社会主义是社会主义思想史上最伟大的理论成就

科学社会主义的创立，完成了社会主义由空想到科学的历史性转变，是社会主义发展史上的一次巨大飞跃。在此之前，尽管空想社会主义者的思想体系中有不少合理因素，但从整体上看，空想社会主义的理论存在根本缺陷，是不成熟的。

马克思、恩格斯在批判地继承人类思想文化优秀成果的基础上，把社会主义思想置于唯物史观和剩余价值学说这两大理论基石之上，使社会主义从此走出了空想的荒野，达到了科学的境地。科学社会主义把社会主义理论从唯心主义历史观中解放出来，使其由依靠纯属理性的思辨和道德说教转变为对人类社会发展客观规律的科学分析；它使社会主义对问题的认识从现象上升到了本质，由对资本主义社会罪恶现象的批判深入到对资本主义生产方式本质的揭露，由对未来社会的简单描述变为对其历史必然性和基本原则的深刻揭示；它使社会主义不再停留在书本上，而是真正找到了实现它的现实道路和物质力量。总之，它从生产方式和交换方式的变革中去探求未来理想社会，从而把社会主义建立在对社会发展规律的科学认识上，把社会主义置于现实基础之上，使社会主义真正成为一门科学，即实现无产阶级和全人类解放的科学。科学社会主义的生命力，就在于它同每一个时代的实践紧密结合在一起，植根于不断运动变化之中。它能够而且必须在与不同时代特点、不同国家的具体实际的结合中不断发展和创新，在与时代特点和各国实际的结合中永葆其无限的生机与活力。

2. 科学社会主义为无产阶级和人民群众争取解放提供了强大思想武器

马克思、恩格斯充分地肯定了人民群众创造历史的伟大作用，认为"历史活动是群众的活动，随着历史活动的深入，必将是群众队伍的扩大"①。同时，他们对无产阶级的历史地位和伟大使命作了科学分析，不仅深刻揭露了无产阶级遭受剥削压迫的根源，而且克服了空想社会主义的局限性，科学地指出了只有无产阶级才是推翻资本主义、实现社会主义的阶级力量，揭示了无产阶级的解放同社会发展规律相一致，指明了无产阶级实现解放的道路。正如列宁所指出的，阐明无产阶级的历史使命是科学社会主义"具有世界历史意义的伟大功绩"。

科学社会主义是在无产阶级独立登上欧洲政治舞台以后，根据无产阶级争取解放斗争的需要应运而生的。无产阶级只有掌握了科学社会主义理论，才能从自在阶级变为自为阶级，为争得自己的彻底解放而奋斗；同样，科学社会主义理论只有掌握了无产阶级，才能变为改造社会的物质力量。科学社会主义的创立，实现了真正意义上的社会主义理论与工人运动相结合，使无产阶级具备了科学的世界观和方法论，掌握了改造旧世界、建设新世界的强大思想武器。从此，无产阶级由自在阶级变为自为阶级，由自发斗争进入自觉斗争阶段，开创了无产阶级解放运动的新纪元。世界上的第一个共产党——共产主义者同盟，其前身是正义者同盟，就是在接受了马克思、恩格斯的科学社会主义，并对同盟的纲领和口号作了根本改造之后而建立的。

在共产党建立以后，科学社会主义是党从实际出发制定路线方针政策的理论指导，是增强党的团结和工人阶级团结，以至广大人民群众团结的思想基础，是党领导工人阶级反对资产阶级和一切反动势力的科学的理论武器，也是

---

① 《马克思恩格斯文集》第 1 卷，人民出版社 2009 年版，第 287 页。

党指导工人阶级建设新社会的强大理论武器。

3. 科学社会主义指明了人类社会未来的发展方向和道路

科学社会主义成功地回答了无产阶级争取解放的斗争与人类社会发展的关系，社会主义价值取向与历史发展规律的关系，不仅指明了从资本主义走向社会主义、共产主义是人类社会的发展方向，而且阐述了未来新社会的发展阶段和一般特征。

马克思、恩格斯以唯物史观为指导，不是单纯地从理性出发，从人们的主观愿望出发去描绘未来社会的一切，而是立足于现实，从实际出发，从人民群众的实践出发，去研究社会主义理论。他们通过对人类社会生产力和生产关系发展的研究，揭示了社会主义必然代替资本主义的客观规律；他们通过对无产阶级的社会地位和阶级特性的研究，说明了无产阶级的历史使命，找到了社会主义代替资本主义的社会力量；他们通过对无产阶级和资产阶级斗争实践的研究，得出了无产阶级要完成自己的历史使命，必须有无产阶级政党的领导，必须同其他劳动者结成联盟，必须进行无产阶级革命，必须建立无产阶级专政等重要结论，找到了实现社会主义代替资本主义的基本途径。

科学社会主义与空想社会主义的根本不同点，就在于科学社会主义"不再被看做某个天才头脑的偶然发现，而被看做两个历史地产生的阶级即无产阶级和资产阶级之间斗争的必然产物"①。马克思、恩格斯认为，从资本主义社会到共产主义社会必将经历3个阶段，即革命转变或过渡时期、共产主义社会的第一阶段和共产主义社会的高级阶段。与此相对应，他们大致勾勒了各个阶段不同的时代特征和主要特点，提出了无产阶级在不同历史时期的斗争策略。科学社会主义指出，未来新社会生产力高度发展，不存在阶级和国家，是一个自由人联合体，即共产主义社会。这些思想成果，无论对于各国无产阶级争取解放的斗争，还是对他们斗争胜利后建设新社会，都具有长远的和根本的指导意义。

第三节　科学社会主义对未来社会的构想

马克思、恩格斯在批判旧世界的基础上对未来社会进行了科学构想，指明

---

① 《马克思恩格斯文集》第3卷，人民出版社2009年版，第545页。

了人类的未来社会是共产主义社会，并进一步揭示了共产主义社会的根本性质、一般特征和发展阶段。共产主义社会是无产阶级追求的最终目标，这个美好的社会要经过漫长的历史过程才能够实现。

一、未来社会是共产主义社会

1. 未来社会是以共产主义原则组织起来的社会

马克思、恩格斯与以往的思想家不同，不是抽象地设想或命名一个理想社会，而是站在历史唯物主义的高度，将未来社会看作一种社会形态，并根据这个社会形态的根本性质来确定它的社会名称。马克思、恩格斯讲到共产主义社会时，是把它与资产阶级社会对立起来讲的，并称这个社会是"非资本主义社会"。这个未来的"非资本主义社会"，是"根据共产主义原则组织起来的社会"①，即共产主义社会。他们在《德意志意识形态》《共产主义原理》《共产党宣言》《哥达纲领批判》等一系列著作中，都明确将这个未来社会称为"共产主义社会"。

当"社会主义"与"共产主义"两个词已经通用的时候，马克思主义创始人有时也把未来社会称为社会主义。恩格斯晚年的著作中，多处使用过"社会主义社会"。比如在 1894 年 1 月《〈论俄国的社会问题〉跋》中，恩格斯两次提到"未来的社会主义社会"②。显然，恩格斯这里讲的"社会主义社会"和"共产主义社会"是同一个社会形态。

2. 共产主义社会的一般特征

马克思主义创始人把未来的共产主义社会作为一个统一的社会形态来把握，在谈到共产主义社会的特征时，讲的较多的是一般特征。因为只有具有普遍意义的一般特征，才能真正体现共产主义社会的性质。

马克思、恩格斯认为，未来社会"是以生产力的巨大增长和高度发展为前提的"。"因为如果没有这种发展，那就只会有贫穷、极端贫困的普遍化；而在极端贫困的情况下，必须重新开始争取必需品的斗争，全部陈腐污浊的东西又要死灰复燃。"③ 他们强调，在未来的共产主义社会，由于个人全面发展，生产力也增长起来，集体财富的一切源泉都将充分涌流，社会的物质财

---

① 《马克思恩格斯文集》第 1 卷，人民出版社 2009 年版，第 689 页。
② 《马克思恩格斯文集》第 4 卷，人民出版社 2009 年版，第 458 页。
③ 《马克思恩格斯文集》第 1 卷，人民出版社 2009 年版，第 538 页。

富将会极大丰富。

共产主义社会将"最终废除私有制"①。马克思、恩格斯认为，未来社会与资本主义社会"具有决定意义的差别当然在于，在实行全部生产资料公有制（先是国家的）基础上组织生产"②。他们在《共产党宣言》中强调：在一定意义上，"共产党人可以把自己的理论概括为一句话：消灭私有制"③。恩格斯还强调："废除私有制甚至是工业发展必然引起的改造整个社会制度的最简明扼要的概括。所以共产主义者完全正确地强调废除私有制是自己的主要要求。"④

共产主义社会是按照整个社会要求自觉地组织生产的社会。恩格斯指出："这种新的社会制度首先必须剥夺相互竞争的个人对工业和一切生产部门的经营权，而代之以所有这些生产部门由整个社会来经营，就是说，为了共同的利益、按照共同的计划、在社会全体成员的参加下来经营。"⑤ 在这样的情形下，资本主义社会的生产无政府状态将宣告结束。需要指出的是，马克思、恩格斯所讲的有计划组织社会生产，是从宏观上、从与资本主义生产对比上讲的，不能与后来一些国家实行的计划经济甚至指令性计划画等号。

共产主义社会是消灭了剥削、真正实现社会平等的社会。在实现共产主义的过程中，人类在废除生产资料私人占有制的同时，也就消除了一部分人凭借占有生产资料剥削另一部分人的现象，在分配制度上实现了根本性的变革，社会不再区分为剥削者和劳动者，几千年来造成人类不平等的重要社会根源被铲除了。消灭剥削这一伟大革命，是划时代的历史性进步。

共产主义社会是人的精神境界极大提高的社会。马克思、恩格斯认为，共产主义代替资本主义，不仅要与传统的私有制彻底决裂，而且要与传统的私有观念彻底决裂，形成与公有制基础相适应的共产主义思想观念。在共产主义社会，人的道德将不再打着阶级对立和私有制的印记，而真正成为人本身的道德。恩格斯在《反杜林论》中写道："只有在不仅消灭了阶级对立，而且在实际生活中也忘却了这种对立的社会发展阶段上，超越阶级对立和超越对这种对立的回忆的、真正人的道德才成为可能。"⑥

---

① 《马克思恩格斯文集》第 1 卷，人民出版社 2009 年版，第 687 页。
② 《马克思恩格斯文集》第 10 卷，人民出版社 2009 年版，第 588 页。
③ 《马克思恩格斯文集》第 2 卷，人民出版社 2009 年版，第 45 页。
④ 《马克思恩格斯文集》第 1 卷，人民出版社 2009 年版，第 683 页。
⑤ 《马克思恩格斯文集》第 1 卷，人民出版社 2009 年版，第 683 页。
⑥ 《马克思恩格斯文集》第 9 卷，人民出版社 2009 年版，第 100 页。

共产主义社会是消灭了阶级与国家自行消亡的社会。到了共产主义社会，由于生产的高度发展已经使所有人的物质利益都得到了保障，由于分工不再具有经济利益划分的性质，由于全体社会成员根本利益的一致，社会已不再会因为经济利益的不同而划分为不同的社会集团并进行相互间的斗争，于是阶级冲突和阶级斗争没有了，最终阶级差别也消灭了。随着阶级的消灭，国家的镇压职能已无必要，作为阶级压迫工具的军队、警察、监狱等也失去了作用。在阶级消灭和国家消亡以后，人类社会将是一个自由人的联合体。

共产主义社会是每个人自由而全面发展的社会。在共产主义社会，脑力与体力劳动的对立、城乡和工农的差别消失了，其他各种旧式分工也不存在了。在摆脱了"奴隶般地服从于分工"的状况的同时，由于生产和科技的高度发达，劳动已成为人们自我展示其创造性的过程，成为人们乐于从事的自我实现的活动，再加上自由时间空前增加，人们不但可以自由转换劳动的方式，而且有充分的时间从事自己喜爱的活动，于是劳动不再是谋生的手段，而成为生活的第一需要，人实现了自由而全面的发展。这种发展不但不妨害其他人的自由发展，反而是一切人自由发展的条件。

共产主义社会是人与自然和谐相处的社会。共产主义社会是人类社会和谐的最高境界，不仅实现了社会内部的和谐，而且社会与自然之间也达成了和谐。在共产主义社会中，人与自然的和谐并不是放弃对自然的改造和利用，而是以合乎自然发展规律、合乎人类幸福生活和对美的追求的方式，来改造和利用自然。由于社会对物质生产的自觉控制，由于生产方式更加先进，科学技术及其运用更加人性化，共产主义社会中不断发展的生产力将与自然之间形成动态的平衡。

二、共产主义社会的发展阶段

共产主义社会不是一种静止的终极的状态，而是一个不断发展的过程。在这个漫长的发展过程中，会呈现出不同的阶段性特征。

1. 共产主义社会第一阶段和高级阶段的划分

马克思、恩格斯用彻底的唯物主义观点考察人类社会，自然也用它来考察未来的共产主义社会。在他们看来，这个最终实现了人类解放的社会并不是人类历史的终结，而是人类自觉历史的开端。从此以后，人类将真正开始自觉地创造自己的历史，并在未来历史的进程中展现自己的丰富性。共产主义社会自身是不断发展的社会，它在发展过程中一定会呈现出阶段性特征。随着对共产主义社会认识的深化，人们对这些阶段性特征会有更进一步的认识。

马克思、恩格斯在从事理论研究和革命实践活动相当长的时期里，主要是集中精力研究资本主义生产方式和资本主义社会的基本矛盾，揭示资本主义向共产主义转变的规律，揭示共产主义社会的根本性质和一般特征。在这个过程中，他们把共产主义社会作为一个独立的完整的社会形态，侧重从总体上揭示这个社会的基本性质和一般特征，而对共产主义社会发展阶段的考察主要集中在 19 世纪 70 年代。在《哥达纲领批判》这部名著中，马克思第一次把共产主义社会划分为第一阶段和高级阶段。他认为，在从资本主义社会到共产主义社会的过渡时期结束之后，进入的是共产主义社会的第一阶段。由于生产力发展水平等方面的限制，个人消费品分配只能实行"各尽所能，按劳分配"的原则。后来，列宁把"共产主义社会第一阶段"称为"社会主义社会"，把"共产主义高级阶段"称为"共产主义社会"。

2. 共产主义社会第一阶段和高级阶段的联系与区别

马克思、恩格斯认为，共产主义社会的两个阶段属于同一个社会形态，在根本性质上是一致的，但在发展程度上有着重大的区别。

共产主义社会第一阶段是刚刚从资本主义社会中产生出来的阶段。这个阶段是"一个集体的、以生产资料公有为基础的社会"，"它不承认任何阶级差别，因为每个人都像其他人一样只是劳动者"。与此同时，由于受社会生产力发展水平的制约，这一阶段在经济和社会发展方面还存在着许多不成熟、不完善的地方，在经济、道德和精神方面都还带着其脱胎出来的那个旧社会的痕迹。旧社会的若干现象，包括人们"奴隶般地服从分工"、"脑力劳动和体力劳动的对立"、劳动作为"谋生的手段"、"商品等价物的交换"，等等，会在某种程度和范围内有一定的遗留。"这些弊病，在经过长久阵痛刚刚从资本主义社会产生出来的共产主义社会第一阶段，是不可避免的。"①

在共产主义社会第一阶段，社会总产品在作了各项必要的扣除之后，剩余的部分将以劳动为尺度在劳动者之间进行分配。多劳多得，少劳少得，不劳不得。"按劳分配"是对剥削制度下分配制度的否定，消除了不劳而获的社会条件，体现了劳动者的利益。马克思、恩格斯认为，从更高的要求即从共产主义

---

① 《马克思恩格斯文集》第 3 卷，人民出版社 2009 年版，第 433—435 页。

社会高级阶段上看，"按劳分配"也有历史局限性。这种分配原则体现的还是商品交换原则，它把同一个标准即劳动用在不同的人们身上，而且不顾及劳动者的不同能力及其在家庭、子女负担等方面的不同情况。因而这种形式上的平等也会导致实际上的不平等。但是，这些局限性在共产主义第一阶段是不可避免的，"权利决不能超出社会的经济结构以及由经济结构制约的社会的文化发展"[①]。在这个阶段只能实行按劳分配。只有到了共产主义社会高级阶段，才能超越这种局限性，实现按需分配。

共产主义社会高级阶段是在社会生产力充分发展和高度发达的基础上实现的。马克思指出："在共产主义社会高级阶段，在迫使个人奴隶般地服从分工的情形已经消失，从而脑力劳动和体力劳动的对立也随之消失之后；在劳动已经不仅仅是谋生的手段，而且本身成了生活的第一需要之后；在随着个人的全面发展，他们的生产力也增长起来，而集体财富的一切源泉都充分涌流之后，——只有在那个时候，才能完全超出资产阶级权利的狭隘眼界，社会才能在自己的旗帜上写上：各尽所能，按需分配！"[②]

按需分配即根据人们生活的实际需要进行分配，它克服了按劳分配的历史局限，第一次实现了人类在分配上的真正平等。按需分配的实现是建立在高度发达的生产力水平和社会财富极大丰富以及人们精神境界极大提高的基础上的。那种把按需分配或各取所需理解为肆意进行挥霍和为所欲为地索取的观点，是对马克思、恩格斯思想的歪曲。列宁在驳斥这种错误观点时指出，伟大的社会主义者预见这个阶段将会到来时所设想的前提，既不是现在的劳动生产率，也不是现在的庸人，因为这种庸人惯于白白地糟蹋社会财富的储存和提出不能实现的要求。

共产主义的按需分配是与各尽所能密切联系在一起的，是权利与义务的高度统一。人们在各尽所能地为社会创造了极为丰富的产品之后，当然也就有理由各取所需地充分满足自己的需要。在那时，人们都是劳动者，也都具有共产主义的劳动态度。他们不是为物质报酬而劳动，而是为创造社会财富和实现自身价值而劳动。人们自觉地以最大的努力去工作，充分发挥自己的能力和创造性。

---

① 《马克思恩格斯文集》第 3 卷，人民出版社 2009 年版，第 435 页。
② 《马克思恩格斯文集》第 3 卷，人民出版社 2009 年版，第 435—436 页。

共产主义社会第一阶段是高级阶段的基础和发展前提，高级阶段是第一阶段发展的必然趋势。从共产主义社会的第一阶段到高级阶段的过程，就是在社会生产力高度发展的基础上逐步消除旧社会各方面痕迹的过程，是自身不断发展和完善的过程。

马克思、恩格斯对未来共产主义社会两个阶段的划分具有重大的理论和实践意义。从理论上看，这一划分为我们科学地把握共产主义社会提供了重要的方法论指导，并为我们进一步深化对社会主义和共产主义发展阶段的认识开辟了道路。从实践上看，这一划分对我们在实践中正确把握方向，具有重大指导意义。一方面，要看到社会主义和共产主义的本质联系，在进行社会主义建设的过程中，始终不要忘记共产主义的远大目标；另一方面，也要看到这两个阶段的重大区别，不要把它们混同起来，以防止犯超越历史阶段的错误。历史证明，急于向共产主义社会过渡，不仅"欲速则不达"，而且会造成严重的危害，包括损害共产主义的声誉等。

三、马克思、恩格斯设想未来社会的科学态度和方法

要真正学习和理解马克思、恩格斯关于未来社会的科学预见，必须了解和掌握他们研究未来社会的科学态度和方法。在展望未来社会的问题上，是否坚持科学的世界观和方法论，是能否正确预见未来的基本前提，也是马克思主义与空想社会主义的根本区别。

1. 依据历史规律预见社会发展的未来走向

马克思、恩格斯坚持科学立场，以极其慎重的态度对待未来社会的预见问题。他们认为自己的使命，是必须按照世界的本来面目来认识世界，把握现实世界特别是人类社会的本质和规律，为无产阶级和人类解放提供理论指导。

马克思、恩格斯对未来理想社会的展望，是以人类社会发展的客观规律为依据的。在马克思主义产生以前，人们对未来社会的预见之所以带有浓厚的神秘性质和空想色彩，就是因为他们不懂得人类社会发展的规律。社会的发展像自然界的发展一样，具有自己客观的规律。揭示这些规律，就能为我们理解过去、把握现在和展望未来提供指导。马克思、恩格斯揭示了人类社会发展的一般规律和资本主义社会发展的特殊规律，从而为展望未来社会提供了科学依据。而他们之所以能揭示出历史的规律，是因为他们把握住了人类社会的基本矛盾即生产力与生产关系、经济基础与上层建筑的矛盾，在基本矛盾的运动中

把握人类历史的发展进程和规律。正如列宁所说："马克思丝毫不想制造乌托邦，不想凭空猜测无法知道的事情。马克思提出共产主义的问题，正像一个自然科学家已经知道某一新的生物变种是怎样产生以及朝着哪个方向演变才提出该生物变种的发展问题一样。"[①]

2. 在批判资本主义旧世界中阐发未来新世界的一般特征

在马克思、恩格斯的时代，社会主义制度还没有成为现实，因此他们不能像后人那样可以从新社会的发展实践出发去总结新社会的特征，而只能通过研究历史和现实来展望未来。一方面，他们通过考察资本主义社会的弊端，从反面揭示未来新社会与资本主义社会根本不同的特征；另一方面，他们通过考察资本主义发展中孕育着的新社会因素，从正面对未来新社会的特征作出预见。他们不只看到资本主义社会的弊端和苦难，也看到资本主义发展中孕育着的新社会因素，认为这些新因素在资本主义社会中只能得到一定程度的发展，只有在资本主义被社会主义取代之后才能得到真正的发展，并成为新社会的重要特征。

马克思、恩格斯在他们的一生中，主要精力是用于对资本主义社会的研究，而对于资本主义以后的未来社会的预测十分谨慎。在预测未来时，他们总是把社会发展的基本趋向与社会生活的具体形式区分开来，把未来社会的基本特征与具体细节区别开来，只限于对未来社会发展方向和基本原则作出预见，而把未来社会的具体形式和应采取的具体措施留给后人的实践去回答。针对有人提出在革命成功后应该首先采取什么措施的问题，马克思指出，"现在提出这个问题是不着边际的，因而这实际上是一个幻想的问题，对这个问题的唯一的答复应当是对问题本身的批判。"[②] 因为"在将来某个特定的时刻应该做些什么，应该马上做些什么，这当然完全取决于人们将不得不在其中活动的那个既定的历史环境"[③]。针对有人提出的共产主义社会控制人口的措施问题，恩格斯明确表示："无论如何，共产主义社会中的人们自己会决定，是否应当为此采取某种措施，在什么时候，用什么办法，以及究竟是什么样的措施。我不认为自己有向他们提出这方面的建议和劝导的使命。那些人无论如何也会和我们

---

① 《列宁选集》第 3 卷，人民出版社 2012 年版，第 187 页。
② 《马克思恩格斯文集》第 10 卷，人民出版社 2009 年版，第 458 页。
③ 《马克思恩格斯文集》第 10 卷，人民出版社 2009 年版，第 458 页。

一样聪明。"①

3. 反对把关于未来社会的预见当作一成不变的教条

马克思、恩格斯对预见未来持非常谨慎的态度，既反对"教条式地预料未来"，也反对人们抽象地看待他们关于未来社会的看法，反对把这些看法当作一成不变的教条。恩格斯明确指出："我们对未来非资本主义社会区别于现代社会的特征的看法，是从历史事实和发展过程中得出的确切结论；不结合这些事实和过程去加以阐明，就没有任何理论价值和实际价值。"② 这就启示我们，必须以历史和辩证的观点展望未来社会，不要把马克思、恩格斯的一些具体提法当作现成的答案，甚至作为剪裁当今实践的标准。我们应从马克思主义创始人的科学态度、科学方法和科学精神中得出深刻启示，结合当今时代的特点和社会主义发展的丰富实践不断深化对未来理想社会的认识。

4. 强调未来社会将是不断发展变化和改革的社会

马克思、恩格斯运用辩证唯物主义的彻底发展观预测未来社会，强调社会主义与其他社会一样，是不断发展变化的。恩格斯说："我认为，所谓'社会主义社会'不是一种一成不变的东西，而应当和任何其他社会制度一样，把它看成是经常变化和改革的社会。"③ 恩格斯在谈到未来社会的分配方式等问题时，也坚持这种发展变化的辩证观点。1890 年，《柏林人民论坛》曾就未来社会的分配问题展开辩论，在所有参加辩论的人看来，社会主义社会并不是不断改变、不断进步的东西，而是稳定的、一成不变的东西。针对这种形而上学观点，恩格斯指出，"分配方式本质上毕竟要取决于有多少产品可供分配，而这当然随着生产和社会组织的进步而改变，从而分配方式也应当改变。"④ 在恩格斯看来，不仅整个未来社会，而且包括分配方式这样的重要制度，都是在不断发展变化中，都要根据生产力的发展进行改革。列宁十分赞赏马克思和恩格斯对待未来社会的这种态度，并进一步强调说："把社会主义看成一种僵死的、凝固的、一成不变的东西的这种观念，是非常荒谬的；实际上，只是从社会主义实现时起，社会生活和个人生活的各个领域

---

① 《马克思恩格斯文集》第 10 卷，人民出版社 2009 年版，第 455—456 页。
② 《马克思恩格斯文集》第 10 卷，人民出版社 2009 年版，第 548 页。
③ 《马克思恩格斯文集》第 10 卷，人民出版社 2009 年版，第 588 页。
④ 《马克思恩格斯文集》第 10 卷，人民出版社 2009 年版，第 586 页。

才会开始出现迅速的、真正的、确实是群众性的即有大多数居民参加然后有全体居民参加的前进运动。"①

思考题:

1. 怎样认识科学社会主义产生的社会历史条件?

2. 资本主义社会的基本矛盾是什么?

3. 为什么说唯物史观和剩余价值学说是科学社会主义的两大基石?

4. 如何准确把握马克思、恩格斯对未来社会的设想?

5. 如何认识科学社会主义产生的伟大意义?

———————————

① 《列宁专题文集　论社会主义》,人民出版社 2009 年版,第 39 页。

第二章 社会主义代替资本主义的历史必然性

社会主义必然代替资本主义是科学社会主义的核心内容。马克思、恩格斯深入研究人类社会的历史，揭示了社会发展的一般规律，具体剖析资本主义社会，揭示了资本主义社会发展的特殊规律，明确提出并科学论证了社会主义代替资本主义的历史必然性。

第一节 社会主义必然代替资本主义

社会主义取代资本主义，是社会化生产与资本主义占有之间的矛盾，以及由此形成的无产阶级反对资产阶级的斗争发展的必然结果，是历史发展的必然趋势。

一、人类社会发展具有自身的客观规律

1. 人类社会发展是不以人的意志为转移的客观过程

人类社会是物质世界的一个特殊部分，像世界上一切事物一样，它的存在是一个变化发展的过程。社会变化发展过程就是历史。只有从社会运动变化中，从社会历史发展过程中，才能真正理解人类社会。

人类社会变化的总趋势是向前进的，是从低级向高级发展的。那种认为社会变化只是循环重复、原地踏步的观点，是形而上学的认识，是不正确的。正如毛泽东所说，自然界是不断发展的，人类社会也是不断发展的，不会永远停留在一个水平上。人类社会从低级到高级、从片面到全面的发展是历史发展的客观趋势。

2. 人类社会从低级到高级的发展表现为社会形态的更替

社会发展呈现为一系列不同的社会形态。社会形态是一定生产力发展水平基础上的经济基础和上层建筑的统一体，是社会经济形态、政治形态和文化形态的统一体。每一个社会形态都是人类发展史上的一个基本阶段，人类社会发展表现为社会形态的发展和更替。

马克思、恩格斯曾从生产力发展和技术进步，从生产关系特别是所有制关

系，从人的发展等不同角度考察社会形态。其中最根本的是他们从生产力与生产关系的统一中，从基于生产力发展基础上的生产关系的角度来进行的考察。他们在《德意志意识形态》《〈政治经济学批判〉序言》《哥达纲领批判》《家庭、私有制和国家的起源》等著作中研究了人类社会发展问题，后来人们根据他们的思想观点，把人类社会的历史过程概括为 5 种社会形态，即原始社会、奴隶社会、封建社会、资本主义社会、社会主义和共产主义社会，认为人类社会的发展和进步就是在这 5 种社会形态的发展更替中实现的。

社会形态更替的根本动力在于社会基本矛盾运动。人类社会之所以是发展的、前进的，根本原因在于社会基本矛盾即生产力与生产关系、经济基础与上层建筑的矛盾。这一社会基本矛盾，贯穿于人类社会的始终，推动着社会形态的更替，促进社会从低级向高级的发展。在社会基本矛盾中，生产力与生产关系的矛盾居于基础地位，是最根本的矛盾。在阶级社会中，生产力与生产关系的矛盾直接地表现为推动先进生产力发展的阶级与维护旧的生产关系的阶级之间的阶级矛盾和阶级斗争。因此，在阶级对立的社会中，阶级矛盾和阶级斗争是推动一个社会向更高级社会转变的直接动力。

二、社会主义代替资本主义是历史发展的必然趋势

1. "两个必然"科学论断的提出和含义

资本主义必然灭亡，社会主义必然胜利，这是我们通常说的"两个必然"。这一科学论断是在《共产党宣言》中明确提出来的。《共产党宣言》之所以成为科学社会主义诞生的标志，与这一伟大著作中提出了"两个必然"科学论断有密切联系。

这里的"两个必然"，不是两个不同的必然性，而是同一个历史必然性的两个方面。资本主义的灭亡和社会主义的胜利，是同一个历史过程、同一种历史趋势，体现的是同一个社会发展规律，即社会主义代替资本主义的规律。列宁指出：马克思"以对资本主义制度的这种客观分析，证明了资本主义制度变为社会主义制度的必然性"，并强调"这就是马克思主义者经常援引必然性的由来"。[1]

马克思、恩格斯的"两个必然"论断是他们用唯物史观分析人类社会发展

---

[1] 《列宁选集》第 1 卷，人民出版社 2012 年版，第 25 页。

的一般规律和资本主义社会发展的特殊规律得出的科学结论。他们指出，生产力与生产关系的矛盾、经济基础与上层建筑的矛盾，是贯穿于整个人类社会，包括资本主义社会的基本矛盾。当资本主义制度适应生产力发展要求的时候，它曾经有力地推动了生产力的发展，在历史上起过革命性的作用。然而生产力是不断向前发展的，当这种发展达到一定程度时，又会同原来与它相适应的资本主义制度发生尖锐矛盾，这时资本主义制度就由原来促进生产力发展的力量，变为束缚生产力发展的桎梏。生产力要进一步向前发展，就必然要求打破资本主义制度的束缚，建立与自身发展要求相适应的社会主义制度。这就把社会主义代替资本主义建立在社会发展规律的基础上，揭示了它的客观的和历史的依据。

那么，资本主义制度与社会生产力的矛盾要达到什么程度，它才会被社会主义制度所代替？马克思根据生产关系要与生产力发展相适应的原理，对这个问题作了科学的回答。他指出："无论哪一个社会形态，在它所能容纳的全部生产力发挥出来以前，是决不会灭亡的；而新的更高的生产关系，在它的物质存在条件在旧社会的胎胞里成熟以前，是决不会出现的。"①"两个决不会"的提出，使马克思主义关于社会形态更替的历史必然性原理，特别是关于社会主义代替资本主义的必然性的原理更加完整。"两个必然"阐述了资本主义灭亡和社会主义胜利的客观必然性，"两个决不会"阐述了这种必然性实现的长期性和曲折性。这就告诉我们，社会主义代替资本主义是必然的，但实现这一必然趋势需要相应的客观条件，在这个客观条件具备之前，这种"必然"还暂时不会成为现实。所以，"两个决不会"不是对"两个必然"的否定，而是对"两个必然"的确认、补充和完善，使其更加完整。它表明，马克思主义所说的社会发展的必然性不是抽象的，而是具体的历史的，社会主义取代资本主义的必然性不是主观的人为的，而是历史发展规律决定的。这对于我们科学地理解"两个必然"的科学命题，具有重要的指导意义。

深刻认识"两个必然"的科学论断具有重要意义：一方面，这一论断是科学社会主义的核心命题和基本结论。认识这一重要论断，就能使我们更好地把握科学社会主义理论体系和这一理论体系的精神实质、基本内容。另一方面，这一论断集中体现了科学社会主义信念的科学性。认识这一重要论断，就能使

---

① 《马克思恩格斯文集》第 2 卷，人民出版社 2009 年版，第 592 页。

我们更好地把握科学社会主义的科学基础，认清空想社会主义和其他打着"社会主义"招牌的种种社会思潮的空想性和虚幻性，自觉地把中国特色社会主义信念建立在对历史规律的深刻把握之上。

2. 社会主义必然代替资本主义的客观依据是资本主义的基本矛盾及其发展

马克思、恩格斯认为，人类社会基本矛盾在资本主义社会表现为社会化生产和资本主义占有的矛盾，社会主义代替资本主义是资本主义社会基本矛盾发展的必然结果。

资本主义生产方式发展到机器大工业阶段以后，以生产资料使用社会化、劳动过程社会化和劳动产品社会化为主要内容的社会化生产程度日益提高。这是资本主义生产区别于以往任何时代生产活动的一个重要特征，是人类社会物质生产前所未有的进步。但是，这种进步是在资本主义私人占有制的框架内实现的。在社会化生产出现以前，个体生产者提供的私人劳动是产品私人占有的前提。资本主义形成和发展过程中出现的社会化生产，虽然消灭了这种私人占有的前提即私人劳动，但却依然保持着生产资料和产品的私人占有形式。而且，资本主义的私人占有者已不是从事生产的劳动者，而是占有他人劳动和劳动产品并对无产者进行奴役的资本家。因此，社会化生产同资本主义占有之间便形成了对抗性的矛盾。这种矛盾，就是资本主义基本矛盾。

社会化生产和资本主义占有之间的矛盾，有两种表现形式：在经济上，是每一个别企业生产的组织性和整个社会生产的无政府状态之间的对立。在商品生产活动中，资本主义私人占有表现出贪得无厌的逐利性，从而使资本主义企业的生产具有很强的盲目性，生产者既不知市场对自己所生产的那种商品的需求究竟会有多大，也不知自己所生产的那种商品是否能收回它的成本。生产的无政府状态居于统治地位。随着资本主义生产方式的出现，社会生产的这种无政府状态突出地表现出来，并且愈来愈走向极端。但是资本主义生产方式用来加剧社会生产中这种无政府状态的主要工具正是无政府主义的对立物：每一个别生产企业中的社会化生产所具有的日益加强的组织性。各个企业资本家为了在无政府状态的市场竞争中取胜，都要千方百计提高本企业生产的组织性，以增强自己在商品市场上的竞争力，这种竞争力决定着企业的生死成败。各个企业的社会生产的组织性越强，企业的竞争力也越强，但整个社会生产则越是陷入无政府状态。这种你死我活的生存斗争不仅爆发于地方各个资本家之间，而且进一步发展为全国性的。最后，大工业和世界市场的形成使这个斗争成为普遍现象，同时使它具有空前的剧烈性。

在阶级关系上，是无产阶级和资产阶级的对立。中世纪的小农生产和手工业生产，劳动者与生产资料是结合在一起的，雇佣劳动只是一种例外和补充。但是生产资料一旦集中于资本家手中，情况就改变了。随着个体小生产者的生产资料和产品变得愈来愈没有价值，他们除了受雇于资本家就没有别的出路。雇佣劳动在以前是一种例外和补充，现在成了整个生产的通例和基本形式，暂时的雇佣劳动者变成了终身的雇佣劳动者。此外，封建制度的瓦解使封建主扈从人员被解雇，农民被逐出自己的土地和家园，终身的雇佣劳动者大量地增加了。在这种情况下，生产资料的占有者和劳动者彻底分离，一边是把大量生产资料集中在自己手中的资本家，一边是除了自己劳动力之外一无所有的雇佣劳动者。资本家凭借自己对生产资料的占有能够剥削工人创造的剩余价值。而且资本主义市场竞争越发展，生产资料越是向少数资本家手中集中，社会的绝大多数人都成为没有生产资料的雇佣劳动者。这就形成了资本主义社会中两大阶级之间的根本对立，体现出资本主义社会中最基本的阶级关系。

马克思、恩格斯紧紧抓住社会化生产和资本主义占有这个矛盾，并通过对资本主义社会的经济运行过程和阶级关系状况的深入考察，指出这一矛盾必然导致无产阶级与资产阶级的阶级斗争，而代表社会化生产发展要求的无产阶级必然要废除资本主义私有制，建立社会主义公有制，进一步促进社会化生产的解放以及与此相联系的无产阶级自身的解放。

3. 社会主义代替资本主义的历史过程，包含共产党领导无产阶级和人民群众所进行的自觉行动

资本主义必然灭亡，社会主义必然胜利，这是社会发展的客观规律。同时，唯物史观告诉我们，历史趋势的必然性与历史主体的能动性是辩证统一的。因为社会规律与自然规律、社会发展的必然性与自然运动的必然性，虽然其客观性是共同的，但在表现形式和实现方式上有着明显的不同。自然界的运动是自发的，它不借助于人的参与而自发完成。而社会规律不同，它是通过人的活动而形成并表现出来的。社会规律产生于人类的社会活动，它本身就是人们社会活动的规律。社会规律得以发挥作用，社会发展必然性得以实现，离不开人和人的活动，特别是离不开人们认识到社会规律之后的自觉行动。

社会主义代替资本主义的历史必然性，共产主义理想的最终实现，同样离不开人们的自觉行动，特别是离不开工人阶级和广大人民群众的自觉追求，离

不开无产阶级政党的正确领导。20世纪以来社会主义发展的历史，充分证明了这个道理。没有列宁创造性地提出社会主义可能首先在一国或数国胜利的理论，没有俄国布尔什维克党的领导和工农劳动大众的不懈努力，就没有十月革命的伟大胜利和第一个社会主义国家的诞生；没有以毛泽东同志为主要代表的中国共产党人把马克思主义基本原理与中国具体实际相结合，创造性地提出新民主主义革命以及从新民主主义向社会主义过渡的理论，没有中国共产党的领导和全国各族人民的共同奋斗，就没有社会主义基本制度在中国的建立和中国社会主义事业的推进。进入改革开放新时期，正是以邓小平同志、江泽民同志、胡锦涛同志为主要代表的中国共产党人带领全国人民开创和持续推进中国特色社会主义伟大事业，才会有社会主义事业在中国的巨大发展和社会主义现代化建设取得的辉煌成就。党的十八大以来，正是以习近平同志为主要代表的中国共产党人，顺应时代发展，从理论和实践结合上系统回答新时代坚持和发展什么样的中国特色社会主义、怎样坚持和发展中国特色社会主义这个重大时代课题，带领全国各族人民，统揽伟大斗争、伟大工程、伟大事业、伟大梦想，取得历史性成就，实现了历史性变革，推动中国特色社会主义进入新时代。同样，世界上其他社会主义国家的兴衰成败，也是与执政党的领导和广大人民是否支持分不开的。

第二节   社会主义代替资本主义的长期性和曲折性

社会主义代替资本主义是历史发展的必然趋势，但其最终实现和完成又是一个长期而曲折的过程。只看到历史发展的必然性而忽视长期性和曲折性，容易犯急于求成和超越阶段的错误；只看到历史发展的长期性和曲折性而看不到必然性，就会对社会主义前途失去信心。

一、社会形态更替的长期性和曲折性

1. 社会形态更替的长期性

社会形态更替是一种根本的转变，它不仅是社会具体制度的更新，而且是整个社会的根本改造。因此，完成社会转变，实现新旧社会形态更替，是一项长期的历史任务。而且，社会形态更替，在不同民族和国家中展开和实现也是

一个长期的过程。从某个或某些国家开始替代的进程，到世界上大多数国家都实现这种替代，无疑是一个长期的过程。

新的更高社会形态代替旧的社会形态，通常要经历一个充满复杂矛盾的过渡时期。新旧制度更替完成后，还有一个新制度巩固发展的过程。特别是，新建立起的社会制度还不够完善，要经过艰辛的探索，包括成功的和失败的探索，才能逐步完善起来。因此，新制度要得到巩固和发展，需要一个较长的时期。只有完全确立起新制度新社会的优势，才算真正完成了社会形态的更替。

需要指出的是，社会形态是马克思、恩格斯为了从宏观上把握人类社会的特征及其发展阶段而使用的概念。根据他们的思想用 5 种社会形态概括人类社会从过去到现在，再到未来的漫长的历史进程，就使看似扑朔迷离的人类社会历史发展呈现出了清晰的主线。可见，考察社会形态及其交替必须从宏观上把握，我们应该用历史的尺度，而不是用人生的尺度去认识和把握。因为并不是每一代人或几代人，都能经历这种历史性的转变。对此我们应有清醒的认识。

2. 社会形态更替的曲折性

社会发展过程是前进性与曲折性的统一。一方面，人类社会发展是一个从低级到高级的过程，是不断前进的运动，这是发展的总趋势；另一方面，这种前进的总趋势又是在各种不确定性因素或偶然性的影响下为自己开辟道路的。因而，历史发展轨迹必然是曲折的。

在新旧社会形态更替和转变过程中，历史的曲折性表现得尤为突出。在社会发生重大转折时，社会发展的曲折性和复杂性就以空前的程度和规模表现出来。社会的转折是通过一定的社会阶级或集团来完成的。在这里，客观趋势与主观愿望、客观条件与主观条件等不同因素集合在一起，共同发生作用，形成曲折性和复杂性。

新旧社会更替曲折性的最典型表现，就是旧制度的复辟。在新旧社会形态交替过程中，往往出现旧制度回潮或复辟现象，这就造成了历史演进中的最大曲折。复辟是社会向前发展过程中的一种逆转现象，它在新旧社会力量的较量过程中是难以完全避免的。从历史上看，奴隶社会后期到封建制度的确立，封建社会后期到资本主义制度的确立，都经历了革命与复辟的长期斗争。列宁指出："设想世界历史会一帆风顺、按部就班地向前发展，不会有时出现大幅度的跃退，那是不辩证的，不科学的，在理论上是不正确的。"① 社会发展道路的曲折性与长期性是联系在一起的，曲折性加剧了长期性，是长期性的一种体现。正因为道路的曲折，所以实现目标不可能一蹴而就，而是漫长的过程。而且这种长期性不是风平浪静的长期性，不是可以在消极等待中度过的时期，而是需要历史主体的努力奋斗和迎接挑战才能实现的过程。

二、社会主义代替资本主义是长期曲折的历史过程

在历史上，封建制取代奴隶制、资本主义取代封建主义，都是一种剥削制度取代另一种剥削制度。而社会主义代替资本主义，是要建立社会主义公有制，消灭一切剥削制度，因而是人类历史中的一个根本变革。这种变革的实现将是一个更为长期和曲折的过程。

1. 资本主义作为一种社会形态走向衰亡是复杂的长期的过程

在人类历史长河中，任何一个社会形态从产生到衰亡是逐步从量变到质变的复杂过程，一般都要经过相当长的时间跨度。世界上的资本主义制度如果从英国资产阶级革命算起，到现在还不到 400 年。从历史宏观尺度来看，这段时间不能算长。当年马克思、恩格斯提出"两个必然"论断时，虽然西欧和北美的资本主义有了较大发展，但世界上大多数国家或者才刚开始确立资本主义制度，或者还处在前资本主义历史阶段。资本主义发展到垄断阶段，经济、政治、文化和社会状况都呈现出新的特点。资本主义这些新变化，不能仅仅看作它延缓了走向末路的时间，还要看到它同时为新社会的到来创造着越来越充分的条件。

当今时代，要深刻认识资本主义社会的自我调节能力，充分估计到西方发达国家在经济科技军事方面长期占据优势的客观现实，认真做好两种社会制度长期合作和斗争的各种准备。在相当长时期内，初级阶段的社会主义还必须同生产力更发达的资本主义长期合作和斗争，还必须认真学习和借鉴资本主义创造的有益文明成果，甚至必须面对被人们用西方发达国家的长处来比较我国社会主义发展中的不足并加以指责的现实。但是，事实一再告诉我们，马克思、恩格斯关于资本主义社会基本矛盾的分析没有过时，关于资本主义必然灭亡、社会主义必然胜利的历史唯物主义观点也没有过时，这是社会历史发展不可逆

---

① 《列宁选集》第 2 卷，人民出版社 2012 年版，第 694 页。

转的总趋势。我们必须有很强大的战略定力，坚决抵制抛弃社会主义的各种错误主张，自觉纠正超越阶段的错误观念。

2. 社会主义革命胜利和巩固是一个艰巨而长期的过程

历史和现实都告诉我们，一场社会革命要取得最终胜利，往往需要一个漫长的历史过程。社会主义代替资本主义是通过社会主义革命实现的，而社会主义革命本身的复杂性决定了要取得革命胜利不可能一蹴而就，也不可能一帆风顺。同时，社会主义革命胜利成果的巩固同样需要一个长期过程，更不会一帆风顺。

马克思曾把无产阶级社会主义革命与资产阶级革命进行比较，认为无产阶级革命目标更高，因而也更为艰难。他在《路易·波拿巴的雾月十八日》中指出，资产阶级革命，例如 18 世纪的革命，总是突飞猛进，接连不断地取得胜利的，每天都充满极乐狂欢，然而这种革命为时短暂，很快就达到自己的顶点。相反，无产阶级革命，例如 19 世纪的革命，则经常自己批判自己，往往在前进中停下脚步，返回到仿佛已经完成的事情上去，以便重新开始把这些事情再做一遍。它在自己无限宏伟的目标面前，再三往后退却，一直到无路可退，才奋起一跃。① 马克思在总结巴黎公社革命的经验后又指出，社会主义革命的胜利和巩固不是短暂的，更不是一帆风顺的，因为它"必须经过长期的斗争，必须经过一系列将把环境和人都加以改造的历史过程"②。恩格斯晚年曾反思他和马克思在 1848 年革命失败后对革命高潮到来的估计过于乐观。他指出，当时欧洲大陆经济发展状况远没有成熟到可以铲除资本主义生产方式的程度。恩格斯看到了 19 世纪 80、90 年代欧洲资本主义尚处于相对平稳发展时期，就提出无产阶级应有新的斗争策略。他指出，无产阶级为达到最终奋斗目标"还远不能以一次重大的打击取得胜利，而不得不慢慢向前推进，在严酷顽强的斗争中夺取一个一个的阵地"③。

尽管马克思、恩格斯对未来社会主义革命的复杂性和长期性有所预料，但后来社会主义革命发展所呈现出的长期性和复杂性还是远远超出了他们的想象。20 世纪的社会主义革命不是在西方发达资本主义国家，而是在相对落后的沙俄帝国首先发生并取得胜利的。在俄国革命影响下，虽然西方各国出现过一

---

① 参见《马克思恩格斯文集》第 2 卷，人民出版社 2009 年版，第 474 页。
② 《马克思恩格斯文集》第 3 卷，人民出版社 2009 年版，第 159 页。
③ 《马克思恩格斯文集》第 4 卷，人民出版社 2009 年版，第 541 页。

个革命的高潮时期，但这些国家的革命很快就相继失败了。从那时以来，一直到现在，西方国家依然没有出现社会主义革命形势，反而是一些经济文化比俄国更为落后的国家相继发生革命，走上了社会主义道路。这些都表明在全世界取得社会主义革命的胜利是一个长期的复杂的过程。

3. 社会主义制度的巩固和发展及其优越性的充分展现是一个长期过程

由于历史发展的不平衡性，社会主义革命在经济文化比较落后的国家首先取得了胜利。这些国家在建立起社会主义制度之后，由于自身没有经历资本主义充分发展的阶段，因而生产力发展水平与资本主义发达国家相比还有相当大的差距，还不能在与发达资本主义国家的对比中充分显示出自己的优越性。正因为经济文化的落后，社会主义国家还需要一个特定阶段通过发展商品生产和市场经济来实现国家的现代化。在这个过程中，需要吸收和借鉴人类社会创造的一切文明成果，包括资本主义国家的积极成果。

在这些社会主义国家里，新建立起来的社会主义制度还处在巩固和发展过程中。特别是在 20 世纪末期，世界上第一个社会主义国家苏联以及东欧一批社会主义国家，由于种种复杂原因发生剧变，世界社会主义遭受了空前的挫折。可见，在社会主义与资本主义并存竞争的历史条件下，社会主义制度要得到巩固并且赢得与资本主义相比较的优势，是一个长期过程。正如邓小平所说："我们搞社会主义才几十年，还处在初级阶段。巩固和发展社会主义制度，还需要一个很长的历史阶段，需要我们几代人、十几代人，甚至几十代人坚持不懈地努力奋斗，决不能掉以轻心。"[①]

4. 社会主义最终发展到共产主义也是一个长期过程

社会主义必然代替资本主义这一论断，不仅是指通过无产阶级革命推翻资本主义统治而建立社会主义制度，而且包括从社会主义最终发展到共产主义。因此，当我们讲社会主义代替资本主义的必然性时，还包括社会主义向共产主义发展的内涵。如果说，完成从资本主义向社会主义的转变是一个长期过程，那么从社会主义最终发展到共产主义更是一个长期过程。无论是现有的社会主义国家将来发展到共产主义，还是现在的资本主义发达国家转向社会主义之后最终向共产主义迈进，都是一个漫长发展过程。正如习近平指出的："必须认识到，我们现在的努力以及将来多少代人的持续努力，都是朝着最终实现共产

---

① 《邓小平文选》第三卷，人民出版社 1993 年版，第 379—380 页。

主义这个大目标前进的。同时，必须认识到，实现共产主义是一个非常漫长的历史过程，我们必须立足党在现阶段的奋斗目标，脚踏实地推进我们的事业。"①

第三节　社会主义代替资本主义的一般性和特殊性

人类社会的发展道路是一般性和特殊性的统一。社会形态更替的一般规律是在各种偶然性和特殊情形中为自己开辟道路的。社会主义代替资本主义的历史过程，社会主义自身发展的历史过程，既有自己确定不移的必然趋势和明确方向，又有多种方式和道路选择，表现出一般性与特殊性的统一。

一、社会发展道路的一般性与特殊性

1. 社会发展道路的一般性

人类社会发展道路具有一般性或统一性，主要表现在：人类社会总是在生产力与生产关系、经济基础与上层建筑的矛盾运动过程中，从低级向高级、从片面向全面的方向发展；解决社会化生产与资本主义占有之间矛盾的出路只能是社会主义社会。揭示这一人类历史发展道路，厘清人类社会发展基本脉络，是马克思主义创始人的伟大贡献。这对于我们了解自身所处的历史方位，掌握历史发展大趋势，具有重要指导意义。如果否定了历史发展道路的这种统一性和一般规律，就否定了社会主义必然代替资本主义的根本依据，并使我们陷入不可知论的认识误区。

正确理解社会发展道路的一般性，要注意两个方面的内容：一方面，这里的主体是人类社会整体，而不是指某一个特定民族或国家。人类社会在整体上包含各个民族和各个国家，它们彼此之间并不是完全孤立毫不相干的，而是相互交往相互联系的。人类社会整体与某个民族和国家的关系是整体和部分的关系。整体运动的规律决定着每个部分运动的趋向，但它并不等同于部分运动的规律。在发展道路上也是如此。另一方面，这里说的发展道路是根本道路而不是具体道路，即它是社会形态更替的历史脉络，是社会形态依次演进过程中呈

① 《十八大以来重要文献选编》（上），中央文献出版社2014年版，第115—116页。

现的社会发展一般规律和总趋势。

2. 社会发展道路的特殊性

社会发展道路的一般性是通过特殊性表现出来的。人类文明是实践的产物，每个文明都有其独特的自然环境以及生产力发展水平、社会制度、文化样式，等等。虽然从整体上说人类社会总是要从低一级的社会形态向高一级的社会形态演进，但从构成人类社会的不同国家和民族来说，它们在各个阶段各自走的道路并不完全相同。不同国家和民族生存的地理环境不同，生产和生活的具体方式不同，历史发展阶段和发展快慢不同，以及作为这些不同因素的观念上的反映即传统文化也不相同，所有这一切，都影响到它们各自的发展道路，使其具有自己的道路特色。

不同民族或国家的发展道路有其特殊性，还表现在一个民族或国家的发展并不一定都严格地遵循社会形态演进的依次性路径。一个国家可以在一定的历史条件下，超越某一种或几种社会形态而跳跃到更高的社会形态。比如，俄国没有经过奴隶社会，美国没有经过封建社会，中国没有经过一个资本主义充分发展的阶段。当然，这种特殊性都是在一定的历史条件下发生的，我们不能因为社会演进中出现这样的特殊性而否定人类社会发展道路的一般性。

处于同一个社会形态中的不同国家和民族，其具体发展道路也各有特点。正如马克思所指出的："相同的经济基础——按主要条件来说相同——可以由于无数不同的经验的情况，自然条件，种族关系，各种从外部发生作用的历史影响等等，而在现象上显示出无穷无尽的变异和色彩差异"①。例如，古希腊的奴隶社会不同于东方社会的奴隶制度，中国的封建社会不同于欧洲封建社会。同是 20 世纪资本主义发达国家，日本和美国也有很大不同。即使在地域上很接近的国家，也会出现这样那样的差异，比如 19 世纪德国的资本主义就不同于英国和法国。

在社会更替过程中，不同国家和民族所走的具体道路和途径也有不同特点。不论是社会形态的常规更替（如从奴隶社会向封建社会过渡），还是某种非常规的更替（如从奴隶社会直接向资本主义社会过渡），都有一个具体过渡方式或途径的问题。比如，同是从封建社会向资本主义社会过渡，英国、法国、德国所走的具体道路就不相同。同样，从资本主义社会向社会主义社会过

---

① 《马克思恩格斯文集》第 7 卷，人民出版社 2009 年版，第 894 页。

渡，各国在过渡方式、速度、途径等方面也不可能会完全相同。

二、社会主义的世界历史进程与民族发展道路

1. 社会主义是世界性的历史进程

社会主义兴起是世界性的现象，社会主义代替资本主义是世界性的历史进程。应该用世界历史眼光，站在人类历史发展高度，来认识和把握社会主义产生发展规律，把握社会主义代替资本主义的历史趋势。

社会主义之所以是世界性事业，首先是因为资本主义是世界性的。社会主义是资本主义的对立物和替代者，又是资本主义发展成果的继承者。人类社会在资本主义阶段所取得的基本成果，一方面是生产力的巨大增长，另一方面是社会交往的空前扩大。由于它开拓了世界市场，过去那种地方的和民族的自给自足和闭关自守状态，被各民族的各方面的互相往来和各方面的互相依赖所代替了。物质的生产是如此，精神的生产也是如此。如果说在资本主义之前的人类历史还是各民族自己的历史，那么从资本主义时代开始，人类进入了世界历史的时期。资本主义造就的这个"世界历史"的舞台，就成为社会主义产生发展的起点。

社会主义兴起和发展是一种世界性现象。社会主义思潮在资本主义社会中兴起，不是一国现象。空想社会主义首先是在西欧较早发展资本主义的国家出现的，比如英国、意大利、法国以及德国。科学社会主义理论也不只是德国的产物，而具有国际性质。科学社会主义的产生，一方面基于英国和法国发展了的资本主义关系和阶级斗争状况，另一方面又继承了德国辩证思维的哲学传统。马克思主义产生之后，日益成为世界各国无产阶级及其政党的理论武器。在社会主义思想引导下的社会主义运动，也是国际性运动，是各国无产阶级斗争的表现。《共产党宣言》提出的口号"全世界无产者，联合起来！"鲜明地体现了社会主义运动和无产阶级斗争的国际性质。

马克思主义创始人总是从世界历史高度来看待社会主义事业。马克思、恩格斯揭示了人类历史发展的一般规律，他们从人类社会的整体和社会形态的整体上去把握资本主义社会和社会主义社会。他们强调，要从世界视野来看待社会主义，把社会主义看作解放全人类的事业；他们从各国的联系中，从各国无产阶级的相互支持中，来考察和设想社会主义革命的发生问题。

社会主义最终胜利以后才可能走向世界大同，人类真正的大同世界只有在

共产主义社会才能实现。尽管资本主义把世界更为紧密地联系起来，但资本主义不可能造就和谐的人类统一体。因为在资本主义世界，仍然充满着不同阶级、不同民族和不同利益集团的较量和斗争，在资本主义各国矛盾尖锐化的情况下，还会导致国与国之间残酷的大规模战争。只有社会主义代替了资本主义，只有实现了共产主义，人类社会内部大规模的纷争才告结束。到那时，不仅阶级对立消失，民族与民族之间、国家与国家之间的对立消失，战争也会消失，世界大同最终实现，人类真正成为自己的主人。

2. 社会主义的世界历史进程是通过各民族的奋斗实现的

普遍性寓于特殊性之中，统一性存在于多样性之中，社会主义发展也存在着普遍性与特殊性、统一性与多样性的关系。世界历史形成是一个历史过程，在这个过程中民族和国家仍然存在，只是它们的联系越来越紧密了。资本主义的世界历史进程在各个国家和民族有不同的表现形式。社会主义事业和历史进程也只能通过各民族和各国人民的共同努力才能实现。因而，社会主义兴起的过程，社会主义代替资本主义的过程，在不同的民族和国家中必然会有不同的实现形式，不同民族和国家只能走带有自己特色的具体道路。

马克思主义创始人对于资本主义产生发展及其向社会主义转变的民族性问题作过精彩的论述。马克思在《资本论》中考察了资本主义在原始积累时期对农民土地的剥夺，指出："这种剥夺的历史在不同的国家带有不同的色彩，按不同的顺序、在不同的历史时代通过不同的阶段。"[1] 在指导各国无产阶级反对资产阶级斗争的过程中，马克思、恩格斯反复强调，科学社会主义基本原则的运用随时随地都要以当时的历史条件为转移，工人阶级在进行反对资产阶级的斗争时必须考虑到各国的制度、风俗和传统，根据本国具体情况，独立自主地探索本国道路，制定自己的方针政策。后来，列宁进一步阐发了这个重要观点。他指出："一切民族都将走向社会主义，这是不可避免的，但是一切民族的走法却不会完全一样，在民主的这种或那种形式上，在无产阶级专政的这种或那种形态上，在社会生活各方面的社会主义改造的速度上，每个民族都会有自己的特点。"[2] 他还指出："由于开始向建立社会主义前进时所处的条件不同，这种过渡的具体条件和形式必然是而且应当是多种多样的。地方差别、经

---

① 《马克思恩格斯文集》第 5 卷，人民出版社 2009 年版，第 823 页。
② 《列宁选集》第 2 卷，人民出版社 2012 年版，第 777 页。

济结构的特点、生活方式、居民的素质、实现这种或那种计划的尝试，——所有这些都必定会在国家这个或那个劳动公社走向社会主义的途径的特点上反映出来。这种多样性愈是丰富（当然，不是标新立异），我们就能愈可靠愈迅速地达到民主集中制和实现社会主义经济。"①

事实正是如此。不论是社会主义革命还是社会主义建设，其形式在不同国家都表现出不同特点。在革命的具体道路上，中国革命不同于俄国的十月革命，俄国革命是中心城市起义，然后向农村扩展，而中国革命则是农村包围城市，最后夺取全国政权。在社会主义改造方式上，中国和俄国也有很大不同，俄国主要是对资本家实行暴力剥夺，而中国对民族资本实现了和平赎买。在建设社会主义具体道路上，也不应只有一种。长期以来，苏联社会主义建设道路，曾经被当作社会主义国家的唯一模式，结果照搬这种模式使一些国家的社会主义建设走了弯路。事实证明，苏联模式只是社会主义的一种模式，并不是唯一的模式。各个社会主义国家，应该把马克思主义基本原理同本国实际相结合，探索自身的建设道路。中国特色社会主义既坚持了科学社会主义基本原则，又根据时代特征和中国实际赋予其鲜明的特色，从而使科学社会主义在中国焕发出蓬勃生机。

三、东方社会发展道路及其实现条件

马克思在研究西方国家社会发展道路的同时，从 19 世纪 50 年代开始，还对俄国、印度、中国以及整个东方社会历史和发展道路进行了初步研究。这一方面是为了弄清楚社会发展过程中一般规律与特殊规律的关系，深化和拓展唯物史观；另一方面也是为了解决世界无产阶级革命的战略策略问题，探求西方无产阶级革命和东方人民革命之间的相互影响和相互作用。马克思花费了很大精力考察东方社会经济政治情况，查阅了大量关于东方社会历史的文献资料，做了数量惊人的摘录和笔记，得出一些初步看法。马克思逝世后，恩格斯对东方社会及其发展道路问题又作了进一步发展和补充。

马克思、恩格斯认为，不能用考察西方社会的眼光考察东方社会，不能把考察西欧资本主义形成发展中得出的看法完全套用于东方社会。1877 年 11 月，马克思在致俄国《祖国纪事》杂志编辑部的信中，批驳了俄国民粹派理论家米

---

① 《列宁全集》第 34 卷，人民出版社 2017 年版，第 140 页。

海洛夫斯基对《资本论》中关于西欧资本主义起源历史概述的歪曲。马克思写道："他一定要把我关于西欧资本主义起源的历史概述彻底变成一般发展道路的历史哲学理论……但是我要请他原谅。（他这样做，会给我过多的荣誉，同时也会给我过多的侮辱。）"① 马克思、恩格斯认为，东方国家特别是俄国，在一定条件下有可能不通过资本主义制度的"卡夫丁峡谷"② 而走上社会主义道路。这是东方社会特殊的发展道路。1881 年，在致查苏利奇的信及复信的草稿中，马克思明确地肯定了俄国在一定条件下可以不经过资本主义的苦难历程而直接进入社会主义的可能性。他指出，在欧洲，只有俄国还广泛地保留着以公有制为基础的农村公社，"那么，它的历史环境，即它和资本主义生产同时存在，则为它提供了大规模地进行共同劳动的现成的物质条件。因此，它能够不通过资本主义制度的卡夫丁峡谷，而占有资本主义制度所创造的一切积极的成果"③。他认为，俄国如果能在保留那些进步成就的同时避免这种巨大的灾难，那将是一条更好的道路。

同时，很重要的一点是，马克思、恩格斯认为，东方国家不通过资本主义制度的"卡夫丁峡谷"有赖于西欧无产阶级革命的胜利和帮助。1882 年 1 月，他们在为《共产党宣言》俄文第二版写的序言中明确提出了这一点。"试问：俄国公社，这一固然已经大遭破坏的原始土地公共占有形式，是能够直接过渡到高级的共产主义的公共占有形式呢？或者相反，它还必须先经历西方的历史发展所经历的那个瓦解过程呢？""对于这个问题，目前唯一可能的答复是：假如俄国革命将成为西方无产阶级革命的信号而双方互相补充的话，那么现今的俄国土地公有制便能成为共产主义发展的起点。"④ 后来，恩格斯在 1894 年 1 月写的《〈论俄国的社会问题〉跋》等文章中，多次阐述了这一条件的重要性。他写道："不仅可能而且毋庸置疑的是，当西欧各国人民的无产阶级取得胜利和生产资料转归公有之后，那些刚刚进入资本主义生产而仍然保全了氏族制度或氏族制度残余的国家，可以利用公有制的残余和与之相适应的人民风尚作为强大的手段，来大大缩短自己向社会主义社会发展的过程，并避免我们在西欧

---

① 《马克思恩格斯文集》第 3 卷，人民出版社 2009 年版，第 466 页。
② "卡夫丁峡谷"指的是公元前 321 年，萨姆尼特人在古罗马卡夫丁城附近的卡夫丁峡谷打败了罗马军队，并强迫他们通过象征耻辱和痛苦的由长矛交叉构成的"轭形门"。马克思借用这个典故说明资本主义在给人类带来进步的同时也带来巨大的灾难。
③ 《马克思恩格斯文集》第 3 卷，人民出版社 2009 年版，第 579—580 页。
④ 《马克思恩格斯文集》第 2 卷，人民出版社 2009 年版，第 8 页。

开辟道路时所不得不经历的大部分苦难和斗争。但这方面的必不可少的条件是：目前还是资本主义的西方作出榜样和积极支持。"① 马克思、恩格斯关于东方社会发展道路的思想清楚地表明，人类社会发展一般规律在不同的国家会有不同的实现形式。社会主义代替资本主义是人类历史发展的必然趋势，但这一趋势的实现方式，东方不同于西方，这个国家不同于那个国家。尽管这一理论对东方社会及其发展道路的分析还是初步的，但是其中所体现出来的社会主义实现形式是统一性和多样性相结合的思想，具有重要的启示意义。

思考题：

1. 为什么说社会主义代替资本主义是人类社会历史发展的必然趋势？
2. 如何认识社会主义代替资本主义的长期性和曲折性？
3. 如何理解人类社会发展的道路是一般性与特殊性的统一？

---

① 《马克思恩格斯文集》第 4 卷，人民出版社 2009 年版，第 459 页。

第三章　向社会主义社会过渡的条件和途径

马克思、恩格斯在论证社会主义代替资本主义历史必然性的同时，对社会主义的实现条件和途径也进行了研究与阐述，创立了无产阶级革命和无产阶级专政理论。

第一节　无产阶级历史使命和无产阶级政党

社会主义代替资本主义，必须通过无产阶级革命运动来实现。无产阶级只有建立独立的革命政党，才能作为一个阶级来行动，并担当起自己的伟大使命。

一、无产阶级解放全人类的历史使命

长期以来，资产阶级对无产阶级存有极端的偏见，认为无产阶级是需要由他们来养活的阶级。空想社会主义思想家虽然把无产阶级看作受苦最深、最值得同情的阶级，但看不到无产阶级的伟大历史作用。马克思、恩格斯在科学分析无产阶级历史地位和阶级特性的基础上，发现了无产阶级的伟大力量。列宁说："马克思和恩格斯的具有世界历史意义的伟大功绩，在于他们向各国无产者指出了无产者的作用、任务和使命就是率先起来同资本进行革命斗争，并在这场斗争中把一切被剥削的劳动者团结在自己的周围。"[1] "马克思学说中的主要的一点，就是阐明了无产阶级作为社会主义社会创造者的世界历史作用。"[2]

1. 无产阶级的解放只能靠无产阶级自己

早在 1844 年，马克思就根据他参加政治斗争的经验和对德、法等国社会各阶级的分析深刻指出：人类的解放，它的头脑是哲学，"它的心脏是无产阶级"[3]。几乎在同一时间，恩格斯也根据他对英国工人阶级状况的考察，科学地说明了无产阶级不只是一个受苦受难的阶级，而且具有"摧毁整个资产阶级"

---

① 《列宁选集》第 3 卷，人民出版社 2012 年版，第 574 页。
② 《列宁选集》第 2 卷，人民出版社 2012 年版，第 305 页。
③ 《马克思恩格斯文集》第 1 卷，人民出版社 2009 年版，第 18 页。

的力量，是变革资本主义的最先进的阶级。由此决定了无产阶级在人类社会发展中的历史作用。然而，无产阶级历史作用的发挥，有赖于无产阶级自身的努力。

实践证明，无产阶级地位要得到任何可靠的改善，不能够依靠别人，而只能依靠自身团结，通过自身联合斗争去争取。所以，"工人阶级的解放应当是工人阶级自己的事情"①。"无产阶级能够而且必须自己解放自己。"② 它不应该也不可能把自身解放的希望寄托在其他阶级身上。

2. 实现全人类彻底解放是无产阶级的历史使命

无产阶级的历史使命概括起来是：在无产阶级政党领导下，联合其他劳动群众，开展反对资产阶级的斗争，建立无产阶级专政的国家政权，消灭一切剥削阶级以及阶级统治和阶级差别，实现社会主义和共产主义，使全人类获得彻底解放。具体说来，无产阶级的历史使命包括3个相互联系的方面。

推翻资产阶级统治，变革资本主义生产方式。无产阶级的历史使命不是主观臆造的，而是根源于资本主义社会的物质条件，即资本主义生产方式的内在矛盾和发展趋势。资本主义生产方式，一方面是生产愈来愈社会化，另一方面是生产资料掌握在资本家私人手中。资本家凭借手中的生产资料剥削工人阶级，使资产阶级的财富不断增长。资本主义生产方式是无产阶级受奴役和社会化生产力受束缚的根源。无产阶级只有推翻资产阶级的政治统治，建立无产阶级专政，变革资本主义生产方式，才能解放和发展生产力，摆脱自身受剥削、受压迫的地位。

创建社会主义新社会。无产阶级既是资本主义的掘墓人，又是社会主义的创造者。建立无产阶级专政只是无产阶级实现自身历史使命的一种手段，而不是最终目的。无产阶级取得统治地位以后，同社会化生产紧密联系在一起，它将利用自己的政治统治，一步一步地夺取资产阶级的全部资本，变生产资料资本主义私有制为社会主义公有制。在此基础上尽可能快地解放和发展社会生产力，建设社会主义经济、政治、文化，实现经济社会的巨大发展和精神文化的巨大进步，为彻底消灭一切阶级和阶级差别创造条件。

实现全人类彻底解放。无产阶级为了谋求自己的解放，必须经过长期斗

---

① 《马克思恩格斯文集》第3卷，人民出版社2009年版，第484页。
② 《马克思恩格斯文集》第1卷，人民出版社2009年版，第262页。

争，经过一系列将把环境和人都加以改造的历史过程。也就是说，无产阶级不仅要消灭阶级统治，而且要消灭阶级差别，消灭产生这些差别的生产关系以及和这些生产关系相适应的社会关系，改变由这些社会关系产生出来的一切观念。只有当阶级差别已经消灭而全部生产资料集中在联合起来的社会共同体手中的时候，当公共权力失去政治性质，每个人的自由发展成为一切人自由发展的条件的时候，人类才能真正地获得解放。而只有解放了全人类，无产阶级才能最后解放自己，才能最终完成自己的历史使命。

马克思、恩格斯关于无产阶级历史使命的学说，第一次把社会主义前途同无产阶级联系起来，找到了变革资本主义社会的阶级力量。社会主义只有成为无产阶级的行动目标，才能逐步变为现实；离开了无产阶级，社会主义只能是一种空想。

第二次世界大战结束以来，在以欧美为代表的一些发达资本主义国家，无产阶级的生活条件从总体上说比以前有了明显改善。随着科学技术的发展和资本主义经济结构的变化，资本主义社会的阶级结构也发生了重大变化。从事管理和脑力劳动的工人大幅度增长，超过了从事体力劳动的工人；直接从事物质生产的产业工人的人数不断减少，第三产业从业人员不断增加。

当代资本主义社会的阶级结构发生了重大变化，无产阶级的生活水平有了很大提高。尽管如此，但这既不表明无产阶级已经消失，也不表明无产阶级的阶级特性已经改变，更不是资本主义制度的必然产物，而是社会发展尤其是科学技术发展和无产阶级长期斗争的结果。无产阶级逐步知识化，只是意味着发达国家脑力劳动无产者数量的增加和科学文化素质的提高。随着脑力劳动工人的增多和日益觉醒，发达国家无产阶级必然会在推动社会向前发展过程中发挥更大的作用。

二、无产阶级政党

无产阶级政党是无产阶级利益和意志的集中代表。以马克思主义为指导的无产阶级政党，是无产阶级革命政党，是科学社会主义与工人运动相结合的产物。无产阶级只有在马克思主义革命政党的正确领导下，才能完成自己的历史使命。

1. 无产阶级革命政党的性质和特点

首先，无产阶级革命政党是由无产阶级中的优秀分子所组成的。这是无产阶级革命政党性质的最重要标志。从根本上讲，无产阶级革命政党代表绝大多数人的利益，而绝大多数人中的先进部分是无产阶级，由此决定了"无产阶级的运动是绝大多数人的，为绝大多数人谋利益的独立的运动"①。因此，无产阶级的利益和绝大多数人的利益是完全一致的。在为绝大多数人谋利益的运动中组织起来的无产阶级革命政党，应当以工人阶级为基础，但是它又不同于一般的工人组织，它是各国工人运动中最坚决、始终推动运动前进的部分。无产阶级革命政党不拒绝符合党员条件的其他阶级出身的优秀分子入党，但"如果其他阶级出身的这种人参加无产阶级运动，那么首先就要求他们不要把资产阶级、小资产阶级等等的偏见的任何残余带进来，而要无条件地掌握无产阶级世界观"②。它的最终目标是消灭阶级和阶级对立，实现共产主义和全人类的解放。

其次，无产阶级革命政党是以科学理论武装起来的政党。马克思说："工人的一个成功因素就是他们的人数；但是只有当工人通过组织而联合起来并获得知识的指导时，人数才能起举足轻重的作用。"③ 无产阶级革命政党是无产阶级自觉斗争的启迪者和教育者，"在理论方面，他们胜过其余无产阶级群众的地方在于他们了解无产阶级运动的条件、进程和一般结果"④。如果没有科学理论作指导，党就不可能了解无产阶级解放运动的规律、进程、方向和结果，也就谈不上带领人民群众沿着正确的道路前进。

再次，无产阶级革命政党是有统一的纲领和严格的组织纪律性的政党。马克思、恩格斯十分重视党的纲领建设，《共产党宣言》是他们为世界上第一个无产阶级革命政党——共产主义者同盟亲自制定的科学纲领。共产主义者同盟的建立和《共产党宣言》的发表，标志着科学社会主义的诞生和国际共产主义运动的开始。为了维护党纲的科学性，他们在指导德国工人政党建设的过程中，对《哥达纲领》《爱尔福特纲领》等进行了严肃的批判。他们强调，无产阶级革命政党既要充分发扬民主，又要保持党在思想上和政治上的高度一致，要有严格的组织纪律。没有高度统一的意志和严格的组织纪律，党就会变成一个松散的毫无战斗力的团体。

---

① 《马克思恩格斯文集》第 2 卷，人民出版社 2009 年版，第 42 页。
② 《马克思恩格斯文集》第 3 卷，人民出版社 2009 年版，第 484 页。
③ 《马克思恩格斯文集》第 3 卷，人民出版社 2009 年版，第 13—14 页。
④ 《马克思恩格斯文集》第 4 卷，人民出版社 2009 年版，第 324 页。

2. 无产阶级政党的正确领导是革命胜利的根本保证

在历史上，无产阶级产生之后，长期处在自发斗争阶段。社会主义和工人运动最初是分离的。工人同资本家进行斗争，组织罢工和建立工会，而社会主义者则站在工人运动之外，著书立说，批判资本主义。社会主义和工人运动相脱节，使二者都软弱无力，难以发展。这种情况表明，社会主义学说如果不同工人运动相结合，就只能是一种善良的愿望，对实际生活产生不了重大影响；而工人运动缺乏科学社会主义理论指导则只会陷于分散状态，无法形成强大的阶级力量。所以，社会主义理论必须同工人运动相结合。而二者的结合，就使无产阶级政党应运而生。马克思、恩格斯的一个重要历史功绩，就是把科学社会主义理论与工人运动相结合，建立无产阶级的革命政党。马克思说："无产阶级在反对有产阶级联合力量的斗争中，只有把自身组织成为与有产阶级建立的一切旧政党不同的、相对立的政党，才能作为一个阶级来行动。"① 恩格斯也说：工人阶级要摆脱资产阶级的支配，"最好的办法就是在每一个国家里建立一个无产阶级的政党，这个政党要有它自己的政策，这种政策显然与其他政党的政策不同"②。无产阶级革命政党的正确领导，是无产阶级革命斗争取得胜利的根本保证。

一是只有在革命政党的正确领导下，无产阶级才能形成强大的阶级力量，才能使反对资产阶级的斗争从分散的、自发的斗争上升到有组织的、自觉的斗争；才能提出无产阶级革命斗争的目标、纲领、任务和政策，从而使无产阶级真正地从一个自在的阶级转变成为一个自为的阶级。

二是只有在革命政党的正确领导下，无产阶级的革命斗争才能彻底摆脱各种错误思潮和反动势力的影响。无产阶级政党的领导是指政治、组织和思想上的全面领导，思想上的领导是体现无产阶级政党领导作用的重要方面。处在自发、分散状态的无产阶级解放斗争，往往容易受一些错误思潮的支配和利用。因此，无产阶级不仅需要组成独立的政党，而且需要在这个政党领导下，用科学理论武装自己，不断地同各种错误思潮和流派展开思想斗争，以保持党的思想和理论的纯洁性，保证无产阶级革命运动的正确方向。

总之，只有在革命政党的正确领导下，无产阶级的革命斗争才能取得胜

---

① 《马克思恩格斯文集》第 3 卷，人民出版社 2009 年版，第 228 页。
② 《马克思恩格斯文集》第 3 卷，人民出版社 2009 年版，第 92 页。

利。无产阶级在推翻资产阶级统治建立无产阶级政权的斗争中，不但会遇到反动统治阶级的殊死反抗，而且会遇到种种难以预料的困难。要战胜前进道路上的艰难险阻，就必须有坚强的组织领导，有一个能够把各种斗争力量凝聚起来并形成一个整体的领导核心。党就是这样一个领导核心。无产阶级革命斗争的历史表明，"无产阶级要在决定关头强大到足以取得胜利，就必须（马克思和我从 1847 年以来就坚持这种立场）组成一个不同于其他所有政党并与它们对立的特殊政党，一个自觉的阶级政党"①。无产阶级有了自己政党的正确领导，革命斗争就有了胜利的保证。

3. 无产阶级政党的类型及相互关系

无产阶级政党包括国际性的无产阶级政党组织和民族国家范围内的无产阶级政党组织两种基本类型。世界上第一个国际性的无产阶级政党组织是 1847 年在英国伦敦成立的共产主义者同盟。世界上第一个民族国家范围内以科学社会主义为指导的无产阶级政党，是 1869 年成立的德国社会民主工党。它的纲领是按照马克思主义原则制定的。它公开支持第一国际（国际工人协会）的主张，并宣布参加第一国际组织；强调德国的统一必须在无产阶级领导下，实行民主改革，依靠广大劳动人民，通过自下而上的群众斗争来实现。德国社会民主工党的建立推动了国际工人运动的发展。继德国社会民主工党之后，法国、英国、美国、意大利、葡萄牙、西班牙、比利时、荷兰、奥地利、瑞典等国也相继成立了独立的无产阶级政党。到 19 世纪 80 年代，民族国家范围内的无产阶级政党在欧美各国已普遍建立起来。

马克思、恩格斯在指导建立无产阶级政党的过程中，阐述了各国无产阶级政党相互关系的重要原则。

一是坚持无产阶级的国际联合。马克思、恩格斯强调，由于"无产阶级反对资产阶级的斗争首先是一国范围内的斗争。每一个国家的无产阶级当然首先应该打倒本国的资产阶级"②。与此同时，他们又强调无产阶级的解放事业是国际性的事业，它只能在各国无产阶级的联合斗争中实现。在马克思、恩格斯的指导下，各国工人政党于 1864 年建立了第一个工人运动的国际联合组织——第一国际，1876 年第一国际完成自己的历史使命后宣布解散。第一国际期间，马

———————

① 《马克思恩格斯文集》第 10 卷，人民出版社 2009 年版，第 578 页。
② 《马克思恩格斯文集》第 2 卷，人民出版社 2009 年版，第 43 页。

克思、恩格斯展开同蒲鲁东主义、工联主义、拉萨尔主义和巴枯宁主义的斗争，使马克思主义在工人运动中居于主导地位，奠定了国际无产阶级争取社会主义斗争的基础。1889 年，各国工人政党又建立了第二国际。第二国际前期，在恩格斯指导下制定了工人劳动保护方面的纲领，如 8 小时工作制、禁止雇佣童工、取消妇女和未满 18 岁男工夜班工作等；通过了关于庆祝"五一"国际劳动节的决议，为维护国际劳工权益、促进世界工人运动发展发挥了巨大作用。

二是坚持各国党的独立自主和完全平等。强调无产阶级国际联合，并不意味着各国无产阶级可以不顾本国实际而采取同一种斗争方式；也不意味着要求一国无产阶级的斗争从属于另一国无产阶级的斗争。各国由于文化、传统、经济社会状况和发展程度以及阶级关系、阶级力量对比状况不同，无产阶级反对资产阶级的斗争方式必然不同，应该由了解本国实际的各国无产阶级政党独立自主去探索和创造，而不应该也不可能由一个国际领导中心来发号施令。马克思曾多次强调，第一国际只是各国工人运动联络和合作的中心，而不是指挥中心。同时，各国无产阶级政党之间还应该坚持完全平等的原则。无论是大党还是小党、老党还是新党，都应该相互尊重、相互学习、取长补短。"只有在平等者之间才有可能进行国际合作，甚至平等者中间居首位者也只有在直接行动的条件下才是需要的。"①

第二节　阶级斗争和无产阶级革命

阶级斗争是在生产发展的一定阶段伴随着阶级的产生而出现的社会历史现象。在资本主义社会里，阶级斗争主要表现为无产阶级同资产阶级的斗争，它根源于无产阶级和资产阶级经济利益的根本对立。无产阶级反对资产阶级的斗争发展到一定程度就会导致无产阶级革命。

一、阶级斗争是阶级对立社会发展的直接动力

在阶级对立的社会里，阶级斗争是推动社会发展的直接动力。在资本主义

---

① 《马克思恩格斯文集》第 10 卷，人民出版社 2009 年版，第 472 页。

社会里，推动资本主义社会进步和发展的直接动力则是无产阶级反对资产阶级的斗争。

1. 阶级和阶级斗争的存在仅仅同生产发展的一定历史阶段相联系

马克思主义认为，阶级并不是从来就有的。阶级的存在仅仅同生产发展的一定历史阶段相联系。在原始社会，生产力水平低下，生产资料公有，人们共同劳动，平均分配产品，没有阶级差别。随着生产力的提高，社会分工和交换的发展，产品有了剩余，使少数人拥有较多的生产资料并以此占有大部分人的剩余劳动成为可能，于是就出现了生产资料私有制，形成了剥削与被剥削、压迫与被压迫的关系，社会也就分裂为经济利益根本对立的阶级。

人类社会分裂为阶级之后，就有了阶级斗争。历史上一切剥削阶级总是凭借他们所占有的生产资料和在生产体系中所处的统治地位，对被剥削阶级实行残酷的压榨和掠夺，使其经济上的利益得到维护和最大限度的满足。而被剥削阶级为了维持自己的生存，摆脱被剥削、被压迫的地位，就不得不起来进行反对剥削者压迫者的斗争。所以，"以往的全部历史，除原始状态外，都是阶级斗争的历史"[1]。

阶级和阶级斗争既不是从来就有的，也不会永远存在。恩格斯指出："社会阶级的消灭是以生产高度发展的阶段为前提的，在这个阶段上，某一特殊的社会阶级对生产资料和产品的占有，从而对政治统治、教育垄断和精神领导地位的占有，不仅成为多余的，而且在经济上、政治上和精神上成为发展的障碍。"[2] 只有到了这个时候，阶级和阶级斗争才会消灭。

2. 无产阶级反对资产阶级的斗争是推动资本主义社会进步和发展的直接动力

人类社会发展的历史表明，在阶级对立的社会里，阶级斗争是阶级社会发展的直接动力。在阶级社会里，生产力和生产关系之间的矛盾，往往是通过阶级斗争表现出来的。通过阶级斗争，被剥削阶级推翻剥削阶级的反动统治，能够废除束缚生产力发展的生产关系和上层建筑，促进新的生产方式的建立和发展，从而推动旧社会向新社会转变。马克思、恩格斯认为，历史上封建社会代替奴隶社会、资本主义社会代替封建社会，都是通过阶级斗争实现的。正因为

---

① 《马克思恩格斯文集》第3卷，人民出版社2009年版，第544页。
② 《马克思恩格斯文集》第3卷，人民出版社2009年版，第563页。

阶级斗争具有如此重要的历史推动作用，恩格斯说："自从原始公社解体以来，组成为每个社会的各阶级之间的斗争，总是历史发展的伟大动力。"① 马克思、恩格斯在这里讲的历史，是指包括资本主义社会在内的阶级社会发展的历史。

在资本主义条件下，无产阶级反对资产阶级的斗争通常是在经济、政治、思想文化 3 个方面进行。经济斗争、政治斗争和思想（理论）斗争是无产阶级斗争的 3 种主要形式。

经济斗争是指无产阶级为改善劳动和生活条件而进行的斗争，这是无产阶级斗争的基本形式。经济斗争是资本家对工人残酷压迫和剥削的直接结果。当工人不堪忍受资本家的残酷剥削时，便联合起来对资本家展开经济斗争。要求增加工资、缩短劳动时间、改善劳动条件和生活条件等等，是经济斗争的目标。经济斗争最直接的效果表现为在一定时期、一定程度上能够限制资本家对工人的剥削，使工人的劳动条件和生活条件有所改善；它还可以使无产阶级在斗争中受到教育和锻炼，提高觉悟，增强团结；在一定条件下还会发展成为无产阶级政治斗争的导火线。因此，经济斗争不仅在工人运动的早期阶段有其存在的必要性，直到今日仍然是无产阶级反对资产阶级斗争的重要组成部分。但是，经济斗争有一定的局限性。经济斗争的实质是工人为争得出卖劳动力的有利条件而进行的斗争，这种斗争"反对的只是结果，而不是产生这种结果的原因；他们延缓下降的趋势，而不改变它的方向；他们服用止痛剂，而不祛除病根"②。经济斗争不能触动资本主义制度的基础，不能从根本上改变无产阶级被剥削、被压迫的地位，所以不能夸大经济斗争的作用。

政治斗争是指无产阶级以夺取政权为目标的斗争，这是无产阶级斗争的最高形式。政治斗争不局限于反对某个工厂、某个行业的资本家，而是反对整个资产阶级；不是只为了无产阶级眼前的、局部的经济利益，而是为了根本改变无产阶级的阶级地位；不是只限制资本家的剥削，而是要打碎资产阶级的国家机器，消灭一切雇佣劳动制度；不是只维护无产阶级一个阶级的利益，而是要彻底解放全人类。

思想（理论）斗争是指无产阶级在意识形态领域里同反马克思主义思潮进行的斗争。在资本主义社会里，资产阶级几乎控制了所有的宣传机器和舆论阵

---

① 《马克思恩格斯文集》第 4 卷，人民出版社 2009 年版，第 505 页。
② 《马克思恩格斯文集》第 3 卷，人民出版社 2009 年版，第 77 页。

地，宣传资产阶级意识形态，侵蚀无产阶级思想，销蚀无产阶级的革命斗志。马克思、恩格斯写的许多文章，就是直接揭穿资产阶级意识形态反动性和虚伪性的。与此同时，马克思、恩格斯十分重视在工人群众中讲解资本剥削工人的秘密，用唯物史观和剩余价值学说武装工人阶级；在工人运动中抵制和反对资产阶级思潮的影响，排除种种反科学社会主义思潮对工人运动的干扰、腐蚀和破坏，使无产阶级和广大劳动人民从剥削阶级思想的禁锢和影响下解放出来。

　　无产阶级反对资产阶级斗争的 3 种形式是密切联系在一起的。政治斗争是无产阶级反对整个资产阶级的斗争。只有政治斗争的胜利，才能从根本上使无产阶级在经济上获得解放。经济斗争是无产阶级最熟悉、最普遍采取的斗争形式，因为它涉及的是无产阶级的切身利益。无产阶级政党只有重视经济斗争，才不会脱离群众。思想（理论）斗争是政治斗争和经济斗争的灵魂，无产阶级政党如果忽视了它，就会迷失方向，并丧失意识形态领导权。无产阶级政党要善于根据形势的变化，把上述 3 种基本斗争形式结合起来，积极推动资本主义向社会主义的变革进程。

二、无产阶级革命发生的原因和条件

　　马克思主义认为，人类历史上任何一种革命，它的发生和发展绝不是偶然的，而是一定社会的经济、政治发展中合乎规律的现象。它的最深刻的根源在于社会内部生产力与生产关系、经济基础与上层建筑之间的矛盾。无产阶级革命也不例外。

　　1. 无产阶级革命是无产阶级和资产阶级矛盾激化的结果

　　在资本主义社会，生产力与生产关系矛盾的表现形式，是社会化生产与生产资料资本主义占有之间的矛盾。正如马克思所说：随着社会化大生产的发展，当社会化生产力"达到了同它们的资本主义外壳不能相容的地步。这个外壳就要炸毁了。资本主义私有制的丧钟就要响了。剥夺者就要被剥夺了"[①]。因此，无产阶级反对资产阶级斗争的经济根源在于资本主义生产方式的基本矛盾。当无产阶级反对资产阶级的阶级斗争发展到一定程度的时候，就会发生无产阶级革命。从这个意义上讲，无产阶级革命的直接原因，是反映资本主义基本矛盾的无产阶级和资产阶级的对立。尽管资产阶级在不同发展时期和发展阶

――――――――――

① 《马克思恩格斯文集》第 5 卷，人民出版社 2009 年版，第 874 页。

段上总是千方百计地通过强力或改良来调解这种对立，但在资本主义制度框架内，这种对立无法从根本上解决。当无产阶级同资产阶级的对立发展到极端尖锐的程度时，无产阶级不推翻资产阶级政权就不能改变自己的悲惨命运，就不能继续生存和生活下去时，就必然把斗争的锋芒直指资产阶级统治权，无产阶级反对资产阶级的斗争就必然上升为无产阶级革命。无产阶级革命是解决资本主义基本矛盾的决定性手段，是推动资本主义转变为社会主义的强大动力。

应当指出，马克思关于无产阶级的阶级斗争必然导致无产阶级革命的论述，是一个高度概括性和结论性的论述，不能作简单化的理解。无产阶级反对资产阶级的斗争能否转变为无产阶级革命，需要具备许多主客观条件。同时，这种转变在一些国家里将是一个漫长和复杂的过程，需要无产阶级长期不懈的努力。

2. 无产阶级革命的根本问题是国家政权问题

国家是阶级社会"从控制阶级对立的需要中产生的"①，是阶级矛盾不可调和的产物，其主要成分是军队、警察、法庭、监狱等强力机构。国家的这一特征，决定了在阶级社会里，哪一个阶级掌握了国家政权，哪一个阶级就成为统治阶级，随之而来，它的经济制度就会居于统治地位，它的思想也就成为社会上占统治地位的思想。

历史上，统治阶级与被统治阶级之间的斗争，主要是围绕着国家政权展开的。一切剥削阶级当他们掌握了国家政权之后，总是不断地加强国家机器，用以镇压被剥削阶级的反抗。对于他们来说，失去了政权，就不能保持其经济和政治的特权，就意味着阶级统治的灭亡。对于被剥削阶级来说，要改变自己被压迫、被剥削的地位，就必须推翻剥削阶级的统治，建立自己的政权。所以，国家政权问题历来是阶级斗争的焦点，是一切革命所要解决的根本问题。无产阶级革命的根本问题也是国家政权问题。无产阶级通过革命斗争从资产阶级手中夺取国家政权，使自己组织成为统治阶级，这是无产阶级革命取得胜利的最根本前提和首要标志。

无产阶级在夺取政权的过程中，不能简单地掌握现成的国家机器，并运用它来达到自己的目的。早在欧洲 1848 年革命之后，马克思就在考察法国资产阶级国家机器产生与演变的历史和总结法、德两国革命经验的基础上，得出了无

---

① 《马克思恩格斯文集》第 4 卷，人民出版社 2009 年版，第 191 页。

产阶级在夺取政权过程中必须打碎旧的国家机器的结论。后来，巴黎公社的革命实践证实了马克思的这一结论。在总结巴黎公社革命经验时，马克思进一步提出："工人阶级不能简单地掌握现成的国家机器，并运用它来达到自己的目的。"① 这是因为，第一，资本主义国家机器在资本主义经济发展过程中"越来越变成了资本借以压迫劳动的全国政权，变成了为进行社会奴役而组织起来的社会力量，变成了阶级专制的机器"②。对于这样一种旨在镇压无产阶级的国家机器，无产阶级绝不能简单地加以掌握，而必须用暴力将它打碎。第二，无产阶级革命"是人民为着自己的利益而重新掌握自己的社会生活的行动。它不是为了把国家政权从统治阶级这一集团转给另一集团而进行的革命，它是为了粉碎这个阶级统治的凶恶机器本身而进行的革命"③。因此，和以往任何阶级的革命不同，无产阶级必须打碎资产阶级国家机器。因为"奴役他们的政治工具不能当成解放他们的政治工具来使用"④。

打碎旧的国家机器，并不意味着全盘否定资产阶级所创造的一切政治文明成果。马克思、恩格斯主张，要把体现资本主义本质的压迫性机关，同体现社会需要的公共管理职能区分开来："旧政权的纯属压迫性质的机关予以铲除，而旧政权的合理职能则从僭越和凌驾于社会之上的当局那里夺取过来，归还给社会的承担责任的勤务员。"⑤

3. 无产阶级革命的客观形势和主观条件

革命是社会经济、政治、文化和阶级力量对比综合作用的结果。无产阶级反对资产阶级的斗争，发展为无产阶级革命需要有必要的客观形势和主观条件。只有具备了必要的主客观条件，无产阶级反对资产阶级的斗争才能发展成为无产阶级革命，才能取得胜利。

无产阶级革命的客观形势，是指造成资本主义经济、政治危机的客观条件的总和。这些客观条件主要包括：第一，资本主义内在矛盾达到了尖锐化的程度。这是无产阶级革命客观形势成熟的根本标志。马克思曾指出，无产阶级革命的必备条件是社会发展已达到这样的阶段：既有的生产力同现存的社会制度

---

① 《马克思恩格斯文集》第 3 卷，人民出版社 2009 年版，第 151 页。
② 《马克思恩格斯文集》第 3 卷，人民出版社 2009 年版，第 152 页。
③ 《马克思恩格斯文集》第 3 卷，人民出版社 2009 年版，第 193—194 页。
④ 《马克思恩格斯文集》第 3 卷，人民出版社 2009 年版，第 218 页。
⑤ 《马克思恩格斯文集》第 3 卷，人民出版社 2009 年版，第 156 页。

不能再继续并存。也就是说，"只有在现代生产力和资产阶级生产方式这两个要素互相矛盾的时候，这种革命才有可能"①。第二，资本主义矛盾造成的社会全面危机，使无产阶级已经不能够照旧生活下去，而资产阶级作为统治阶级也已经丧失控制社会的能力，社会再不能在它的统治下生存下去了。第三，无产阶级的革命要求空前高涨。没有这些不以各个阶级及其政党的意志为转移的客观条件，爆发革命是不可能的。总之，只有当资本主义内在矛盾发展到尖锐化的程度，当资本主义生产关系已经无法容纳和促进生产力发展的时候，无产阶级革命的客观条件才算完全成熟，革命形势才会到来。

无产阶级革命要取得胜利，不仅需要客观条件的成熟，而且需要主观条件的成熟。无产阶级革命的主观条件包括：第一，有一个坚强的无产阶级革命政党及其领导核心。这是革命主观条件成熟的最重要因素。没有一个真正强大的无产阶级革命政党，就不能把无产阶级和人民群众充分发动起来，团结到自己的周围，形成足以摧毁反动政权的革命力量。没有领导核心就难以形成无产阶级政党的统一意志，列宁指出："造就一批有经验、有极高威望的党的领袖是一件长期的艰难的事情。但是做不到这一点，无产阶级专政、无产阶级的'意志统一'就只能是一句空话。"② 在总结巴黎公社失败教训时，恩格斯深刻指出："巴黎公社遭到灭亡，就是由于缺乏集中和权威。"③ 第二，无产阶级革命政党要有一条正确的路线，制定正确的政策和策略，引导人民开展坚定不移的斗争。第三，无产阶级革命政党的路线、方针、政策要被广大工人群众所接受和掌握并转化为自觉行为。为此，需要无产阶级革命政党做大量的组织工作和艰苦的思想政治工作。只有这样，才能在广大群众的支持和参与下，展开强大的革命群众运动，不失时机地夺取革命的胜利。

三、无产阶级革命的形式

在马克思、恩格斯看来，无产阶级革命的目的是夺取政权，但革命的形式并不是单一的。无产阶级革命可以采用暴力革命的形式，在一定条件下也可以采用和平方式夺取政权。

---

① 《马克思恩格斯文集》第 2 卷，人民出版社 2009 年版，第 176 页。
② 《列宁专题文集　论无产阶级政党》，人民出版社 2009 年版，第 344 页。
③ 《马克思恩格斯文集》第 10 卷，人民出版社 2009 年版，第 375 页。

1. 无产阶级革命形式取决于革命运动的实际发展状况

无产阶级革命采用何种形式夺取政权，应该根据各国无产阶级斗争的实际情况决定。恩格斯说："我们的策略不是凭空臆造的，而是根据经常变化的条件制定的"①。因时因地灵活地采用革命方式，这是马克思、恩格斯的一贯思想，也是被无产阶级革命斗争历史所证明的科学思想。不仅如此，而且各国无产阶级革命形式要由各国无产阶级及其政党独立自主地决定，他们最了解本国国情和革命运动状况。所以，各国工人阶级选择这种解决方法"是这个国家工人阶级自己的事"②。

2. 马克思、恩格斯关于暴力革命的思想

马克思、恩格斯认为，无产阶级夺取政权，打碎资产阶级国家机器，根据一般规律，需要通过暴力革命。暴力革命思想是马克思、恩格斯在总结历史经验的基础上提出的。在《共产党宣言》中，马克思、恩格斯明确指出：无产阶级的目的"只有用暴力推翻全部现存的社会制度才能达到"③。后来，他们又多次强调："暴力是每一个孕育着新社会的旧社会的助产婆。"④ 在"大多数国家中，暴力应当是我们革命的杠杆"⑤，"无产阶级不通过暴力革命就不可能夺取自己的政治统治"⑥。马克思、恩格斯之所以强调暴力革命，主要的理由是：首先，资产阶级国家机器本身就是一种有组织的暴力，对于这种有组织的暴力，要推翻它、打碎它，就必须采用暴力，"暴力将必然伴随着整个资本主义的彻底崩溃和社会主义社会的诞生"⑦。其次，资产阶级不愿意自动退出历史舞台，当革命威胁到他们的统治时，他们总是要进行殊死反抗，决不会自动交出国家政权。在这种情况下，无产阶级只有通过暴力革命，才能推翻资产阶级统治，夺取政权，获得解放。最后，阶级斗争的历史表明，反动统治阶级总是首先用暴力来镇压被统治阶级的反抗斗争。对于反革命暴力，当然要用革命暴力来还击。无产阶级主张暴力，绝不是因为它"偏爱"暴力，而是因为有资产阶级的反动的暴力存在这一基本事实，"如果没有必须加以反对的反动的暴力，

① 《马克思恩格斯文集》第 10 卷，人民出版社 2009 年版，第 630 页。
② 《马克思恩格斯文集》第 3 卷，人民出版社 2009 年版，第 611 页。
③ 《马克思恩格斯文集》第 2 卷，人民出版社 2009 年版，第 66 页。
④ 《马克思恩格斯文集》第 5 卷，人民出版社 2009 年版，第 861 页。
⑤ 《马克思恩格斯全集》第 18 卷，人民出版社 1964 年版，第 179 页。
⑥ 《马克思恩格斯文集》第 10 卷，人民出版社 2009 年版，第 578 页。
⑦ 《列宁选集》第 3 卷，人民出版社 2012 年版，第 460 页。

也就谈不上什么革命的暴力"①。

3. 马克思、恩格斯不排除无产阶级用和平方式夺取政权的可能性

马克思、恩格斯虽然认为暴力革命是无产阶级革命的一般规律，但他们并没有因此把暴力革命绝对化。他们强调，无产阶级不应当排除在一定条件下采用和平方式夺取政权的可能性。1872 年，马克思在一次群众大会的演讲中明确提出："工人总有一天必须夺取政权，以便建立一个新的劳动组织；……但是，我们从来没有断言，为了达到这一目的，到处都应该采取同样的手段。我们知道，必须考虑到各国的制度、风俗和传统；我们也不否认，有些国家，像美国、英国，——如果我对你们的制度有更好的了解，也许还可以加上荷兰，——工人可能用和平手段达到自己的目的。"②

在马克思、恩格斯看来，虽然存在着无产阶级用和平方式夺取政权的可能性，但这种可能性要成为现实，需要具备很多条件。一是无产阶级的力量足够强大，资产阶级无力加以抵抗并有相当的理智放弃这种抵抗。正如恩格斯所说："如果旧的东西足够理智，不加抵抗即行死亡，那就和平地代替；如果旧的东西抗拒这种必然性，那就通过暴力来代替。"③ 二是资本主义国家民主制度的成熟和完善。恩格斯在晚年明确指出：随着资本主义国家民主制度的发展和完善，工人斗争的条件发生了根本变化，"旧式的起义，在 1848 年以前到处都起过决定作用的筑垒巷战，现在大大过时了"④。"实行突然袭击的时代，由自觉的少数人带领着不自觉的群众实现革命的时代，已经过去。"⑤ "我们是'革命者'、'颠覆者'"，但随着工人普选权的扩大，工人"用合法手段却比用不合法手段和用颠覆的办法获得的成就多得多"。⑥ 三是无产阶级政党有利用和平方式夺取政权的智慧和能力。恩格斯指出：普选权是"最锐利的武器中的一件武器"⑦，鉴于资本主义国家普选权的扩大，要改变过去那种认为普选权对于工人只是"陷阱"的看法，无产阶级政党应该利用普选权，积极开展反对资本主义的斗争。

---

① 《马克思恩格斯全集》第 38 卷，人民出版社 1972 年版，第 490 页。
② 《马克思恩格斯全集》第 18 卷，人民出版社 1964 年版，第 179 页。
③ 《马克思恩格斯文集》第 4 卷，人民出版社 2009 年版，第 269 页。
④ 《马克思恩格斯文集》第 4 卷，人民出版社 2009 年版，第 545—546 页。
⑤ 《马克思恩格斯文集》第 4 卷，人民出版社 2009 年版，第 549 页。
⑥ 《马克思恩格斯文集》第 4 卷，人民出版社 2009 年版，第 552 页。
⑦ 《马克思恩格斯文集》第 4 卷，人民出版社 2009 年版，第 544 页。

马克思、恩格斯不否认无产阶级在一定条件下用和平方式夺取政权的可能性，不排除一些国家有可能通过渐进的和平方式转变为社会主义。但马克思、恩格斯始终坚信暴力革命是无产阶级夺取政权的根本途径，恩格斯在晚年针对那些歪曲自己思想，宣扬"绝对放弃暴力行为"①的思想进行了深刻批判。恩格斯提出，运用普选权这个"和平的和反对使用暴力的策略……仅仅是针对今天的德国，而且还有重要的附带条件。……明天它也可能就不适用了"②。

四、无产阶级革命斗争的战略和策略

无产阶级革命斗争的战略和策略是无产阶级在争取社会主义的实践中形成的，是指导无产阶级革命斗争的科学。战略和策略正确与否，关系到社会主义运动的兴衰成败。正确的战略和策略，可以加速社会主义运动的发展和胜利；错误的战略和策略，则会导致社会主义运动的挫折甚至失败。

1. 当前斗争与长远目标相结合

马克思、恩格斯指出："共产党人为工人阶级的最近的目的和利益而斗争，但是他们在当前的运动中同时代表运动的未来。"③ 这就是说，无产阶级在开展反对资产阶级的斗争中，要善于把当前斗争与长远目标相结合。这是马克思主义关于无产阶级战略策略的一项基本原则。这个原则要求，无产阶级及其政党在为共产主义这一崇高目标奋斗时，必须高度重视和积极参加当前一切有利于无产阶级的革命斗争；同时，在参加当前斗争时，绝不忘记和脱离长远目标。如果只顾当前斗争而忘记长远目标，当前斗争就会迷失方向，甚至走向失败；如果只有长远目标而不积极参加当前斗争，长远目标也会变成空话。因此，必须把当前斗争和长远目标结合起来。

当前斗争和长远目标相结合，在资产阶级民主革命尚未完成的国家表现为：一方面无产阶级要积极参加资产阶级民主革命；另一方面要在资产阶级民主革命中保持自己的独立性，一分钟也不忽略教育工人尽可能明确地意识到资产阶级和无产阶级的对立，以便在推翻封建专制及其反动阶级之后立即开始反对资产阶级本身的斗争。为此，无产阶级政党在资产阶级民主革命中应该有自己的革命纲领。首先是要争取建立一个"人民主权"共和国，其次是要有一系

① 《马克思恩格斯文集》第10卷，人民出版社2009年版，第686页。
② 《马克思恩格斯文集》第10卷，人民出版社2009年版，第700页。
③ 《马克思恩格斯文集》第2卷，人民出版社2009年版，第65页。

列具体的民主改革要求，如扩大普选权、政教分离、普及教育、无偿取消一切封建义务等，消除现存制度中一切和人民主权的原则相抵触的东西。这些要求并没有超出资产阶级民主革命的范围，却是无产阶级争得自身解放的重要前提。

当前斗争和长远目标相结合，体现了无产阶级眼前利益和长远利益的内在联系与辩证统一。实现共产主义代表着无产阶级和广大劳动人民的长远利益；当前运动则代表着无产阶级和广大劳动人民的眼前利益。长远利益决定眼前利益，眼前利益必须服从长远利益。恩格斯说，如果"为了眼前暂时的利益而忘记根本大计，只图一时的成就而不顾后果，为了运动的现在而牺牲运动的未来，这种做法可能也是出于'真诚的'动机。但这是机会主义，始终是机会主义"①。同时，无产阶级政党也应该认识到，长远利益的实现需要一个过程。在这个过程中，忽视现阶段的斗争和群众的眼前利益，就无法调动广大群众的积极性。所以，每个国家的共产党人应当根据本国本民族的实际情况，确定适合本国国情的现实任务和近期目标。只有这样，才能有效地动员和组织广大群众投身到革命斗争中来。

2. 团结一切可以团结的力量

无产阶级在反对资产阶级的斗争中，不仅要把当前斗争和长远目标结合起来，而且要正确认识和区分革命力量、中间力量和反动力量，团结一切可以团结的力量，调动一切积极因素，最大限度地壮大自己，孤立和打击最主要的敌人。

无产阶级必须在斗争中建立牢固的工农联盟。一般而言，在资产阶级民主革命中，农民是从属于资产阶级的。在资本主义制度下，农民既是私有者，又是被资产阶级剥削的劳动者。在无产阶级反对资产阶级的斗争中，农民，尤其是人数众多的小农，便成为这一斗争天平中的重要砝码。所以，马克思主义创始人历来是把农民问题和无产阶级运动联系起来加以考察，认为工农联盟问题是无产阶级革命的基本问题。

首先，无产阶级反对资产阶级的斗争必须得到农民支持，否则便不能成功。尤其是在一个农民占人口多数的国家里，无产阶级反对资产阶级的斗争如果没有农民支持，没有无产阶级同农民的合唱，无产阶级的独唱就不免要变成

---

① 《马克思恩格斯文集》第 4 卷，人民出版社 2009 年版，第 414 页。

孤鸿哀鸣。因此，农民对无产阶级革命斗争的态度如何，农民站在哪一边，关系到无产阶级斗争的成败。无产阶级要取得反对资产阶级斗争的胜利，就必须同广大农民结成牢固的联盟。

其次，农民的经济地位决定了工农联盟的必要性和可能性。在以往的资产阶级民主革命中，常常是农民帮助资产阶级成就了革命大业，革命后资产阶级却背叛了农民。小块土地过去曾是农民赖以生存的条件，在资本剥削下却成为农民贫困破产的根源。对于农民来说，"只有资本的瓦解，才能使农民地位提高；只有反资本主义的无产阶级的政府，才能结束农民经济上的贫困和社会地位的低落"①。因此，农民和工人有着共同的利益，这是工农联盟的经济基础。

最后，无产阶级要在工农联盟中起领导作用。这是实现工农联盟的政治前提。在封建社会，农民反对地主阶级的斗争说到底只是改朝换代的工具。在资产阶级民主革命中，农民不过是资产阶级的追随者，"他们不能代表自己，一定要别人来代表他们"②。当资本主义制度基本确立、无产阶级作为独立的政治力量登上历史舞台之后，农民才有了根本利益的忠实代表，农民必然要把负有推翻资本主义制度使命的城市无产阶级看作自己的天然同盟者和领导者。无产阶级在反对资产阶级的斗争中，要善于团结一切可以团结的力量，建立一条包括直接同盟军和间接同盟军、可靠同盟者和暂时同盟者在内的最广泛的统一战线，以便使无产阶级在斗争中立于不败之地。马克思、恩格斯在《共产党宣言》中曾说过，在资产阶级民主革命尚未完成的国家里，只要资产阶级采取革命的行动，无产阶级政党就要同它一起去反对专制君主制和封建土地所有制。只有这样，无产阶级才能最大限度地孤立和打击最主要的敌人。

3. 坚持原则的坚定性和策略的灵活性

坚持原则的坚定性和策略的灵活性，是无产阶级战略策略的又一重要内容。所谓原则的坚定性，就是始终站稳无产阶级立场，维护无产阶级和广大劳动人民的根本利益，坚持无产阶级的战略目标。所谓策略的灵活性，就是在坚持原则坚定性的前提下，根据客观形势的变化和敌我力量的对比，针对斗争的实际情况，机动灵活地运用和变换斗争的方式与方法，提出适应形势的新的斗争口号。无产阶级政党只有坚持原则的坚定性，才能在前进的道路上不迷失方

---

① 《马克思恩格斯文集》第 2 卷，人民出版社 2009 年版，第 160—161 页。
② 《马克思恩格斯文集》第 2 卷，人民出版社 2009 年版，第 567 页。

向。同时，只有坚持策略的灵活性，才能适应不断变化的环境和形势，作出有利于革命斗争的正确决策，引导革命取得胜利。

坚持原则的坚定性和策略的灵活性，两者是辩证统一的。坚持原则的坚定性是一个根本的方向问题，方向不对头，"差之毫厘，失之千里"。所以策略的灵活性是在一定原则之下的灵活，是在正确方向之下的灵活。

无原则的灵活，偏离正确方向的灵活，只会给无产阶级革命和社会主义运动造成严重损失。同时，也不能把坚持原则绝对化，同策略的灵活性对立起来。坚定的革命原则需要灵活的策略来实现，离开了灵活性，就没有真正的原则性。因为一般性总是从特殊性当中体现出来的。只要原则性，不要灵活性，抹杀具体事物的千差万别，把不断发展变化的事物看作静止不变的，照抄照搬，把理论与实践对立起来，就必然会犯教条主义错误。所以无产阶级在反对资产阶级的斗争中，必须把坚持原则的坚定性和策略的灵活性有机地结合起来。

第三节　过渡时期和无产阶级专政

无产阶级夺取政权之后，需要经历一个从资本主义到社会主义（共产主义社会第一阶段）的过渡时期。过渡时期的国家只能是无产阶级专政。

一、从资本主义过渡到社会主义需要经历一个革命转变时期

马克思、恩格斯认为，无产阶级夺取政权之后，不可能立即直接建立起共产主义社会。在从资本主义社会到共产主义社会之间需要经历一个革命转变时期，即过渡时期。恩格斯早在 1847 年《共产主义原理》中就有了"过渡时期"的思想。1875 年，马克思明确指出："在资本主义社会和共产主义社会之间，有一个从前者变为后者的革命转变时期。同这个时期相适应的也有一个政治上的过渡时期"①。这里所说的"共产主义社会"，包括共产主义社会的第一阶段和高级阶段。所以，按照马克思的原意，"过渡时期"是指从资本主义到共产主义社会的第一阶段即社会主义社会这个历史时期。

----

① 《马克思恩格斯文集》第 3 卷，人民出版社 2009 年版，第 445 页。

从资本主义社会到社会主义社会必须有一个过渡时期，主要是因为：第一，社会主义制度的建立需要以改造私有制为前提。人类进入阶级社会以来，封建社会代替奴隶社会，资本主义社会代替封建社会，都是一种剥削制度代替另一种剥削制度，它们的共同之处，是以生产资料私有制为基础。而社会主义社会代替资本主义社会则与此根本不同，它不是以一种剥削制度代替另一种剥削制度，而是要消灭剥削制度，废除资本主义私有制。第二，从资本主义向社会主义转变，除了改造私有制之外还要"经过一系列将把环境和人都加以改造的历史过程"①，即必须"使人们普遍地发生变化"，而"这种变化只有在实际运动中，在革命中才有可能实现"。这是因为，"推翻统治阶级的那个阶级，只有在革命中才能抛掉自己身上的一切陈旧的肮脏东西，才能胜任重建社会的工作"。② 可见，社会主义制度的建立，不仅要改造私有制以及由此产生的一切经济关系，而且要改造一切社会关系；不仅要改造一切社会关系，而且要改造文化，改造人本身，改造人的思想和观念。由此决定了，从资本主义社会转变为社会主义社会，需要有一个过渡时期。

二、过渡时期的国家只能是无产阶级专政

1852 年，马克思在总结 1848 年欧洲革命的经验时，明确把"过渡时期"同无产阶级专政联系起来。1875 年马克思提出在资本主义社会和共产主义社会之间需要有一个过渡时期之后，接着指出"这个时期的国家只能是无产阶级的革命专政"③。无产阶级专政思想的提出，是马克思的一个理论新贡献，正如马克思 1852 年在致魏德迈的信中所强调的："无论是发现现代社会中有阶级存在或发现各阶级间的斗争，都不是我的功劳。""我所加上的新内容就是证明了下列几点：（1）阶级的存在仅仅同生产发展的一定历史阶段相联系；（2）阶级斗争必然导致无产阶级专政；（3）这个专政不过是达到消灭一切阶级和进入无阶级社会的过渡……"④

马克思、恩格斯的无产阶级专政理论有一个形成和发展过程。在《德意志意识形态》中，马克思、恩格斯就提出了无产阶级必须首先夺取政权的思想。

---

① 《马克思恩格斯文集》第 3 卷，人民出版社 2009 年版，第 159 页。
② 《马克思恩格斯文集》第 1 卷，人民出版社 2009 年版，第 543 页。
③ 《马克思恩格斯文集》第 3 卷，人民出版社 2009 年版，第 445 页。
④ 《马克思恩格斯文集》第 10 卷，人民出版社 2009 年版，第 106 页。

这个思想包含了无产阶级专政思想的萌芽。1847 年恩格斯在《共产主义原理》中指出：无产阶级革命将首先建立民主的国家制度，"从而直接或间接地建立无产阶级的政治统治"①。上述思想在《共产党宣言》中得到了进一步阐发："工人革命的第一步就是使无产阶级上升为统治阶级，争得民主。"② 在这里，马克思、恩格斯把无产阶级专政表述为"组织成为统治阶级的无产阶级"。1850 年，马克思在《1848 年至 1850 年的法兰西阶级斗争》一书中首次使用"无产阶级的阶级专政"的概念，并确定了它的性质和地位。他指出："社会主义就是宣布不断革命，就是无产阶级的阶级专政，这种专政是达到消灭一切阶级差别，达到消灭这些差别所由产生的一切生产关系，达到消灭和这些生产关系相适应的一切社会关系，达到改变由这些社会关系产生出来的一切观念的必然的过渡阶段。"③

在马克思过去的著作中过渡时期和无产阶级专政的问题，是根据社会主义代替资本主义的必然性而提出的科学设想，这个设想侧重于强调无产阶级的历史作用和历史使命。后来，马克思通过总结巴黎公社革命的经验，在 1875 年《哥达纲领批判》中进一步丰富和发展了无产阶级专政的理论。马克思在吸取无产阶级革命运动经验的基础上，指出过渡时期的存在是历史发展的客观要求，无产阶级及其政党必须适应这种历史发展的客观要求，运用无产阶级专政的力量，作为社会主义取代资本主义的主要杠杆，使之为经济发展和社会形态变革服务。

三、无产阶级专政的实质是无产阶级的国家政权

1. 无产阶级专政是无产阶级争得的民主

无产阶级专政是一个国家概念，是无产阶级建立的国家政权，是无产阶级的政治统治和政治领导，以及无产阶级的民主政治制度。

首先，无产阶级是无产阶级专政的领导力量。这个观点马克思、恩格斯在《共产党宣言》中就有初步的表达。后来在总结无产阶级革命斗争的实践，尤其是巴黎公社革命失败的经验时，他们更是鲜明地表达了这个重要思想。无产阶级在无产阶级专政中的这种领导地位，说明无产阶级专政是一种新型的多数

---

① 《马克思恩格斯文集》第 1 卷，人民出版社 2009 年版，第 685 页。
② 《马克思恩格斯文集》第 2 卷，人民出版社 2009 年版，第 52 页。
③ 《马克思恩格斯文集》第 2 卷，人民出版社 2009 年版，第 166 页。

人的民主政权。

其次，工农联盟是无产阶级专政的基础。无产阶级专政是无产阶级同人数众多的劳动群众结成的特殊联盟。无产阶级通过对农民等劳动群众的政治领导，来巩固国家政权和完成无产阶级专政的历史任务。

恩格斯在1894年写的《法德农民问题》中，对这方面思想有充分的表达，说明这一政权是建立在最为广泛的群众基础之上的。

2. 无产阶级专政是民主和专政相结合的国家政权

任何一种国家政权都是民主和专政两方面的结合，是对统治阶级的民主和对被统治阶级的专政。无产阶级专政不同于以往国家政权的地方就在于：它是建立在无产阶级和广大劳动群众多数人民主的基础上，是对资产阶级少数人的专政。

无产阶级专政把民主第一次从少数人的民主变成了多数人的民主，是绝大多数人的民主。以往的民主总是统治阶级少数人的民主。奴隶社会的民主，是奴隶主阶级的民主；封建社会的民主，是封建地主阶级的民主。到了资本主义社会，虽然民主制度有了较大的发展，但事实上仍为少数资本家阶级所垄断。它建立在生产资料资本家私人占有的基础之上，由此决定了这种民主实质上只能是一种少数人的民主。唯有无产阶级专政的国家是多数人的民主。马克思、恩格斯正是从民主制的性质上高度评价了巴黎公社创造的民主。

无产阶级专政第一次把少数人对绝大多数人的专政变为广大人民群众对少数敌对分子的专政。这种专政建立在无产阶级和劳动人民当家作主的基础之上，建立在广大人民群众支持和拥护的基础之上，其目的是保卫人民取得的民主权利和革命成果。因为在无产阶级取得政权以后的相当长一段时间，国际上资产阶级的力量超过了无产阶级的力量，国内的资产阶级也还相当强大，为了镇压反动势力的破坏和反抗，防止资本主义和其他剥削阶级复辟，必须对敌对的反动势力实行专政。马克思、恩格斯在总结巴黎公社失败的教训时，就曾批评公社领导在关键时刻不能充分运用专政力量，同时也理直气壮地抨击了资产阶级对无产阶级专政的诋毁。

由于各国情况的差异和历史条件的不同，无产阶级专政具有多样化的表现形式。从历史上看，既有巴黎公社无产阶级专政组织形式的最初尝试，也有列宁总结俄国革命经验所肯定的俄国无产阶级专政最适宜的形式——苏维埃共和国，而工人阶级（经过共产党）领导的以工农联盟为基础的人民民主专政则是中国特色无产阶级专政。人民民主专政是马克思主义关于国家和无产阶级专政的一般原理同中国具体实际相结合的产物，是中国人民在中国共产党领导下，根据中国具体国情，对新中国国家本质及其形式的唯一正确的政治选择。人民民主专政是民主和专政的辩证统一，既要大力发展人民民主，也要坚持对少数敌对势力的专政。坚持和发展新时代中国特色社会主义，必须始终坚持和完善人民民主专政的国家政权体系。社会主义所进行的是广泛而深刻的社会革命，这是一个长期而艰巨的历史过程。新时代中国特色社会主义既是我们党领导人民进行伟大社会革命的成果，也是我们党领导人民进行伟大社会革命的继续。我们党作为执政党，只有始终保持革命精神，不断推进党的建设新的伟大工程，才能不断推进社会革命，完成自己的历史使命。

思考题：

1. 无产阶级的历史使命是什么？为什么说无产阶级只有解放全人类才能最后解放自己？
2. 如何理解阶级斗争是阶级对立社会发展的直接动力？
3. 为什么说无产阶级政党的正确领导是无产阶级革命斗争取得胜利的根本保证？
4. 如何全面认识马克思、恩格斯关于暴力革命的论述？
5. 如何理解无产阶级专政的实质？

第四章 帝国主义和无产阶级革命
时代的无产阶级革命

列宁在领导俄国革命实践过程中，创造性地提出了帝国主义理论、新型无产阶级政党和革命理论、社会主义可能在一国或数国首先取得胜利的理论，创立了列宁主义。列宁主义的问世，在新的时代条件下，把马克思主义推进到了一个新的发展阶段。列宁主义是帝国主义和无产阶级革命时代的马克思主义，是无产阶级及其政党的指导思想和理论基础。

第一节 列宁的帝国主义理论

19 世纪末 20 世纪初，资本主义从自由竞争阶段发展到垄断阶段。"同盟国"和"协约国"两大帝国主义集团为重新瓜分世界和争夺势力范围，在 1914—1918 年进行了第一次世界大战。列宁运用马克思主义的观点，分析了资本主义发展到垄断阶段出现的新情况新问题，于 1916 年写下了《帝国主义是资本主义的最高阶段》一书，创立了列宁主义的帝国主义理论。

一、资本主义从自由竞争阶段到垄断阶段的发展

在资本主义生产方式建立以后的一个很长时期里，资本主义的经济运行是以自由竞争为主要特征的。这种以自由竞争为特征的资本主义，被称为自由资本主义。伴随着社会化大生产的发展，资本主义逐渐走向生产和资本的集中。这是由于自由竞争推动了生产力的发展和科学技术的进步，必然要求扩大企业的规模，促使资本的积累和集中；同时，自由竞争也加剧了企业之间的分化和优胜劣汰，形成了资本的积累和集中。而"集中发展到一定阶段，可以说就自然而然地走到垄断。因为几十个大型企业彼此之间容易达成协议；另一方面，正是企业的规模巨大造成了竞争的困难，产生了垄断的趋势"①。

19 世纪末 20 世纪初，随着资本主义由自由竞争向垄断的转变，资本主义

---

① 《列宁选集》第 2 卷，人民出版社 2012 年版，第 585 页。

的发展进入到以垄断为特征的帝国主义时代。列宁精辟地指出，在一般资本主义转变为帝国主义的过程中，"经济上的基本事实，就是资本主义的自由竞争为资本主义的垄断所代替"。"如果必须给帝国主义下一个尽量简短的定义，那就应当说，帝国主义是资本主义的垄断阶段。"①

列宁指出帝国主义即垄断资本主义有以下几个基本特征。

一是生产和资本的集中发展到这样的高度，以致造成了在经济生活中起决定作用的垄断组织。在生产和资本高度集中的基础上形成的资本主义垄断组织，是指那些掌握着一个或几个部门大部分产品的生产和销售的资本主义大企业或联合企业，这些企业能够凭借垄断地位来获取大大超过平均利润的高额垄断利润。

二是银行资本和工业资本已经融合起来，在这个金融资本的基础上形成了金融寡头。随着工业资本集中，银行业通过竞争也加快了资本集中。结果就是少数大银行在金融业占据了垄断地位。随着银行业的发展及其集中于少数机构，银行就由中介人的普通角色发展成为势力极大的垄断者，它们支配着所有资本家和小业主的几乎全部货币资本，以及本国和许多国家的大部分生产资料和原料产地。在帝国主义时代，金融寡头成为社会经济生活的真正统治者。

三是和商品输出不同的资本输出具有特别重要的意义。列宁指出，对自由竞争占统治地位的旧资本主义来说，典型的是商品输出。对垄断占统治地位的最新资本主义来说，典型的则是资本输出。资本输出之所以具有特别重要的意义，一方面是由于垄断资本获取了高额利润，特别是少数最富有的帝国主义国家凭借在世界市场的垄断地位，攫取了巨额利润，积累了大量资本；另一方面是由于在帝国主义大国内部，资本竞争的加剧，使得"有利可图的"投资场所已经不够了。而在世界上的落后国家里，"利润通常都是很高的，因为那里资本少，地价比较贱，工资低，原料也便宜"②。列宁指出，通过资本输出获取高额利润，这就是帝国主义压迫和剥削世界上大多数民族和国家的坚实基础，这就是极少数最富有国家的资本主义寄生性的坚实基础。

四是瓜分世界的资本家国际垄断同盟已经形成。各国垄断资本在扩张和争夺中，为维护国内的垄断地位，要极力阻止外国资本和商品的输入；同时又要

---

① 《列宁选集》第 2 卷，人民出版社 2012 年版，第 650 页。
② 《列宁选集》第 2 卷，人民出版社 2012 年版，第 627 页。

极力争夺世界市场和投资场所，这必然引起各国垄断资本在世界市场的尖锐斗争。为避免两败俱伤，它们往往达成暂时的妥协，从而形成瓜分世界市场的国际垄断同盟。列宁指出，国际垄断同盟是一种"超级垄断"，是全世界资本和生产集中的一个新的、比过去高得多的阶段。

五是最大资本主义大国已把世界上的领土瓜分完毕。国际垄断资本从经济上瓜分世界，是同瓜分世界领土和争夺殖民地紧密联系的。帝国主义对世界领土的瓜分，形成了帝国主义的殖民体系。整个世界被分为两极：一极是少数帝国主义宗主国，另一极是广大受剥削、受压迫的殖民地和半殖民地。帝国主义对世界领土瓜分完毕并不意味着斗争的完结。帝国主义对殖民地的占领和对世界的瓜分，是按资本和实力进行的，而帝国主义各国的实力则是随着经济和政治的发展而变化的。伴随着帝国主义实力的变化，帝国主义之间必然会掀起重新瓜分世界、争夺世界霸权的斗争。"在这种情况下，帝国主义战争，即争夺世界霸权、争夺银行资本的市场和扼杀各弱小民族的战争是不可避免的。1914—1918 年的第一次帝国主义大战就是这样的战争。"[①]

二、帝国主义的实质和历史地位

垄断是帝国主义的实质。列宁认为："帝国主义就其经济实质来说，是垄断资本主义。"[②] 为什么说垄断是帝国主义的实质呢？因为垄断是资本主义发展到帝国主义阶段的经济根源；帝国主义的五大基本特征，都是垄断这个实质的不同表现；作为垄断资本主义的帝国主义，其经济活动乃至政治活动的决定性动机和目的是获取高额垄断利润。

垄断不仅表现在经济生活中，还表现在政治领域内。垄断组织不仅控制了资本主义国家各个工业部门和银行系统，成为全部经济生活的基础，而且一小撮金融寡头还控制了国家政治生活，使得阶级压迫和民族压迫空前加强。垄断资本主义的实质还决定了帝国主义掠夺、侵略和争夺世界霸权的本性。列宁指出："'世界霸权'是帝国主义政治的内容，而帝国主义政治的继续便是帝国主义战争。"[③]

资本主义由自由竞争发展到垄断，归根到底是资本主义基本矛盾发展的客

---

① 《列宁全集》第 36 卷，人民出版社 2017 年版，第 80 页。
② 《列宁选集》第 2 卷，人民出版社 2012 年版，第 683 页。
③ 《列宁全集》第 28 卷，人民出版社 2017 年版，第 125 页。

观要求。垄断形成和发展的结果，一方面使生产更加社会化，另一方面又使社会财富更加集中到少数金融寡头的手里，促使资本主义的基本矛盾更加尖锐化。列宁指出："这就决定了帝国主义的历史地位，因为在自由竞争的基础上、而且正是从自由竞争中生长起来的垄断，是从资本主义社会经济结构向更高级的结构的过渡。"① 根据列宁的分析，帝国主义的历史地位表现为，帝国主义是寄生的或腐朽的资本主义，是垂死的资本主义。

帝国主义是寄生性或腐朽性的资本主义。列宁指出："垄断，寡头统治，统治趋向代替了自由趋向，极少数最富强的国家剥削愈来愈多的弱小国家，——这一切产生了帝国主义的这样一些特点，这些特点使人必须说帝国主义是寄生的或腐朽的资本主义。"② 帝国主义的寄生性和腐朽性主要表现为这样几个方面：一是垄断在一定程度上会失去技术进步的动因，因而使生产和技术的发展出现停滞的趋势；二是垄断带来食利者阶层增长，甚至会出现少数食利国，这种国家的资产阶级愈来愈靠资本输出和"剪息票"为生；三是政治上趋向反动；四是帝国主义的寄生性和腐朽性还会影响到工人运动中来，形成工人贵族，滋长机会主义思潮。

列宁在指出帝国主义必然造成腐朽趋势的同时，认为这一腐朽趋势并不排除"资本主义的迅速发展"。他说："如果以为这一腐朽趋势排除了资本主义的迅速发展，那就错了。不，在帝国主义时代，某些工业部门，某些资产阶级阶层，某些国家，不同程度地时而表现出这种趋势，时而又表现出那种趋势。整个说来，资本主义的发展比从前要快得多，但是这种发展不仅一般地更不平衡了，而且这种不平衡还特别表现在某些资本最雄厚的国家（英国）的腐朽上面。"③

帝国主义是垂死的资本主义。列宁在《帝国主义是资本主义的最高阶段》一书的最后，总结性地指出："根据以上对帝国主义的经济实质的全部论述可以得出一个结论，即应当说帝国主义是过渡的资本主义，或者更确切些说，是垂死的资本主义。"④ 列宁作出这一论断，是因为帝国主义已经发展到资本主义的最高阶段，在这一阶段将发生社会主义革命，开始从资本主义到社会主义的

---

① 《列宁选集》第 2 卷，人民出版社 2012 年版，第 683 页。
② 《列宁选集》第 2 卷，人民出版社 2012 年版，第 684 页。
③ 《列宁选集》第 2 卷，人民出版社 2012 年版，第 685 页。
④ 《列宁选集》第 2 卷，人民出版社 2012 年版，第 686 页。

过渡。列宁指出："不难理解为什么帝国主义是垂死的资本主义，向社会主义过渡的资本主义，因为从资本主义中成长起来的垄断已经是资本主义的垂死状态，是它向社会主义过渡的开始。"① 需要指出的是，列宁说资本主义已经出现"垂死状态"，既不是指资本主义会立即死亡，也不是说资本主义会自然死亡，而是指无产阶级要清醒地看到垄断资本主义的矛盾，并通过革命来促其死亡。第二次世界大战以来，当代西方资本主义国家吸取了 20 世纪上半叶资本主义陷入危机和战争、促发社会主义革命的教训，在不触动资本主义根本制度的前提下，进行了一些生产关系上的调整和改良。这表明帝国主义经济制度虽然已经日益成为生产力发展的障碍，但在垄断资产阶级及其所掌握的国家机关，还在一定程度上有可能调节这种经济制度的某些方面，以适应生产力的发展。同时，帝国主义在某一国家的实际死亡取决于多种因素，其中最重要的是革命形势的形成。而革命条件的成熟，需要一个相当长的时期。列宁在分析没有革命形势就不可能爆发革命这一问题时，指出革命形势的形成至少要具备 3 个条件：一是统治阶级不能照旧不变地维持自己的统治，统治阶级的政治危机给被压迫阶级的革命造成了一个突破口；二是被压迫阶级的贫困和灾难超乎寻常地加剧；三是由于以上两个原因，群众的积极性大大提高，促使他们去进行革命的行动。很显然，形成无产阶级革命形势的这些客观和主观的条件，不仅需要相当长的时期，而且也是一个曲折的过程。因此，帝国主义的最后灭亡，是一个逐步的、曲折的、复杂的过程。

帝国主义理论的提出，是列宁主义形成的一个重要标志。这一理论深刻地分析和概括了帝国主义的本质、特征和基本矛盾，揭示了帝国主义产生、发展和必然灭亡的客观规律，批判了考茨基的"超帝国主义论"等错误思想，是对马克思主义的一个划时代发展。正是在列宁帝国主义理论的指引下，俄国布尔什维克党才领导俄国人民取得了十月革命的伟大胜利，建立了世界上第一个社会主义国家，开辟了人类历史的新纪元；世界各国共产党人才据此制定了无产阶级革命的正确路线、方针和政策，才有了 20 世纪无产阶级革命和反帝反殖民主义的民族解放运动的发展。列宁提出的帝国主义理论虽然已经有 100 多年历史，他在书中引用的一些客观材料同现在各国的经济发展情况有所不同，然而当代资本主义的实质仍然是垄断资本主义，帝国主义的本质属性——垄断，

① 《列宁选集》第 2 卷，人民出版社 2012 年版，第 706 页。

以及由垄断所产生的帝国主义的寄生性、腐朽性和垂死性并没有根本改变。尤其是列宁分析帝国主义问题的立场、观点和方法，对于今天科学认识当代资本主义的发展变化，依然有重要的理论价值和指导意义。

三、殖民地国家民族解放运动的理论

列宁在对帝国主义问题的研究中，根据资本主义经济政治发展不平衡规律，根据帝国主义国家与殖民地国家的新情况，提出了殖民地国家民族解放运动的理论。

民族问题的理论是马克思主义的重要组成部分。列宁进一步阐明了帝国主义时代的民族问题，明确提出必须将世界民族划分为压迫民族和被压迫民族；殖民地国家民族解放运动是世界无产阶级革命的一部分。这些重要思想丰富和发展了马克思主义民族理论。

19世纪末20世纪初，帝国主义进一步加剧了对殖民地的掠夺。仅从1876年至1914年，英、美、法、德、俄5个殖民帝国先后掠夺了2500万平方公里的土地，统治着5亿以上的殖民地人民。由于帝国主义已经将世界领土瓜分完毕，整个世界出现了帝国主义宗主国和广大殖民地半殖民地两极。残酷的压迫与剥削，激化了各宗主国与殖民地的矛盾，也唤醒了殖民地人民。这样，民族问题由欧美地区一国内的民族问题发展成世界范围的民族殖民地问题。第一次世界大战爆发后，民族殖民地问题空前尖锐，许多殖民地爆发了争取民族独立的斗争。形势的发展要求各宗主国无产阶级的革命斗争与殖民地半殖民地人民的民族解放斗争联合起来，加强反帝斗争，争取共同胜利。但是，战争也加速了民族主义的泛滥，第二国际大多数党的右派领袖，积极拥护帝国主义侵略政策，公然为殖民主义辩护。

列宁于1915年7、8月间，在《和平问题》一文中，提出无产阶级政党在考察、处理民族问题时，必须把它同帝国主义时代联系起来。认为这一时代的一个重要特点就是世界各民族已划分为压迫民族和被压迫民族两部分。出现这种状况是由帝国主义的本质决定的。自世界资本主义进入帝国主义时代以来，少数发达的资本主义国家已经积累起数量巨大的金融资本，这些国家凭借雄厚的财力和武装力量，剥削压迫世界的绝大多数居民。而占世界人口绝大多数的殖民地半殖民地人民，成了少数帝国主义掠夺的对象，沦为被压迫民族，民族独立解放是他们的迫切要求。

列宁关于必须将世界民族划分为压迫民族和被压迫民族的思想，扩大了民族问题的范围，把它从仅仅局限于欧洲一些弱小民族的问题扩大为全世界一切被压迫民族的独立解放问题，从而为无产阶级革命找到了更为广大的同盟军。

20世纪初，列宁根据帝国主义和无产阶级革命时代的特点，进一步强调把争取社会主义的革命斗争同民族问题联系起来。他指出："帝国主义意味着资本的发展超出了民族国家的范围，意味着民族压迫在新的历史基础上的扩大和加剧。""我们应当把争取社会主义的革命斗争同民族问题的革命纲领联系起来。"① 他在谈到殖民地革命的重要意义时说，从20世纪初叶开始，殖民地国家的革命运动已经发生了很大的变化，占世界人口绝大多数的千千万万人民，现在已经作为独立的、积极的革命因素出现了。十分明显，在未来世界革命的决战中，占世界人口多数的人民运动，最初是为了争取民族解放，将来一定会转而反对资本主义和帝国主义，它所起的革命作用，也许比我们所希望的要大得多。

殖民地民族解放斗争作为世界无产阶级革命的一部分，意味着全世界无产者和被压迫民族联合起来，共同进行反对帝国主义的斗争。列宁指出，共产国际在民族和殖民地问题上的全部政策，主要应该使各民族和各国无产者与劳动群众彼此接近起来，共同进行革命斗争去打倒地主和资产阶级。因为只有这样，才能保证战胜资本主义，如果没有这一胜利，便不能消灭民族压迫和不平等现象。他还强调，共产国际有不少殖民地国家革命运动的代表参加，这是先进资本主义国家的革命无产者同东方各殖民地国家的被压迫群众联合起来的开始。因此，必须使资本主义国家无产阶级的革命斗争同被压迫民族的民族解放运动联合起来。1920年9月，共产国际执委会在巴库召开东方各民族代表大会，决定出版《东方杂志》，根据列宁的上述思想，提出了一个简明的纲领性口号："全世界无产者和被压迫民族联合起来！"列宁高度赞扬了这一口号，认为它正确概括了共产国际在民族殖民地问题上的全部政策，丰富和发展了马克思、恩格斯提出的"全世界无产者，联合起来！"的口号。

列宁关于殖民地和民族解放运动的理论，是列宁主义的重要组成部分，也是对马克思主义的重大贡献。这一理论对殖民地半殖民地国家和地区的民族解放运动产生了重大而深远的影响。在这一理论鼓舞和指引下，亚非拉一大批国

① 《列宁全集》第27卷，人民出版社2017年版，第77、78页。

家通过不断的斗争，取得了民族独立，改变了世界的格局。列宁的有关思想，对于我们认识当今世界错综复杂的民族问题和民族矛盾依然具有指导和启示意义。

第二节　新型无产阶级政党和革命理论

列宁在领导俄国革命过程中，提出了建立新型无产阶级政党的理论，并系统阐述了无产阶级政党对资产阶级民主革命的态度以及民主革命的领导权问题，阐明了民主革命与社会主义革命的关系等，从理论上解决了俄国无产阶级政党在革命实践中遇到的一系列重大问题。

一、建设新型的无产阶级政党

要领导革命取得胜利，必须有一个统一的、革命的无产阶级政党。为了把科学社会主义和俄国工人运动结合起来，列宁在投身革命之初，就一方面批判当时在俄国工人和知识分子中颇有影响的民粹主义①和"合法马克思主义"②，努力肃清其消极影响，另一方面积极探索建立新型的无产阶级政党。在俄国社会民主工党成立后，列宁又同在党内一时占优势的经济主义思潮③展开旗帜鲜明的斗争，在《怎么办？（我们运动中的迫切问题）》一书中阐明了马克思主义革命理论对于党的建设和工人运动的重要意义，论证了建立集中统一的马克思主义政党的必要性。在俄国社会民主工党第二次代表大会上，以列宁为首的马克思主义者成为党内多数派（即布尔什维克），机会主义者成为党内少数派（即孟什维克）。列宁在《进一步，退两步（我们党内的危机）》这本著作中，对于会上发生的争论进行了马克思主义的剖析，集中阐述了马克思主义应该根

---

① 民粹主义是在 19 世纪俄国兴起的一股社会思潮。民粹主义把平民化和大众化作为所有政治运动和政治制度合法性的最终来源，依靠平民大众对社会进行激进改革，并把普通群众当作政治改革的唯一决定性力量。

② "合法马克思主义"又称"司徒卢威主义"，19 世纪末产生于俄国。因其代表人物司徒卢威等常在沙皇批准的合法报刊上宣传马克思主义的个别观点而得名。他们利用马克思主义的个别词句来赞扬资本主义制度，抹杀阶级矛盾，反对无产阶级革命。

③ 经济主义主张工人阶级只进行争取提高工资、改善劳动条件等经济斗争，否认工人阶级政党的领导作用，崇拜工人运动的自发性，反对建立集中的工人阶级政党。

据什么样的组织原则来建设党这一重大问题。在同第二国际机会主义和孟什维克派的斗争中，列宁坚持把马克思主义的政党理论同俄国的具体实际相结合，提出了建设新型的无产阶级政党的理论，形成了系统完整的马克思主义建党学说。

党是无产阶级的先锋队，是由无产阶级优秀分子所组成的。列宁认为，无产阶级政党是以无产阶级为"基石"和"支柱"的政党，离开无产阶级这个阶级基础，党就会失去自己的阶级本质，失去了自己的力量，就不能称其为无产阶级政党。党以阶级为基础，但不能等同于阶级。"党是阶级的先进觉悟阶层，是阶级的先锋队"①，是由无产阶级中的优秀分子组成的。所以，列宁强调，无产阶级政党在建设过程中，不要追求党员数量的增加，而要注意党员质量的提高和清除"混进党里来的人"，使党能够始终成为无产阶级的先锋队组织。

党必须坚持以科学理论为指导。列宁认为，马克思主义理论是党的行动指南，没有革命的理论就不可能有革命的运动。他指出："只有以先进理论为指南的党，才能实现先进战士的作用。"② 列宁强调，党要完全以马克思的理论为依据，同时必须科学地对待马克思主义，要根据社会条件的改变去运用马克思主义和发展马克思主义，绝不把马克思的理论看作一成不变的东西和神圣不可侵犯的教条。

民主集中制是党的根本组织原则。列宁认为，无产阶级政党的党员都必须参加党的组织，并自觉地接受党组织的监督。党的组织原则，是民主制与集中制相结合的民主集中制。党只有按照这个原则组织起来，才能使党形成一个"有组织的整体"，克服涣散状态；才能使整个党组织以集体的、组织的联系原则，代替个人信任和个人关系的原则；才能集中群众的智慧，发挥群众的积极性，正确处理领导与被领导的关系。党的民主集中制原则有许多具体规定：如整个组织按照选举原则自下而上地建立；党内一切事务由一律平等的全体党员直接或者通过代表来处理；党的所有领导人员和机构是选举出来的，是可以撤换的；党的代表大会是最高权力机关，有最后决定权；党内实行讨论自由和行动一致的纪律等。列宁主张，党内既要实行民主，又要实行集中；既不能离开民主讲集中，也不能离开集中讲民主。列宁在强调坚持民主集中制的同时，还

① 《列宁全集》第 24 卷，人民出版社 2017 年版，第 38 页。
② 《列宁选集》第 1 卷，人民出版社 2012 年版，第 312 页。

强调无产阶级政党要有严格的纪律。他认为，对无产阶级政党来说，严格的纪律是战胜资产阶级的基本条件之一。无产阶级政党不仅在夺取政权的斗争中需要铁的纪律，而且在夺取政权以后更需要铁的纪律。否认或破坏党的纪律，这就不能团结，不能统一行动，无产阶级政党的任何革命活动都会遭到失败。

坚持党的领导地位。列宁在创建新型无产阶级政党的过程中，提出了党是"无产者的阶级联合的最高形式"，在政治上负有统一领导其他组织的作用。强调这是由党的无产阶级先锋队性质和党所担负的历史任务决定的。十月革命胜利后，列宁还强调："党是直接执政的无产阶级先锋队，是领导者。"[1] "国家政权的一切政治经济工作都由工人阶级觉悟的先锋队共产党领导"[2]。只有坚持共产党的领导，无产阶级专政才能顺利地、有效地进行经济的、政治的、思想文化的等各方面的斗争，全面完成自己的历史任务。

党要始终同群众保持密切联系。列宁认为，保持党同人民群众的密切联系，这是无产阶级新型政党区别于其他任何政党的根本标志之一，也是党的事业能够胜利发展的唯一保证。"先锋队只有当它不脱离自己领导的群众并真正引导全体群众前进时，才能完成其先锋队的任务。"[3] 党在执政过程中，只有保持同人民群众的密切联系，才能巩固自己的执政地位和取得社会主义事业的胜利。列宁告诫要防止党脱离群众、脱离实际的官僚主义等。

列宁关于党的建设的理论，对无产阶级政党建设起到非常重要的作用，进一步丰富了无产阶级政党理论，把马克思主义党的建设理论推进到一个新的发展阶段。

二、无产阶级在民主革命中的领导权

在领导俄国革命的过程中，列宁的一个突出贡献，是系统阐明了无产阶级政党对资产阶级民主革命的态度，特别是民主革命中的领导权问题。

俄国长期以来是一个封建军事帝国主义国家，在俄国要进行社会主义革命，首先要完成资产阶级民主革命。资产阶级民主革命，也称民主革命，是以封建主义为革命对象、以建立资本主义制度为目标的革命。1905 年，俄国爆发了第一次资产阶级民主革命。孟什维克从当时的革命是资产阶级民主革命这一

---

[1] 《列宁选集》第 4 卷，人民出版社 2012 年版，第 423 页。
[2] 《列宁选集》第 4 卷，人民出版社 2012 年版，第 624 页。
[3] 《列宁选集》第 4 卷，人民出版社 2012 年版，第 646 页。

前提出发，认为这个革命只对资产阶级有利，只能由资产阶级领导和取得政权，无产阶级不应当力求去领导这个革命，否则就会吓跑资产阶级，缩小革命的规模。列宁为此写了《社会民主党在民主革命中的两种策略》，系统论述了无产阶级政党在资产阶级民主革命中的策略思想，批判了孟什维克的错误路线，并特别强调了无产阶级在资产阶级民主革命中的领导权问题。他根据资产阶级革命的历史经验和对俄国社会现状的深刻分析，认为在像俄国这样一些国家里，工人阶级与其说是苦于资本主义，不如说是苦于资本主义发展得不够，资产阶级革命对无产阶级是极其有利的。因此，无产阶级政党"不要对资产阶级革命漠不关心，不要把革命中的领导权交给资产阶级，相反地，要尽最大的努力参加革命，最坚决地为彻底的无产阶级民主主义、为把革命进行到底而奋斗"①。他认为，无产阶级只有积极参加资产阶级民主革命，才能使资产阶级民主革命进行得更彻底，从而为无产阶级开展反对资产阶级的斗争、争取社会主义的胜利提供更加充分的保障。

无产阶级不仅要积极参加资产阶级民主革命，还要争得资产阶级革命的领导权。无产阶级的领导权问题，是推进资产阶级民主革命的关键问题。马克思、恩格斯在《共产党宣言》中就把无产阶级看作能够领导其他一切被压迫者和被剥削者的解放斗争的阶级。在1848年欧洲革命中，他们又进一步指出，无产阶级要积极投身资产阶级民主革命，只有无产阶级才能领导人民把民主革命进行到底。列宁认为，资产阶级一方面为了发展资本主义而要求改变封建专制制度，另一方面又害怕彻底消灭专制制度的民主进步会加强无产阶级。资产阶级的这种两面性就决定了俄国资产阶级不愿意彻底消灭沙皇制度。如果领导权掌握在资产阶级手中，革命就不会取得彻底胜利。而俄国无产阶级由于已经成为一个独立的阶级并表现出在革命中的英勇精神，还有组织严密的独立政党，并为革命制定了正确的路线、方针和政策，完全具有实现领导权的条件。

同农民结成巩固的联盟，是实现无产阶级领导权最基本的条件。列宁分析了俄国农民的经济地位和对民主革命的态度，认为农民有极大的革命性，是彻底的民主主义者，无产阶级只有同农民结成联盟，把农民作为无产阶级在民主革命中的可靠同盟军和后备力量，才能实现民主革命的领导权，取得革命的彻底胜利。列宁批驳了孟什维克认为发动农民会把资产阶级吓跑、迫使资产阶级

---

① 《列宁选集》第1卷，人民出版社2012年版，第558页。

退出革命而使革命"规模缩小"的谬论。列宁指出，如果谁真正了解农民在俄国革命中的作用，他就不会说革命的规模会因资产阶级退出而缩小。因为只有当资产阶级退出领导舞台，而农民群众以积极革命者资格同无产阶级一起奋斗的时候，俄国革命的规模才会真正发展起来。总之，革命的结局将取决于工人阶级是成为政治上软弱的资产阶级的助手，还是成为人民革命的领导者。

三、武装夺取政权和建立工农民主专政

列宁指出："一切革命的根本问题是国家政权问题。不弄清这个问题，便谈不上自觉地参加革命，更不用说领导革命。"① 无产阶级在民主革命中不仅要取得领导权，而且要最终夺取国家政权。

国家政权问题之所以是一切革命的根本问题，是由国家的本质和作用决定的。国家是一个阶级压迫另一个阶级的工具，是上层建筑的重要部分，是为一定经济基础服务的。历史上一切统治阶级都把国家政权当作自己的命根子，利用它来巩固自己的政治统治，维护其赖以生存的经济基础。对于剥削阶级来说，失去政权，就不能保持经济和政治特权，就意味着阶级统治的灭亡；对于被剥削阶级来说，要改变自己被压迫、被剥削的地位，就必须推翻剥削阶级的统治，建立自己的政权。无产阶级如果不夺取政权，既不能改变旧的经济制度，更不能改变自己的处境。列宁说："政权在哪一个阶级手里，这一点决定一切。"② 国家政权的实质和作用，决定了它是革命的根本问题。列宁认为，无产阶级要完成民主革命，最终应当夺取政权，因为政权会使他们居于主人的地位，使他们能够排除走向自己伟大目的的道路上的一切障碍。

列宁同时认为，无产阶级要取得资产阶级民主革命的彻底胜利并夺取全国政权，必须实行武装起义。这是因为，一切反动派通常都是自己首先使用暴力，发动内战，把刺刀提到议事日程上来，无产阶级如果不采取武装起义，而是迷恋议会斗争，那只能是出卖革命。列宁在强调武装起义重要性的同时，并没有否定在一定条件下利用议会斗争和其他斗争形式的必要性。

列宁强调，起义一旦获得胜利，就要成立临时革命政府来代替沙皇政府，而这样的政府应当是工农民主专政的政府。为什么要建立工农民主专政？因为

---

① 《列宁选集》第 3 卷，人民出版社 2012 年版，第 19 页。
② 《列宁全集》第 32 卷，人民出版社 2017 年版，第 158 页。

革命对于沙皇制度的彻底胜利，就一定会引起地主、大资产者和沙皇制度方面的拼命反抗。没有专政，就不可能摧毁这种反抗，就不可能打破反革命的企图。工农民主专政的阶级基础是无产阶级和农民阶级，其任务就是镇压一切反革命的反抗，巩固民主革命的成果，实现党的最低纲领。对于工农民主专政的临时政府如何组织的问题，列宁把当时俄国各地建立苏维埃的革命行动看作夺取政权和建立工农民主专政的开始，把苏维埃看作新型政府机关的萌芽。

四、从民主革命向社会主义革命的转变

在民主革命的问题上，俄国布尔什维克党还遇到了怎样正确处理民主革命与社会主义革命的关系这一更为复杂的问题。

马克思、恩格斯在总结 1848 年欧洲革命经验时曾经提出过"不断革命"的口号，要求无产阶级不仅要把资产阶级民主革命进行到底，而且要进一步开展反对资产阶级的斗争，直到取得无产阶级社会主义革命的彻底胜利，绝不能在某一革命发展阶段停顿下来。第二国际修正主义和俄国孟什维克从右的方面歪曲马克思、恩格斯的思想，认为资产阶级革命胜利后将会出现一个资产阶级专政的时期，这个时期将长达 50—100 年。只有等到无产阶级在全国居民中占大多数的时候才能结束这个时期。托洛茨基则从极左方面提出他的所谓"不断革命"论，歪曲马克思、恩格斯的思想，混淆民主革命和社会主义革命的界限，企图在民主革命阶段就同时进行反对资本主义私有制的社会主义革命。列宁根据 1905 年革命的具体情况，批驳了这样一些"左"的和右的错误思想。

列宁认为，资产阶级民主革命和社会主义革命是一个链条上的两个环节，是俄国革命发展的完整过程。推翻沙皇制度的民主革命是俄国革命的第一步，而推翻资本主义私有制的社会主义革命则是革命的第二步。在民主革命尚未完成的情况下，无产阶级应当积极开展民主革命，而不应当提出立即实现社会主义革命这类激进的主张。对于社会民主主义者来说，除了经过民主主义，没有其他途径可以加速社会主义的到来。

但是，无产阶级又不应当使革命运动局限于和停留在民主革命的阶段，而应当尽快地走过这一步，创造进行社会主义革命的条件。"无产阶级应当把民主革命进行到底，这就要把农民群众联合到自己方面来，以便用强力粉碎专制制度的反抗，并麻痹资产阶级的不稳定性。无产阶级应当实现社会主义革命，这就要把居民中的半无产者群众联合到自己方面来，以便用强力摧毁资产阶级

的反抗，并麻痹农民和小资产阶级的不稳定性。"① 这就是说，无产阶级在实行民主革命时不要忘记社会主义前途，民主革命胜利后必须转变为社会主义革命；社会主义革命是民主革命的必然趋势和发展方向。列宁的这些思想是在新的历史条件下对马克思、恩格斯"不断革命"思想的发展。

第三节　社会主义在一国或数国首先胜利理论和十月革命

列宁在深入研究帝国主义问题过程中，揭示了资本主义经济政治发展不平衡的规律，并依据这一规律揭示了帝国主义的薄弱环节，总结和提出社会主义可能在一国或数国首先取得胜利的思想。这一理论，为俄国十月社会主义革命的胜利奠定了理论基础，也为经济文化比较落后的国家进行社会主义革命提供了理论指导。

一、社会主义在一国或数国首先取得胜利的基本依据

19 世纪 40 年代，马克思、恩格斯根据对自由竞争时期资本主义国家经济政治发展情况的分析和研究，探讨了无产阶级革命的发生问题。他们认为，资本主义工业的发展，形成了世界市场，同时也把资本主义各个国家的人民紧密地联系在一起，每一个国家的人民都将受到另一个国家革命的影响；大工业的发展，也使所有资本主义国家的社会发展程度不相上下。因此，作为国际无产阶级共同事业的社会主义革命，将是在一切资本主义国家，至少在英、美、法、德等国同时发生的革命。无产阶级的联合行动，是社会主义革命获得胜利的条件之一。在相当长的时期里，列宁也一直坚持马克思主义创始人关于社会主义革命进程的这些看法。但通过对帝国主义问题的深入研究，他根据帝国主义时代无产阶级革命条件的发展变化，总结和提出社会主义可能在一国或数国首先取得胜利的理论。

资本主义经济政治发展不平衡的规律，必然导致帝国主义战争。帝国主义之间的战争，将为社会主义在一国或数国首先胜利带来有利的国际形势。经济

---

① 《列宁选集》第 1 卷，人民出版社 2012 年版，第 606 页。

政治发展不平衡，是资本主义的一个规律。列宁发现，到了帝国主义阶段，各资本主义国家的经济政治发展不平衡进一步加剧，表现得更为明显和突出。一些后起资本主义国家迅速崛起，一些老牌资本主义国家发展相对缓慢。如美国、德国的经济发展速度很快，在不到半个世纪里就超过了英国、法国，成为新兴的帝国主义国家。列宁根据诸多事实材料明确指出，这种经济政治发展不平衡是资本主义的绝对规律，它不仅对国际关系的变化产生重大影响，而且对世界革命进程也会产生深远影响。经济发展不平衡，必然会引起政治、军事力量发展不平衡，并改变资本主义各国的实力对比。各帝国主义国家的实力对比发生新的巨大变化，必将引起它们之间的矛盾激化。后起帝国主义国家必然要求重新划分势力范围，而在世界已被瓜分完毕的情况下，这种矛盾冲突加剧就不可避免地导致战争的爆发。帝国主义之间的战争，会使帝国主义国家相互削弱，使它们不能联合起来镇压革命；战争同时也会加重社会灾难，造成政治和经济危机，促使革命的爆发，这就为社会主义在一国或数国首先取得胜利带来有利的形势和条件。

资本主义经济政治发展不平衡，形成了帝国主义体系的薄弱环节。这种薄弱环节的存在，为社会主义在一国或数国首先胜利提供了可能。列宁认为，在帝国主义时代，已经形成了一种世界性的经济体系。无论是发达国家，还是不发达国家，全都卷入了这个世界性的资本主义经济体系中。这是因为帝国主义到处伸手，把落后国家变成了自己的殖民地，使得这些国家的经济也纳入了世界资本主义经济的轨道，个别国家和个别民族的经济已不再是一个独立自主的单位，而成为组成帝国主义体系的总链条中的各个环节。由于受经济政治发展不平衡规律的影响，不仅各帝国主义国家之间存在着经济实力、军事实力上的差距，各国统治阶级统治的巩固程度和无产阶级的成熟程度也会存在着差距，这就决定了在帝国主义这个总链条中有薄弱环节的存在。列宁认为，帝国主义整个链条的强度，不是由最强的那个环节决定的，而是由最弱的那个环节决定的。因此，帝国主义的统治是可以在最薄弱的环节被打破的。也就是说，革命是可以从帝国主义链条的薄弱环节开始的。

已经具备了革命形势和革命力量的国家，就可以在帝国主义体系的薄弱环节首先进行革命并获得胜利。列宁认为，所谓帝国主义体系的薄弱环节，不一定是发达资本主义国家，因为这里统治阶级的统治能力较强；但也不会是连大工业和现代无产阶级都没有的经济文化非常落后的国家，这样的国家不具备搞社会主义的起码条件。有条件的往往是经济文化比较落后但又有一定的社会化大生产以及与此相联系的现代无产阶级，并且阶级矛盾异常尖锐、激烈的国家。当被统治阶级和统治阶级都面临生存危机的时候，被统治阶级不愿照旧生活下去而统治阶级也不能照旧维持下去了，有强有力的无产阶级政党能够把无产阶级和一切被压迫或对统治阶级不满的群众动员组织起来，形成强大的革命力量，就可以首先从帝国主义体系的薄弱环节上实现突破。而当一个国家突破了帝国主义体系的薄弱环节，取得社会主义革命的胜利，就会成为世界社会主义革命的起点，必将引起已具备革命条件的国家发生连锁式的革命。

1915 年 8 月，列宁在《论欧洲联邦口号》一文中，根据资本主义经济政治发展不平衡规律，总结和提出了社会主义可能在一国或数国首先取得胜利的思想。他指出："经济和政治发展的不平衡是资本主义的绝对规律。由此就应得出结论：社会主义可能首先在少数甚至在单独一个资本主义国家内获得胜利。"① 一年以后，列宁在《无产阶级革命的军事纲领》一文中再次强调："资本主义的发展在各个国家是极不平衡的。而且在商品生产下也只能是这样。由此得出一个必然的结论：社会主义不能在所有国家内同时获得胜利。它将首先在一个或者几个国家内获得胜利，而其余的国家在一段时间内将仍然是资产阶级的或资产阶级以前的国家。"②

在列宁总结和提出社会主义可能在一国或数国首先取得胜利思想时，俄国资产阶级民主革命还没有完成，所以列宁并没有认为俄国可以成为首先取得社会主义革命胜利的国家，而是认为俄国无产阶级的任务是把俄国的民主革命进行到底，使无产阶级领导的俄国民主革命成为"未来欧洲革命的序幕"。1917年俄国二月革命胜利后，社会主义革命很快被提上了实践日程。在这样的情况下，列宁对经济文化比较落后的俄国能否首先取得社会主义革命胜利的问题进行了新的探索和回答。列宁认为，俄国虽然不是资本主义经济最发达的国家，却是帝国主义时代一切矛盾的集合焦点，是统治阶级的统治能力较弱的国家。由于各种矛盾错综复杂地交织在一起，极大地削弱了统治阶级的统治能力，再加上俄国的无产阶级有布尔什维克党的领导，这个无产阶级又拥有千百万农民

① 《列宁选集》第 2 卷，人民出版社 2012 年版，第 554 页。
② 《列宁选集》第 2 卷，人民出版社 2012 年版，第 722 页。

这样一个重要的同盟者。因此，在俄国这样一个经济文化比较落后的国家，已经具备革命形势和革命的力量，可以先于欧洲其他国家开始社会主义革命。也正是在这一理论的指导下，俄国取得了十月革命的胜利。

列宁关于社会主义可能在一国或数国首先取得胜利的理论，科学地解答了帝国主义时代无产阶级社会主义革命面临的新问题，为经济文化比较落后国家率先走上社会主义道路指明了方向，是对马克思主义关于无产阶级革命理论的继承与发展。

二、十月革命的伟大胜利和第一个社会主义国家的诞生

第一次世界大战爆发之前，俄国沙皇专制统治已经陷入深刻的危机，革命出现高潮。大战爆发后，俄国社会矛盾日益尖锐，革命形势迅速成熟。

1917年2月，俄国人民在以列宁为首的布尔什维克党的领导下，进行了二月革命，推翻了沙皇专制统治。二月革命爆发的时候，列宁尚在国外。当他得知沙皇专制政府已被推翻，随即迅速研究了国内情况并得出结论：俄国民主革命的任务已经完成，应当立即采取切实步骤将革命推向第二阶段，逐步实现社会主义革命。4月，列宁结束长期在国外的流亡生活回到俄国，发表了著名的《四月提纲》，制订了从资产阶级民主革命向社会主义革命过渡的明确路线和具体计划，提出"全部政权归苏维埃"的口号。根据《四月提纲》的指示，布尔什维克党在群众中展开了组织和教育工作，彼得格勒和莫斯科苏维埃逐步转到了布尔什维克党方面。9月到10月间，工人罢工、农民起义、士兵骚动此起彼伏，革命形势完全成熟。布尔什维克党在全国各地着手准备武装起义。

1917年11月7日（俄历10月25日），俄国首都彼得格勒（圣彼得堡）的工人赤卫队和士兵在列宁和布尔什维克党领导下首先举行武装起义。以停泊在涅瓦河上的阿芙乐尔号巡洋舰的炮声为信号，彼得格勒的工人和士兵开始向冬宫发起攻击，深夜攻入冬宫，逮捕临时政府成员，临时政府首脑克伦斯基逃亡。当晚，在斯莫尔尼宫召开第二次全俄苏维埃代表大会，宣布临时政府被推翻，中央和地方全部政权已转归苏维埃。第二天，列宁在大会上作报告，大会通过了《和平法令》和《土地法令》，组成了以列宁为主席的第一届苏维埃政府——人民委员会，世界上第一个社会主义国家宣告诞生。彼得格勒武装起义的胜利，奠定了苏维埃政权胜利前进的基础。从1917年11月到1918年3月，

革命扩展到俄国各地。十月革命取得胜利。

三、十月革命的世界历史意义

十月革命是建立社会主义制度的第一次成功实践。十月革命的胜利，验证了列宁的帝国主义理论和社会主义可能在一国或数国首先取得胜利的理论，并为帝国主义时代经济文化比较落后的国家走上社会主义道路提供了宝贵经验。列宁在纪念十月革命 4 周年时深刻指出，"这第一次胜利还不是最终的胜利"，但"我们已经开始了这一事业。至于哪一个国家的无产者在什么时候、在什么期间把这一事业进行到底，这个问题并不重要。重要的是，坚冰已经打破，航路已经开通，道路已经指明"①。十月革命深刻改变了人类历史发展进程，具有伟大的世界历史意义。

第一，十月革命实现了社会主义从理想到现实、从理论到实践的伟大飞跃。列宁深刻洞悉帝国主义时代资本主义发展的新特征，把马克思主义基本原理与俄国革命具体实际结合起来，形成了列宁主义，创造性地提出社会主义可能在一国或数国首先取得胜利等一系列社会主义革命和社会主义建设理论，为帝国主义时代的无产阶级革命提供了强大思想武器。在列宁和布尔什维克党的领导下，俄国人民将资产阶级的民主革命转变为社会主义革命，通过武装斗争，打碎旧的资产阶级国家机器，取得了震撼世界的十月社会主义革命的伟大胜利，建立了无产阶级专政的苏维埃制度。正如列宁所说："苏维埃制度就是由一种革命发展为另一种革命的明证或表现之一。"② 苏维埃俄国颁布宪法性文件，初步建立社会主义性质的经济、政治、文化、教育等制度，在人类历史上第一次建立了社会主义国家，使社会主义从理论变为活生生的现实社会制度。此后，苏联共产党领导人民充分发挥社会主义经济、政治、文化制度的强大优势，开启了世界历史上从未有过的新的现代化模式。苏联的现代化触及各个方面，包括工业、农业、教育、科学、社会和日常生活，在短短几十年时间内，改变了几个世纪以来俄国的落后面貌，把一个"小农国家"建设成为世界工业强国。在第二次世界大战期间，社会主义苏联依靠强大综合国力，和同盟国一道共同战胜了德意日法西斯，为赢得世界反法西斯战争的胜利和人类和平进步

① 《列宁选集》第 4 卷，人民出版社 2012 年版，第 568—569 页。
② 《列宁选集》第 4 卷，人民出版社 2012 年版，第 566 页。

作出了巨大贡献。十月革命划时代的历史功绩，苏联社会主义制度曾经取得的重大成就，并不因苏联解体而被抹杀。苏联的社会主义制度没有能够坚持下来，原因固然有很多，包括保守僵化等，但背离马克思列宁主义、背离十月革命开辟的社会主义道路则是根本原因。

第二，十月革命开辟了人类历史的新纪元。人类自原始社会以来，社会形态的演变、社会制度的更替，都是一个剥削社会代替另一个剥削社会，一个新的占统治地位的剥削阶级代替另一个原本占统治地位的剥削阶级。十月革命从根本上推翻了人剥削人、人压迫人的制度，推翻了剥削阶级统治，开始进入没有阶级剥削和压迫的社会，建立人民当家作主的国家制度，人民民主真正成为现实。从此以后，社会主义作为一种崭新的社会形态和社会制度登上历史舞台，引领着人类社会的发展方向。在十月革命的影响下，社会主义成为许多国家赢得民族独立、解放和发展的重要选择，一些国家先后走上社会主义道路，世界上近 1/3 人口一度生活在社会主义制度下，社会主义力量大大增强，打破了资本主义的一统天下，成为维护世界和平发展的中坚力量。十月革命的胜利，特别是列宁关于殖民地半殖民地民族解放的思想，极大推动了受帝国主义、殖民主义欺凌压迫的国家人民的觉醒，促进了民族解放力量的崛起，有力推动了殖民地半殖民地国家的民族解放运动，加速了世界范围内帝国主义殖民体系的整体瓦解，深刻改变了国际力量对比和世界格局。世界社会主义的发展和社会主义制度不断彰显的优越性，也迫使许多资本主义国家不断调整统治策略，利用社会主义制度的一些举措来修补自身弊端，缓和资本主义制度日趋尖锐的基本矛盾。

第三，十月革命给中国送来了马克思列宁主义。鸦片战争后，中国逐步沦为半殖民地半封建社会，中华民族遭受深重苦难，无数仁人志士为寻求救国救民真理而尝试各种主义和思潮，但都以失败告终。十月革命的胜利，使在黑暗中彷徨无计的中国先进分子受到极大震撼和激励，燃起了实现民族独立和人民解放的新希望。他们运用马克思列宁主义的立场观点方法，逐步认清了人类社会发展的潮流，认清了帝国主义瓜分世界并压迫中国的现实，认清了中国社会的性质和中国革命的目标，最终找到了挽救民族危亡的根本出路——走十月革命开辟的社会主义道路。毛泽东曾深刻指出："十月革命一声炮响，给我们送来了马克思列宁主义。十月革命帮助了全世界的也帮助了中国的先进分子，用无产阶级的宇宙观作为观察国家命运的工具，重新考虑自己的问题。走俄国人的路——这就是结论。"① 在把马克思列宁主义与中国工人运动相结合的过程中，中国的先进分子创建了中国共产党，中国革命的面貌从此焕然一新。在中国共产党的坚强领导下，原本一盘散沙状的中华民族从此牢不可破地团结凝聚起来，牢牢掌握了自己的前途和命运。在中国共产党的带领下，中国人民经过28 年浴血奋战，夺取了新民主主义革命胜利，实现了民族独立和人民解放。毛泽东说："中国共产党所领导的人民革命，从来就是十月革命所开始的世界无产阶级社会主义革命的一个组成部分。"② 新中国成立后，党又带领人民完成社会主义革命，确立社会主义制度，推进社会主义建设，实行改革开放，开创和不断发展中国特色社会主义，取得了举世瞩目的巨大成就。

思考题：

1. 结合当今时代，谈谈你对列宁关于帝国主义本质的论断的认识。

2. 列宁在无产阶级政党的建设方面有哪些新的理论贡献？

3. 如何理解经济文化比较落后的国家率先走上社会主义道路的必然性与合理性？

4. 如何理解十月革命的世界历史意义？

---

① 《毛泽东选集》第四卷，人民出版社 1991 年版，第 1471 页。
② 《毛泽东文集》第七卷，人民出版社 1999 年版，第 314 页。

第五章　苏联东欧社会主义发展及其挫折

十月革命胜利以后，列宁围绕俄国如何建立新型的无产阶级国家政权以及如何向社会主义过渡、如何建设社会主义等问题，以实践为基础进行了积极探索，提出了一系列重要思想。列宁逝世后，斯大林领导苏联人民继续推进社会主义事业，取得了巨大成就，同时也有许多失误和教训。第二次世界大战结束时，在苏联影响下，东欧等地区一些国家开始逐步走上社会主义道路，社会主义由一国发展到多国。20 世纪 50 年代之后，苏联社会主义继续发展，但各种矛盾和问题也日益凸显。到了 80 年代末 90 年代初，在国内外各种因素的共同作用下，特别是由于领导层的错误，最终导致苏联解体、东欧剧变，世界社会主义运动遭受严重挫折。苏联东欧社会主义发展及其挫折的经验教训，值得分析和记取。

第一节　列宁的社会主义建设理论与实践

在十月革命胜利前，列宁就提出并思考了革命胜利后建设什么样的新型国家政权以及如何向社会主义过渡的问题。十月革命胜利后，列宁对这些问题进行了集中思考，深刻分析了俄国向社会主义过渡所面临的经济政治状况，充分论证了建立和巩固无产阶级专政的必要性和重要性，进一步丰富和发展了马克思主义过渡时期理论和无产阶级专政学说，解决了建立和巩固社会主义制度的一系列重大问题。

一、建立和巩固无产阶级国家政权

无产阶级夺取政权以后，实现从资本主义到社会主义的革命转变，必然要经历一个过渡时期，并且实行无产阶级专政，这是一切走向社会主义的国家不可逾越的发展阶段。马克思在《哥达纲领批判》一书中已对此作过明确阐述，列宁在领导俄国无产阶级革命的实践中，又进一步发展了这一思想。

十月革命前夕，列宁在《国家与革命》一书中，系统考察了马克思关于过渡时期的论述，着重阐述了过渡时期的必要性和无产阶级专政的历史作用。十月革命胜利后，列宁在实践经验的基础上，对过渡时期和无产阶级专政的认识逐步加深。

关于过渡时期问题。首先，列宁强调了过渡时期的必要性和艰巨性。他指出："在资本主义和共产主义之间有一个过渡时期，这在理论上是毫无疑义的。"① 也就是说，在一切国家，无产阶级革命取得胜利以后都要经历一个过渡时期。但实现这样的过渡，是前所未有的新事业，必然要遇到很多困难。他认为："由于历史进程的曲折而不得不开始社会主义革命的那个国家愈落后，它由旧的资本主义关系过渡到社会主义关系就愈困难。"② "怎样实际地从旧的、习惯了的、大家都熟悉的资本主义向新的、还没有产生的、没有牢固基础的社会主义过渡，却是一个最困难的任务。"③

其次，列宁深入分析了过渡时期的经济结构及其特点。1918 年 5 月，在《论"左派"幼稚性和小资产阶级性》一文中，他分析了俄国过渡时期的经济结构，认为俄国主要存在 5 种经济成分：（1）宗法式的，即在很大程度上是自然的农民经济；（2）小商品生产，包括经营粮食的个体农民；（3）私人资本主义；（4）国家资本主义；（5）社会主义。1919 年 10 月，在《无产阶级专政时代的经济和政治》一书中，他把俄国过渡时期的基本经济形式概括为资本主义、小商品生产和共产主义 3 种。他强调，每个国家从资本主义向社会主义过渡的时期，都不可避免地存在着多种经济成分。尽管各个国家的特点有所不同，但过渡时期的经济结构和阶级关系基本上是相同的。就俄国来说，过渡时期"经济的基本形式就是资本主义、小商品生产和共产主义。这些基本力量就是资产阶级、小资产阶级（特别是农民）和无产阶级"④。这样的经济结构，决定了俄国过渡时期的基本特点。

再次，列宁强调要对小农经济实行社会主义改造。他认为苏维埃政权建立以后，废除了土地私有制，剥夺了大地主、大资产阶级的生产资料，建立了社会主义经济，但小商品生产还大量存在着和发展着，资本主义能够在这个基础上重新复活起来，要战胜资本主义，还必须对小商品生产进行社会主义改造。只有对小农经济进行社会主义改造，才能建立、巩固和发展社会主义公有制经

---

① 《列宁选集》第 4 卷，人民出版社 2012 年版，第 59 页。
② 《列宁选集》第 3 卷，人民出版社 2012 年版，第 436 页。
③ 《列宁全集》第 38 卷，人民出版社 2017 年版，第 120 页。
④ 《列宁选集》第 4 卷，人民出版社 2012 年版，第 60 页。

济。他强调："这个过渡时期不能不是衰亡着的资本主义与生长着的共产主义彼此斗争的时期，换句话说，就是已被打败但还未被消灭的资本主义和已经诞生但还非常幼弱的共产主义彼此斗争的时期。"①

关于无产阶级专政问题。在十月革命前后，列宁先后写了《国家与革命》《无产阶级革命和叛徒考茨基》等著作，提出了"承认不承认无产阶级专政是检验是不是马克思主义者试金石"的命题。在建立和巩固无产阶级专政过程中，列宁根据俄国社会主义革命和建设的实践经验，深刻阐明了实行无产阶级专政的必然性和必要性、无产阶级专政的形式和实质、无产阶级专政与民主、无产阶级专政的阶级基础和领导力量等问题，进一步发展了马克思主义的无产阶级专政理论。

第一，在从资本主义到社会主义的过渡时期，以及在进入共产主义高级阶段以前，都要坚持无产阶级专政。一方面，列宁坚持和发展了马克思、恩格斯关于过渡时期无产阶级专政的思想，认为从资本主义到社会主义的过渡时期，无产阶级已经推翻了资产阶级的统治，掌握了国家政权，支配着大量的生产资料，剥削阶级的生产资料基本上被剥夺，但他们没有被消灭，还有一定的力量，还有同国际资本的联系，必然进行拼死反抗；过渡时期的农民和其他小资产阶级，作为劳动者有摆脱地主资本家压迫的要求，作为小私有者又在无产阶级与资产阶级之间动摇不定。为了维护无产阶级的统治，反对和防止敌对势力的破坏活动，同时也是为了实现对小生产者的社会主义改造，必须坚持无产阶级专政。这个时期的无产阶级专政不是阶级斗争的结束，而是阶级斗争在新形势下的继续。另一方面，列宁在研究共产主义社会第一阶段的国家问题时，提出在过渡时期结束以后，"还需要有国家在保卫生产资料公有制的同时来保卫劳动的平等和产品分配的平等"②。无产阶级专政的国家不仅不能消亡，还要不断巩固和发展，但是任务和形式都将发生变化。只有坚持无产阶级专政，才能创造消灭阶级差别的物质基础和社会条件，才能实现向无阶级社会的转变，使国家自行消亡。

第二，苏维埃政权是无产阶级专政的一种实现形式。马克思曾经指出，巴黎公社实质上是工人政府，是可以使劳动者在经济上获得解放的政治形式。列

---

① 《列宁选集》第 4 卷，人民出版社 2012 年版，第 59 页。
② 《列宁选集》第 3 卷，人民出版社 2012 年版，第 196 页。

宁在领导俄国无产阶级革命的过程中，同样发现了苏维埃是俄国无产阶级专政的具体组织形式。苏维埃是俄国劳动人民在反对沙皇专制统治的革命斗争过程中创造出来的领导武装起义的机关。列宁一开始就把它看成是"革命政府的萌芽"①。他认为，苏维埃作为新型国家机构，同广大人民群众有极其密切的联系，它的成员依据民意选出和更换，体现着更充分的民主；它可以把议会制的长处和直接民主制的长处结合起来，通过人民代表把立法的职能和执行法律的职能结合起来；它可以成为无产阶级先锋队用来实现对广大群众领导的途径。十月革命胜利当天召开的全俄苏维埃第二次代表大会，通过了列宁起草的《告工人、士兵和农民书》，明确宣布全部政权归苏维埃。从此，苏维埃成为俄国无产阶级专政的政权组织形式。列宁认为，苏维埃是无产阶级专政的俄国形式，而每个民族在向社会主义过渡时，都将会创造适合于自己民族特点的无产阶级专政形式。在无产阶级专政的这种或那种类型上，每个民族都会有自己的特点。

第三，无产阶级专政是新型民主和新型专政的结合。列宁认为无产阶级专政是"新型民主的（对无产者和一般穷人是民主的）和新型专政的（对资产阶级是专政的）国家"②。资产阶级的民主是只供少数富人享受的民主，而无产阶级的民主才是无产阶级和大多数人享受的民主。资产阶级专政是少数人对多数人的专政，而无产阶级专政是最广大人民对少数被推翻的压迫者、剥削者的专政。因此，列宁指出，"无产阶级专政的实质不仅在于暴力，而且主要不在于暴力。它的主要实质在于劳动者的先进部队、先锋队、唯一领导者即无产阶级的组织性和纪律性。"③从整个无产阶级专政的任务来看，除了镇压剥削阶级反抗以外，更大量的、更重要的任务是组织广大群众参加对国家的民主管理，创造比资本主义更高的劳动生产率。"无产阶级专政决不只是推翻资产阶级或推翻地主……无产阶级专政是要保证建立秩序、纪律，提高劳动生产率，实行计算和监督，建立比过去更巩固更坚强的无产阶级苏维埃政权。"④他强调，无产阶级专政的实质主要在于无产阶级代表着并实现着比资本主义更高的社会劳动组织。只有吸引广大的人民群众参加国家事务的管理，参与政治生活，无产阶级专政才能获得广泛而牢固的社会基础。

① 《列宁全集》第12卷，人民出版社2017年版，第197页。
② 《列宁选集》第3卷，人民出版社2012年版，第140页。
③ 《列宁选集》第3卷，人民出版社2012年版，第835页。
④ 《列宁全集》第34卷，人民出版社2017年版，第242页。

第四，无产阶级专政是特殊形式的阶级联盟，是无产阶级与广大人民结成的联盟，其中主要的是工人阶级同农民的联盟。列宁认为，在俄国的情况下，无产阶级同其他劳动阶层结成广泛的阶级联盟，无产阶级专政才会有深厚的阶级基础和社会基础。他说：无产阶级专政是"无产阶级同人数众多的非无产阶级的劳动阶层（小资产阶级、小业主、农民、知识分子等等）或同他们的大多数结成的特种形式的阶级联盟"①。在农民占多数的国家里，工人阶级和农民联盟尤为重要。列宁把维护工农联盟看作无产阶级专政的最高原则。无产阶级只有得到农民的支持，结成巩固的工农联盟，才能形成强大革命力量。他认为，由于无产阶级和农民的根本利益是一致的，因此无产阶级在社会主义革命和建设中能够得到贫苦农民的支持。

第五，实现无产阶级专政，必须有无产阶级政党的领导。列宁认为，无产阶级只有在自己政党领导下，才能实现自己的历史使命；无产阶级专政只有在无产阶级政党的领导下，才能发挥它的作用。"只有这个先锋队才能抵制这些群众中不可避免的小资产阶级动摇性，抵制无产阶级中不可避免的种种行业狭隘性或行业偏见的传统和恶习的复发，并领导全体无产阶级的一切联合行动，也就是说在政治上领导无产阶级，并且通过无产阶级领导全体劳动群众。不这样，便不能实现无产阶级专政。"② 所以，坚持无产阶级专政，必须坚持无产阶级政党的领导。列宁还指出，党要领导全体无产阶级和广大劳动群众去完成无产阶级专政的历史任务，必须通过苏维埃、工会、共青团、非党工农代表会议等组织，同广大劳动群众取得密切联系，这也是实现无产阶级专政的重要环节。

二、从"战时共产主义"到新经济政策

率先取得社会主义革命胜利的俄国，是一个经济文化比较落后的国家。在这样一个国家怎样建设、巩固和发展社会主义，既是一个崭新的课题，也是一个历史性的难题。

早在十月革命以前，列宁根据俄国情况就提出由工人监督逐步实现工业国有化的设想。在十月革命胜利时，立刻颁布了土地国有化法令，接着制定了《工人监督条例》，对拥有5个职工或1万卢布以上周转资金的一切工业、商业、银行

① 《列宁全集》第36卷，人民出版社2017年版，第362—363页。
② 《列宁选集》第4卷，人民出版社2012年版，第474页。

和农业等企业进行监督，并加速实行银行和工业国有化。从 1917 年 11 月到 1918 年 2 月，是用"赤卫队"攻击资本的时期，把银行、铁路、商船、大型工矿企业收归国有，这样苏维埃政权就基本上掌握了国家的经济命脉，准备着手进行系统的经济建设。此时，德国帝国主义军队趁机进攻，占领了俄国大片土地，严重威胁着新生的苏维埃政权的生存。列宁力排众议，果断地签订了《布列斯特和约》，赢得了巩固苏维埃的时间，争取了 3 个月的"喘息时期"。在 1918 年 3 月至 5 月的喘息时期，城市着手恢复工业生产，农村进行分配土地的斗争，到 6 月时，全国只对 500 多家大企业实行国有化，而对其余几十万个中小企业还是采取了工人监督的办法，国有化步伐有所放缓。但总的来说，这一段时间，列宁在很大程度上还是按照马克思、恩格斯原来的一些设想去组织社会主义经济的。

1918 年夏天，帝国主义发动了对苏维埃政权的武装干涉，国内白卫军也乘机叛乱，苏维埃俄国欧洲部分 3/4 的领土被帝国主义和叛乱者占领，重要的产粮区和工业原料产地被切断，苏维埃俄国陷入极其困难的境地。在这种情况下，为了保卫新生的政权，把有限的财力物力用于战争，苏维埃政府陆续推出了一系列适应战时需要的非常措施。这些措施带有按军事共产主义原则调整产品生产和分配的特点，因而被称为"战时共产主义"政策。

"战时共产主义"政策的主要内容包括：（1）实行余粮收集制，农民要按照国家规定的数量交售粮食和其他农产品，禁止粮食买卖；（2）把所有工厂企业收归国有，由国家集中管理，进行统一的生产和分配等；（3）限制市场，取消私人贸易，实行粮食和日用工业品的配给制；（4）实行劳动义务制，凡有劳动能力的人必须参加劳动。推行"战时共产主义"，主要为了适应当时战争的需要，对于捍卫和巩固新生的苏维埃政权发挥了重要作用。如果不采取"战时共产主义"措施，苏维埃政府不可能取得军事上的胜利。

但是，在战争结束后，依然实行这样的政策，并把它作为向社会主义直接过渡的措施来看待，就引发了严重的政治经济危机。危机的产生，促使列宁对"战时共产主义"政策进行了深刻的反思，认识到通过"战时共产主义"政策实现向社会主义的直接过渡是错误的尝试。列宁指出："我们计划（说我们计划欠周地设想也许较确切）用无产阶级国家直接下命令的办法在一个小农国家里按共产主义原则来调整国家的产品生产和分配。现实生活说明我们错了。"①

----

① 《列宁选集》第 4 卷，人民出版社 2012 年版，第 570 页。

他还说："'战时共产主义'是战争和经济破坏迫使我们实行的。它不是而且也不能是一项适应无产阶级经济任务的政策。它是一种临时的办法。"[①] 在总结经验教训的基础上，列宁转变了思路，提出并实行了新的经济政策，形成了建设和发展社会主义的新思路，积累了在经济文化比较落后的国家巩固和发展社会主义制度的重要经验。

1921 年 3 月 8 日，俄共（布）召开第十次代表大会，大会根据列宁的报告通过决议，废止余粮收集制，实行粮食税。同年 5 月下旬，俄共（布）召开第十次全国代表会议，列宁在会上作了关于粮食税的专题报告，明确提出新经济政策，并对新经济政策的目标和任务作了阐述。他强调，从粮食税开始的政策转变并非权宜之计，新的政策是必须认真地和长期地实行的政策。会议通过了《关于新经济政策问题的决议》。由此，新经济政策被作为一项长期政策确定下来，其实施范围也从农业扩展到整个国民经济领域。

新经济政策的主要内容有：（1）用粮食税代替余粮收集制。农民按国家规定交纳一定的粮食税，超过税额的余粮归个人所有，可以自由支配。这项政策大大减轻了农民的负担，缓和了社会矛盾。1922 年政府又通过《土地法令大纲》，允许农民自由使用土地和在苏维埃监督下出租土地和雇佣工人。（2）对中小企业采取非国有化措施。凡是关系国家经济命脉的重要厂矿企业仍归国家所有，由国家经营，而中小企业和国家暂时无力兴办的企业则允许私人经营，一部分小企业发还原主经营。（3）允许自由贸易，恢复商品货币关系。新经济政策实施初期，国家主要通过合作社组织工业品同农民手中余粮直接交换，同时允许私人在地方范围内进行商业往来。后因国家没有足够的工业品可资交换，遂放弃产品交换的做法，并取消商业的地区范围限制，允许私人自由贸易。（4）废止劳动义务制，改变平均主义分配方式，实行工资级别制度。（5）实行租让制，允许外国资本家经营租让企业或同苏维埃国家组织合营股份公司，加强同资本主义国家的交往和合作。

列宁提出的新经济政策符合俄国经济社会发展的实际。这一政策的实施，满足了劳动者的经济要求，有效地恢复和发展了工农业生产，稳定了国内政局，巩固了工农联盟，使新生的苏维埃政权有了稳定的阶级基础和社会基础。

新经济政策的提出和实施，实际上也是列宁领导苏维埃俄国探索建设社会

[①] 《列宁选集》第 4 卷，人民出版社 2012 年版，第 502 页。

主义新道路、新方法的过程。列宁曾明确指出："通过新的途径来建设社会主义经济已经绝对必要了。……我们还没有找到建设社会主义经济、建立社会主义经济基础的真正途径，但我们有找到这种途径的唯一办法，这就是实行新经济政策。"① 从早期苏维埃俄国的社会主义实践中，马克思主义者就逐步明白了一个道理，社会主义必须与实际条件相结合，必须在实践中寻找较合适的实现方式，不可能一步建成纯而又纯的社会主义社会。

三、关于建设社会主义的初步思考

随着新经济政策的实施，列宁对无产阶级取得政权以后，尤其是在俄国这样一个经济文化比较落后的国家如何建设社会主义问题进行了深入思考，初步形成了建设和发展社会主义的基本思路，这集中反映在他有关新经济政策的论述以及晚年的几篇重要文章中。

第一，发展大工业，实现电气化。社会主义的巩固和发展要有强大的物质基础作保障，而工业化是社会主义物质基础的重要体现。俄国是一个不发达的国家，工业基础相对比较薄弱。革命胜利以后，一个重要任务就是集中力量发展大工厂，为社会主义奠定坚实的基础。早在实施新经济政策之前，列宁就把建设社会主义与发展大工业联系在一起，用"社会主义＝苏维埃政权＋全国电气化"这样一种简明的公式，表达了社会主义和工业化的关系。他后来更加明确强调："建立社会主义社会的真正的和唯一的基础只有一个，这就是大工业。如果没有资本主义的大工厂，没有高度发达的大工业，那就根本谈不上社会主义，而对于一个农民国家来说就更是如此"②。在"战时共产主义"时期，列宁主要通过国有化和消除小生产的方式来推进工业化。新经济政策实施以后，列宁改变了建设社会主义的方式，也改变了发展大工业、实现工业化的途径和方法。比如，从俄国生产力发展水平和农民人口占多数的情况出发，列宁主张把外国资本和私人资本引入中小企业，强调要尽可能考虑农民利益，在支持和提高中小企业和小农生产发展的基础上，发展大工业，实现国家的工业化。在1923年的《宁肯少些，但要好些》一文中，列宁把落后的俄国建设成工业化的强国，比喻为从农民的、庄稼汉的、穷苦的马上，跨到大机器工业、电气化的

---

① 《列宁选集》第 4 卷，人民出版社 2012 年版，第 660 页。
② 《列宁全集》第 41 卷，人民出版社 2017 年版，第 301—302 页。

马上，并且说："我们的希望就在这里，而且仅仅在这里。"①

第二，发展农业合作社，引导农民走社会主义道路。如何对农业进行社会主义改造，引导农民走社会主义道路，这是经济文化比较落后的国家建设社会主义面临的一个现实问题。列宁提出了通过合作社的发展，对农业进行社会主义改造，逐步把农民引上社会主义道路的思想。他认为："合作社在资本主义国家条件下是集体的资本主义机构。"② 而在无产阶级取得政权以后，生产资料都掌握在无产阶级的国家手中，这种合作社就成为社会主义的经济组织，"合作社的发展也就等于（只有上述一点'小小的'例外）社会主义的发展"③。在列宁看来，用合作社这种组织形式吸引农民参加社会主义建设，农民十分熟悉，便于接受，也是把农民个人利益和国家利益结合起来的最好形式。他认为："要是完全实现了合作化，我们也就在社会主义基地上站稳了脚跟。"④

第三，大力发展商业，建立工业和农业的结合点。实行新经济政策以后，列宁认识到，商业是形成社会主义经济关系的基础，建设和发展社会主义"必须全力抓住这个环节"⑤。只有充分利用市场和商品货币关系，大力发展商业，才能促进工农业产品的流通，满足城乡居民的生活需要。他提出要通过发展市场，活跃商业，使社会主义大工业和小农经济结合起来，利用商品货币关系来建设社会主义。这成为列宁晚年提出的推进社会主义建设的一个重要思路。同时，他还特别强调，共产党人要学会管理经济，学会文明经商。

第四，开展文化革命，提高城乡居民的文化水平。俄国经济文化比较落后的一个突出表现，就是文盲和半文盲在城乡居民中占多数，这成为建设社会主义的一个重要制约因素。列宁特别强调文化建设的问题，并把加强文化建设视为一场文化革命。他认为，在建设社会主义过程中，只有通过开展一场文化革命，使全体居民的文化水平和基本素质得到不断提高，并创造出比资本主义更高的劳动生产率，才能从根本上巩固社会主义事业。这种文化革命的内容很多，包括扫除文盲、普及科学文化知识、培养各方面的建设人才、进行社会主义思想道德教育等，但最重要的是发展国民教育，促进教育事业繁荣。列宁明

---

① 《列宁选集》第 4 卷，人民出版社 2012 年版，第 797 页。
② 《列宁选集》第 4 卷，人民出版社 2012 年版，第 772 页。
③ 《列宁选集》第 4 卷，人民出版社 2012 年版，第 773 页。
④ 《列宁选集》第 4 卷，人民出版社 2012 年版，第 773 页。
⑤ 《列宁选集》第 4 卷，人民出版社 2012 年版，第 614 页。

确提出，要"把我国国民教师的地位提到在资产阶级社会里从来没有、也不可能有的高度。……既要振奋他们的精神，也要使他们具有真正符合他们的崇高称号的全面修养，而最最重要的是提高他们的物质生活水平"①。列宁还强调，建设社会主义文化要继承人类的优秀文明成果，指出"无产阶级文化应当是人类在资本主义社会、地主社会和官僚社会压迫下创造出来的全部知识合乎规律的发展"②。他认为："只要实现了这个文化革命，我们的国家就能成为完全社会主义的国家了。"③

第五，加强民族团结，反对大俄罗斯主义。苏联是个多民族国家，民族问题十分复杂，民族矛盾也十分尖锐。苏维埃政权建立以后，列宁提出了各民族一律平等、维护各民族利益的思想，并以此作为解决民族问题的主要原则。1922 年 10 月，列宁在接见英国记者 M. 法尔布曼时谈道："我们的经验使我们坚信，只有对各个民族的利益极其关心，才能消除冲突的根源，才能消除互不信任，才能消除对某种阴谋的担心，才能建立语言不同的人们，特别是工人农民的互相信任，没有这种信任，无论各族人民之间的和平关系，或者现代文明中一切珍贵事物的比较顺利的发展，都是绝对不可能的。"④

第六，开展国际贸易，加强同世界各国的经济交往与合作。20 世纪初，经济全球化的发展，进一步扩大了世界市场，推动了各国经济关系的国际化。列宁敏锐地看到和把握了这一变化，提出了要利用世界市场、加强国际贸易的主张。他认为，俄国的发展和世界各国的发展有着相互需要。俄国恢复和发展国民经济，需要利用外国资金，引进科学技术，学习先进管理经验，而西方一些国家则需要俄国的矿产资源，这就必然要进行贸易往来。列宁说："我们要做生意，他们也要做生意。"⑤ 他认为："有一种力量胜过任何一个跟我们敌对的政府或阶级的愿望、意志和决定，这种力量就是世界共同的经济关系。"⑥ 正是因为有了共同的经济关系的存在，也就有了超越社会制度和意识形态的经济交往、技术合作的可能。

第七，改革国家机关，加强国家政权建设。苏维埃政权建立后，旧的官僚

---

① 《列宁选集》第 4 卷，人民出版社 2012 年版，第 764 页。
② 《列宁选集》第 4 卷，人民出版社 2012 年版，第 285 页。
③ 《列宁选集》第 4 卷，人民出版社 2012 年版，第 774 页。
④ 《列宁全集》第 43 卷，人民出版社 2017 年版，第 243 页。
⑤ 《列宁选集》第 4 卷，人民出版社 2012 年版，第 657 页。
⑥ 《列宁全集》第 42 卷，人民出版社 2017 年版，第 343 页。

机构被摧毁了，但官僚主义的影响依然存在。由于俄国经济文化比较落后，广大群众的文化水平不高，新政权缺乏有文化、懂管理的人才，因此接受和使用了大量旧政权的工作人员。他们进入苏维埃机关，自然也会把旧政权的官僚主义作风带入其中，熏染着共产党人，也对苏维埃政权产生着危害。列宁十分清醒地认识到，"我们的国家是带有官僚主义弊病的工人国家。"[1] 他指出："官僚不仅在苏维埃机关里有，而且在党的机关里也有。"[2] 他认为，我们内部最可恶的敌人就是官僚主义者，并一再告诫全党，共产党人成了官僚主义者，就会毁掉我们的国家和事业。根据党员干部队伍文化水平低下、缺乏管理本领的情况，列宁提出要克服官僚主义，提高工作效率，努力提高国家机关工作人员的素质，培养新生力量，挑选和使用高素质人才。他对精简机构、加强监督等方面也提出了许多新的要求，强调要建立健全各项规章制度，明确国家机关的工作内容和职责范围，要创造条件让工农群众参与和监督国家事务。

第八，加强执政党的建设。共产党是建设社会主义的领导力量，要巩固和建设社会主义事业，就必须不断地加强党的建设。列宁清楚地认识到，党执政后，很容易产生骄傲自大、脱离群众、贪污腐化和官僚主义的倾向，因此必须善于看到自己的弱点，不断加强与人民群众的密切联系。同时，要注意纯洁自己的队伍，提高党员的质量，不让那些不可靠的、企图升官发财的分子钻进党里来，及时地把官僚化分子、不忠诚和不坚定的分子从党内清除出去。他认为，苏维埃政权建立以后，党的中心任务是经济建设。为了适应新的要求，党在组织形式和工作方法上要作相应的改变，尽力提高工作水平。1920 年 9 月和 1921 年 3 月，列宁先后为俄共（布）第九次、第十次全国代表大会起草了《关于党的建设的当前任务》和《关于党的建设问题》的决议，就党的建设问题提出了许多新的要求。他晚年的几篇重要文章，对党的组织制度和党内的民主制度建设作了进一步的论述，提出了一系列建议、措施。列宁提出，党应该领导国家政权的全部政治、经济工作，但是党不能代替政权，党政之间应有各自的职权范围；集体领导是党的领导的最高原则，但同时要实行个人负责制；要采取上下结合的方式，共同监督党的领导机关和领袖人物等。

---

① 《列宁选集》第 4 卷，人民出版社 2012 年版，第 373 页。
② 《列宁选集》第 4 卷，人民出版社 2012 年版，第 791 页。

列宁的这些思想，是在总结建设社会主义初步经验的基础上形成的，反映了他在实践的基础上对社会主义认识的不断深化，对今天进行社会主义建设仍有重大启示。

第二节　斯大林时期的社会主义理论和实践

列宁去世以后，斯大林领导苏联社会主义建设取得了许多重大进展和成就。苏共采取新的措施，加速推进国家的工业化和农业集体化，建立了社会主义制度。苏联人民同国内外敌对势力进行了坚决的斗争，取得了反法西斯战争的伟大胜利，保卫了世界上第一个社会主义国家。斯大林坚持和发展了马克思列宁主义，但在认识和实践上也出现了一些严重失误。

一、国家工业化和农业集体化的推进

只有加快实现国家工业化，才能为社会主义奠定坚实的物质基础，在这个问题上，斯大林的认识和列宁的思路是一致的。在推进工业化过程中，斯大林出于对当时国际形势的判断，对社会主义俄国处境的考虑，明确提出了优先发展重工业、高速推进工业化的方针，并由此带动和加快了农业集体化的进程。

随着新经济政策的实施，苏联国民经济得到了基本恢复，苏联党和政府随即把实现国家工业化的任务提上了日程。1925 年 12 月，联共（布）十四大提出实现社会主义工业化的方针，决定把苏联从农业国变为工业国。随后联共（布）中央全会又制定了实现社会主义工业化的具体纲领，苏联工业化的进程由此开始。围绕工业化问题，斯大林提出一系列新的看法和观点，这些看法和观点成为苏联加快推进工业化进程的指导思想。

斯大林认为，实现工业化的出发点，就是要迅速改变苏联的落后状态，使苏联成为一个独立自主的工业强国，巩固社会主义制度。他说："工业化的任务不仅要增加我国整个国民经济中工业的比重，而且要在这种发展中保证受资本主义国家包围的我国在经济上的独立，使我国不致变成世界资本主义的附属品。处于资本主义包围中的无产阶级专政的国家，如果自己国内不能生产生产工具和生产资料，如果停留在这样一个发展阶段，即不得不使国民经济受制于

那些生产并输出生产工具和生产资料的资本主义发达的国家的阶段，就不可能保持经济上的独立。停留在这个阶段就等于让自己隶属于世界资本。"① 他明确指出，工业化的中心和基础，是优先发展重工业。他曾总结说："没有重工业就无法保卫国家，所以必须赶快着手发展重工业，如果这件事做迟了，那就要失败。"② 在斯大林看来，工业化的速度在很大程度上决定着苏联国家的命运和前途。"延缓速度就是落后。而落后者是要挨打的。"③ 他认为苏联有丰富的资源，有共产党和苏维埃政权的领导，有能够避免资本主义经济危机的计划经济，而且工业化发展完全符合全社会的利益，实现高速度发展不仅是必要的，而且是可行的。

从 1928 年开始，苏联通过五年计划的方式，有计划、有步骤地展开了大规模工业化建设。经过两个五年计划，苏联建成了一大批新的工业部门，基本完成了国民经济的技术改造，建立起比较牢固的工业化基础，使苏联从一个落后的农业国迅速转变为一个强大的工业国。到 1937 年，苏联的工业总产值跃居欧洲第一位、世界第二位。

在推进国家工业化的同时，苏联也开始了农业集体化的进程。1927 年 12 月，联共（布）召开了第十五次代表大会，着重讨论了农业问题。大会通过了《关于农村工作》的决议，决定开展农业集体化。在农业集体化开展初期，斯大林并没有急于推进，而是主张逐步展开。但他很快改变了思路，加快了集体化的进程。因为随着工业化的迅速推进，对粮食和其他各种农产品的需求不断增多。而当时农业生产发展很缓慢，跟不上工业化发展的要求，出现粮食短缺的问题。斯大林认为，加速集体化是解决工业化用粮和其他农产品采购问题的根本途径，只要建立起大规模的、机械化的集体农庄和农场，就可以使苏联农业有一个大发展，就可以一劳永逸地解决粮食问题。据此，他提出了全盘实现农业集体化的方针。1929 年 11 月，斯大林发表了关于在全国开展农业集体化运动的讲话，集体化速度开始加快。

1930 年 1 月，联共（布）中央通过《关于集体化的速度和国家帮助集体农庄建设的办法》的决议。决议根据各地不同的情况，把全国分为 3 类地区，要求在 3 年内分别完成集体化。决议指出土地使用权和生产资料公有的农业劳动

① 《斯大林选集》上卷，人民出版社 1979 年版，第 462 页。
② 《斯大林选集》下卷，人民出版社 1979 年版，第 496 页。
③ 《斯大林选集》下卷，人民出版社 1979 年版，第 273 页。

组合为现阶段集体农庄的主要形式，并规定对富农由限制政策变为消灭政策。这样，苏联农业全盘集体化迅速展开。到 1932 年年底，加入集体农庄的农户已占全国总农户的 60% 以上，集体农庄的耕地面积已占全国总耕地面积的 70% 以上。1933 年 1 月，联共（布）中央宣布：把分散的个体小农经济纳入社会主义大农业的轨道的历史任务已经完成。

苏联农业集体化的实现，完成了对传统农业的深刻改造，使苏联的农业从个体经济变为集体经济，为苏联的工业化创造了条件，也为苏联农业机械化、现代化的发展打下了基础。但苏联农业集体化的推进，从任务的提出到解决任务的方式，不完全是基于农业发展的自身要求，而主要是从实现工业化的现实需要出发的。由于对农业改造和发展规律认识不足，农业集体化带有急于求成的因素，就不可避免地出现违反自愿原则、忽视农民利益、过多地采用行政命令手段等问题，伤害了农民的积极性，对后来的苏联农业发展产生了很大的负面影响。

二、苏联社会主义制度的建立和苏联模式的逐步形成

所谓的苏联社会主义模式，简称苏联模式，是指在斯大林领导苏联社会主义建设中逐步形成的高度集中的经济政治体制。斯大林在与反对派的论战中，对苏联一国能否建成社会主义问题作了探索性的解答，领导苏联党和苏联人民建立了社会主义制度，并逐步形成了苏联模式。

斯大林继承和发展了列宁关于社会主义可能在一国或数国首先取得胜利的思想，形成了较为完整的"一国建成社会主义"理论。他认为，俄国虽然处在资本主义包围中，但俄国拥有建成完全社会主义所必需的一切，它能够依靠自身的力量，克服内部矛盾，在一国范围内建成社会主义。这一理论正确地解答了时代提出的重大课题，从总体上把握了苏联社会主义的前途和命运，符合劳动人民群众要求建设社会主义的强烈愿望，并直接指导苏联人民开创了社会主义建设的新局面。

随着国家工业化和农业集体化的实现，苏联社会发生了重大变化，生产资料公有制已在国民经济中占绝对支配地位。为了把社会主义改造和建设的成就用法律的形式固定下来，1936 年 11 月，苏维埃召开第八次非常代表大会，通过苏联新宪法。斯大林在《关于苏联宪法草案》的报告中指出："我们苏联社会已经做到在基本上实现了社会主义，建立了社会主义制度，即实现了马克思

主义者又称为共产主义第一阶段或低级阶段的制度。这就是说，我们已经基本上实现了共产主义第一阶段，即社会主义。"① 新宪法明确规定，苏联是工农社会主义国家，它的经济基础是生产资料的社会主义所有制，实行各尽所能、按劳分配的原则；它的政治基础是各级劳动者代表苏维埃。新宪法的颁布，标志着斯大林继承了列宁开创的事业，社会主义制度在苏联已经建立起来。这是他的重要历史功绩之一，也对世界社会主义发展产生了极大的影响，发挥了巨大的榜样作用。

苏联社会主义制度建立不久发生的第二次世界大战，打乱了苏联社会主义建设的进程。在第二次世界大战中，斯大林领导苏联人民打败法西斯，取得了反法西斯战争的胜利，保卫了世界上第一个社会主义国家，大大地动摇了帝国主义的统治。苏联社会主义制度经受了严峻的考验，也展现了它的优越性。在战后极端困难的条件下，斯大林领导苏联人民恢复和发展了国民经济，提前完成了第四个五年计划。到 1950 年年底，苏联的工业产量超过第二次世界大战前的 73%，国民收入比 1940 年增加 64%，科技、教育和文化事业也都有了长足的发展，苏联的大国地位进一步得到全面加强。1949 年苏联成功试爆了自己的第一颗原子弹，1953 年又成功试爆了第一颗氢弹，打破了美国的核垄断，跻身世界核大国行列。苏联的社会主义建设和发展，鼓舞了其他社会主义国家的建设，推动了世界社会主义、殖民地民族解放运动和一切争取人类进步事业的发展。

斯大林在领导建立苏联社会主义制度过程中，坚持发展了科学社会主义基本原则，但其思想认识上也存在片面性，实践中产生了一些严重偏差，对苏联社会主义制度的发展造成不良影响。

在经济方面，苏联社会主义制度实行的是公有制和计划经济体制。全民所有制和集体所有制是苏联公有制的两种实现形式。全民所有制主要采取国家所有形式，它的生产资料和产品归代表全休人民的国家所有，在整个社会主义国民经济中居主导地位；集体所有制主要是生产资料归一个集体经济单位的劳动群众所有，主要是农村在土地国有基础上的集体农庄所有。把社会主义公有制具体化为国家和集体两种实现形式，这在没有任何经验可供借鉴的情况下，是对社会主义公有制原则的重要创新。但在实践中，斯大林过早地提出了要消灭

---

① 《斯大林选集》下卷，人民出版社 1979 年版，第 399 页。

私人经济和个体经济，并急于使集体所有制向全民所有制过渡，脱离了生产力发展水平，产生盲目追求单一公有化的错误倾向。在建立公有制的基础上，苏联实行了高度集中的计划经济体制。生产资料实行了国有或国家能够控制的集体所有，国家就可以实现对企业和个人经营活动的直接控制，形成自上而下的、以行政管理为特征的计划经济。由国家对经济进行统一管理和调度，有利于经济的稳定，有助于集中力量加快建设。但国家行政的指令性干预，必然排斥市场机制，限制商品货币关系，妨碍生产力的进一步发展。

在政治方面，苏联社会主义制度坚持了共产党的领导和无产阶级专政。苏联社会主义制度是在苏联共产党领导下建立起来的，只有坚持共产党的领导地位，才能坚持社会主义道路，推进社会主义事业发展。苏联社会主义制度体现了这种要求，而且明确了党对国家政权的领导主要是政治领导、组织领导和思想领导。但在实际工作中，党政体制不完善，党管了许多不应管的事情，削弱了最高苏维埃和各级地方苏维埃的实际作用，客观上也削弱了党的领导。党内民主集中制没有得到很好贯彻，也削弱了党的领导。坚持无产阶级专政，是巩固社会主义制度的根本要求。但在剥削阶级作为阶级被消灭以后，斯大林仍然强调阶级斗争的尖锐性，片面强调专政职能，妨害了社会主义民主的健全和发展。尤其是肃反的扩大化，严重混淆敌我矛盾，制造了大量冤假错案，造成了破坏和践踏社会主义民主法制的恶果。

在思想文化方面，苏联社会主义制度确立了马克思列宁主义的指导思想地位；坚持党管意识形态的原则，强调党员在思想理论上要高度一致；提倡共产主义道德和价值观念，提倡集体主义精神，反对个人主义；提倡为社会主义事业勤奋工作、忘我献身，并通过树立典型人物的方法，引导和激励人民成长为健康、高尚的人。同时，组织出版了一批系统阐述马克思列宁主义基本原理的教科书。这些做法和主张，在全社会普及了马克思列宁主义，符合社会主义的内在要求，有利于社会主义建设事业的发展。但是，在这一过程中，斯大林对马克思列宁主义的阐释采取了一些教条化、简单化的方法，过分强调思想理论上的高度一致，而且主要依靠行政手段来管理思想文化工作，混淆了政治标准和学术标准的界限，不容许有任何怀疑和批评意见，为社会科学和自然科学研究设置了许多禁区，思想理论产生了僵化倾向，影响了思想文化的发展和繁荣。

斯大林在领导苏联社会主义建设中形成的苏联模式与苏联社会主义制度是

两个不同的范畴，两者既有联系又有区别。苏联社会主义制度是科学社会主义在苏联的具体体现，苏联模式是苏联建设社会主义的实践形式和具体体制。苏联模式的显著特点，就是用高度集中的经济政治体制来推进社会主义建设和发展。应该讲，这种模式在当时的出现，具有一定的历史必然性和合理性，在特定的历史条件下起到了巩固社会主义制度的作用，也促进了苏联国民经济和整个社会生活的高速发展。但这种模式的缺陷和弊端也是十分明显的，如经济上统得过死，管得过严，使经济生活缺乏动力和活力，效益低下；政治上过分集权，缺乏民主，失去监督，容易导致个人独断专行，官僚主义盛行；思想上强求一律，听不到不同声音，报喜不报忧，无形中助长了说假话、大话、空话的现象。

苏联模式的形成，虽然有着斯大林的个人烙印，但主要原因是当时苏联所处的国际环境、国内历史条件以及苏联共产党对建设社会主义的认识水平。从国际环境来看，当时苏联处于资本主义的包围之中，如同资本主义汪洋大海中的一个孤岛。帝国主义国家一直企图把它扼杀在摇篮中，它必须随时准备应付各种风浪的冲击，迎接来自帝国主义国家的挑战。采用高度集中的体制，可以在短时间内使国力得到迅速增强，保卫社会主义制度。从基本国情来看，经济文化落后和小农人口占多数的社会条件，国弱民贫的落后状况，激发苏联党和人民产生了加快发展、尽快赶上和超过资本主义发达国家的强烈愿望和要求，但同样的情况也会促使人们产生急于求成、盲目冒进的倾向。从历史传统来看，俄国长期以来是一个军事封建的帝国主义国家，民主法制传统比较少，专制主义影响比较深。这样的历史传统，对人们的价值取向和心理偏好产生了很大影响，从而使苏联模式的框架中不可避免地带有浓厚的历史传统色彩。从社会主义实践来看，社会主义在苏联是一种开创性的事业，既没有现成的道路，又没有现成的经验，一切都要靠在实践中去摸索、去创造，难免会出现一些偏差和失误。从思想理论建设来看，斯大林和苏联党在坚持科学社会主义的同时，也对科学社会主义创始人的一些观点产生了教条化、简单化的理解，对苏联模式的形成造成理论上的误导。

三、社会主义从一国到多国的发展

从 20 世纪 40 年代到 70 年代，一批社会主义国家诞生，形成了社会主义由一国实践走向多国发展的时期。

在第二次世界大战期间及战后，东欧各国共产党适应本国社会发展要求和人民愿望，利用国际反法西斯战争胜利的条件，经过自身艰苦斗争，并在苏联的帮助下，相继建立了8个人民民主国家。东欧人民民主国家建立初期，一般都经历了两个发展阶段。第一阶段主要是完成民主革命任务，铲除法西斯主义和封建主义残渣余孽，进行土地改革。第二阶段主要是开展社会主义革命，实现工业国有化，发展农业生产合作社等，迅速恢复和发展国民经济，奠定社会主义经济基础。

波兰是东欧国家中第一个建立人民民主政权的国家。1944年7月，苏波联军进入波兰境内，成立波兰民族解放委员会，宣布建立了人民政权。同年9月，波兰民族解放委员会颁布没收大地主土地的法令，废除了地主土地所有制，派出工作队同农民一道进行土地改革。1946年1月，波兰人民代表会议通过了关于国民经济基本部分包括大型和中型工业、银行、运输工具和邮电的国有化法令，对全国大中型企业实行国有化。1947年1月，波兰举行正式议会选举。同年2月，宣布废除君主制，建立人民共和国，开始实行恢复和发展国民经济的三年计划。

罗马尼亚于1944年8月23日推翻法西斯独裁政权，随后进入人民民主革命时期，这一时期社会政治变革的基本内容是，在一切机构中清除法西斯分子，纯洁革命队伍，以及惩办战争罪犯；建立以工农为主体的各级民主机构；实行土地改革等。1946年11月举行议会选举，以罗马尼亚共产党为首的民主力量获得绝对优势地位，颁发了国有化法令，把国民银行收归国有。1947年12月，议会通过法律，宣布废除君主制，成立人民共和国。1948年6月再次颁布国有化法令，决定把大批的工业、矿山、运输、银行、保险事业等收归国有，国家掌握了8500家大中型企业，建立了社会主义国家所有制。1949年开始执行恢复和发展国民经济的五年计划。

1944年9月，苏联红军进入保加利亚境内，保加利亚工人党领导的祖国阵线号召全民发动武装起义，全国获得解放。1945年11月举行议会选举，保加利亚工人党人当选议会主席团主席。1946年3月，保加利亚通过土地改革法令，土改对象为农业资本家，建立起一批农业合作社。同年9月，举行公民投票，废除了君主制，建立了人民共和国。1947年4月，保加利亚国民大会通过了关于经济发展两年计划的法令。同年12月，又制定了工业、银行和矿山国有化法令，对外贸易和国内批发业也归国家控制，国营工业占整个工业的97%。

国民大会还制定了第一个五年计划，它的任务是通过国家工业化和电气化以及农业合作化和机械化，加快建设社会主义。

阿尔巴尼亚于 1944 年 11 月获得解放。1945 年年初，全国各地进行了人民会议的选举，人民会议成为中央和地方的新生政权机关。1946 年 1 月，召开了制宪会议，宣布阿尔巴尼亚为人民共和国，并通过了第一部宪法。这部宪法基本上以 1936 年苏联宪法为蓝本，在肯定民族解放斗争成果的同时，也规定了从下至上的过度集权的政权体制。阿尔巴尼亚共产党在建立人民民主政权的同时，也模仿苏联的榜样，进行了社会经济改造。1945—1946 年，根据政府颁布的法令，进行了土地改革，消灭了大土地所有制，1946 年，农村开始了合作化运动。1947 年年底，社会主义经济在工业总产值中已占 97%，基本完成了工业的社会主义改造，实现了国有化。

匈牙利共产党早在 1944 年 11 月就公布了在民主基础上重建和发展匈牙利的纲领。1945 年 4 月，匈牙利在苏联红军帮助下得到解放。1946 年 2 月，匈牙利人民共和国建立。同年 11 月，匈牙利把最重要的重工业企业收归国家经营。1947 年 11 月，又把大银行和部分企业收归国有。1948 年开始进行农业社会主义改造。1949 年年底，雇有 10 个以上工人的工商业企业全部收归国有。匈牙利从 1950 年 1 月开始实行第一个五年计划，目标是实现社会主义的工业化和消灭农业的落后状态。

南斯拉夫在 1945 年 5 月获得全境解放，进入社会主义建设时期。建国伊始，南斯拉夫建立了大体与苏联类似的政治经济文化体制。1945 年 8 月通过土地改革法，在全国没收大土地所有者的土地。1946 年年初颁布了农业合作化的法令，兴办国营农场和农业生产合作社。1946 年 1 月联邦议会通过的《南斯拉夫联邦人民共和国宪法》，也是以 1936 年苏联宪法为蓝本的。1946 年 12 月又颁布了国有化法令，把全国大企业和部分地方企业收归国有。1947 年，南斯拉夫开始执行第一个五年计划。

1945 年 5 月，捷克人民起义军与苏联红军并肩作战，剿灭了德军残部，解放了捷克斯洛伐克全境。1946 年 5 月举行全国大选，捷共成为第一大党。同年 6 月，捷克斯洛伐克颁布了第一个土地法，没收了德国及匈牙利地主的土地，并规定超过 50 公顷的土地一律没收。1948 年 3 月，颁布了第二个土地法，规定在所有者自耕的条件下，拥有土地的最高限额为 50 公顷，同时实行了工业国有化，同年 5 月，社会主义经济在工业总产值中占 90% 左右。1947—1948

年，捷克斯洛伐克实行了恢复国民经济的两年计划，随后于 1949 年开始实行第一个国民经济五年计划。

1945 年 4 月，德国法西斯投降。德国领土被苏、美、英、法四国分区占领。同年 6 月，苏占区的德国共产党号召德国人民为消灭法西斯主义、建立反法西斯民主政权而斗争，并于 1946 年 4 月和社会民主党合并为德国统一社会党。1949 年 9 月，德国西部美、英、法三国占领区合并成立了德意志联邦共和国（联邦德国）。在这种情况下，德国东部苏占区于 10 月成立了德意志民主共和国（民主德国）。德国苏占区的民主改革从战争结束后就开始了，1945 年至 1946 年，各州民主政权颁布了一系列土地改革法令，没收战争罪犯、战争帮凶、大地主的土地，并把它分给农民。1946 年，德国东部在国有化运动中，没收了垄断资本家和纳粹分子的企业，交给工厂委员会管理。1949—1950 年，民主德国开始实行发展国民经济的两年计划。1950 年 7 月，德国统一社会党"三大"通过了发展国民经济的第一个五年计划。

在东欧 8 个国家走向社会主义的前后，亚洲的蒙古、朝鲜、越南、中国、老挝以及美洲的古巴经过长期革命斗争，也成为社会主义国家。

社会主义从一国实践走向多国发展的时期，既是社会主义制度建立的时期，也是苏联模式向其他社会主义国家推广的时期。由于苏联是世界上第一个社会主义国家，后来的社会主义国家大都仿照苏联模式进行社会主义建设，建立了高度集中的政治经济体制。在这样的过程中，虽然苏联模式的推广产生了一定的积极作用，曾帮助没有经验的新兴社会主义国家建立起社会主义基本制度，但由于在学习中出现了把苏联模式绝对化，照抄照搬、机械套用的做法，特别是苏联以大党主义、大国主义的方式迫使一些国家接受苏联模式，而一些做法并不适合这些国家的国情，给这些国家的社会主义发展埋下了隐患。

第三节   苏联东欧国家的改革及失败

从 20 世纪 50 年代中期开始，苏联和一些东欧国家针对经济社会发展中的问题，相继开始进行体制上的尝试性改革。但始终没有形成正确的指导思想，没有取得根本性突破，并发生了许多严重失误，最终更是由改革走上了改向的歧途，导致苏东社会主义国家的失败。

一、苏联东欧的改革

苏联改革有内外两个原因：内部原因就是僵化的体制束缚着经济社会快速发展；外部原因就是西方国家的经济社会发展带来了严峻挑战，造成了巨大压力。

第二次世界大战结束后，医治战争创伤，恢复国民经济，成为苏联的当务之急。怎样恢复国民经济？是继续推行高度集权的管理体制，还是适应当时的世界潮流进行渐进的改革，这是苏联面临的一次重大选择。特定的历史条件，加上冷战导致东西方对抗，使斯大林继续坚持走 20 世纪 30 年代的路，沿用并强化了高度集中的体制。在这个时期，资本主义国家开始进行不断的调整和变革，逐步完善经济和社会管理体制，加大国家对经济和社会生活的干预，进一步完善和健全了社会福利机制，缓和了阶级矛盾。同时，一些资本主义国家积极利用科技进步成果，促进了劳动生产率提高，经济社会出现了稳定发展的局面。西方资本主义国家的快速发展，给苏联经济社会发展带来了巨大压力，使其面临着严峻的竞争。

从东欧国家的情况来看，改革的动因主要有两个：一个就是要改变高度集权的体制，促进经济社会发展；另一个就是要摆脱苏联大党大国主义的控制，争取独立自主的发展权利。

第二次世界大战结束后的初期，东欧国家在民主政权建设和国民经济恢复过程中，实行了有别于苏联体制的一些做法和政策。许多国家在政治上选择了人民民主制度，保留了议会民主制，实行多党联合。但随着冷战的加剧，西方大国加紧了向东欧的渗透，并以马歇尔计划诱导东欧国家靠向西方。为了应对冷战局势，苏联开始加大对东欧各国的控制，强化同苏联的一致性，在东欧各国推行苏联模式。到 20 世纪 50 年代初，东欧各国基本上确立了苏联模式的政治经济体制，并形成了与苏联趋同的社会结构。苏联对东欧国家的长期控制，不仅使东欧国家失去了应有的独立性，而且也伤害了东欧国家人民的民族感情。对东欧一些国家来说，实行改革在很大程度上也是为了摆脱苏联的控制。东欧各国的改革，始终交织着争取民族自主权利和要求突破苏联模式这两股潮流。正是在这两种潮流的冲击下，体制变革与摆脱外来控制所引发的矛盾，成为东欧国家发展进程中一系列重大事件的动因和内在根源。

赫鲁晓夫接手苏联党和国家的领导权以后，看到了苏联经济社会发展中存在着一些问题，特别是苏联农业发展缓慢、工业发展缺乏活力等情况。针对这些问题，他实行了有限的调整，但许多措施带有很大的主观随意性。1956年召开的苏共二十大，批判了个人崇拜和斯大林的错误，起到了解放思想的作用。但赫鲁晓夫在秘密报告中把苏联社会主义发展中的各种问题和失误，都归咎于斯大林的个人品质。这个秘密报告造成了党和人民思想的严重混乱，导致了党的领导地位的动摇，同时也给世界社会主义造成了混乱。他所进行的以下放经济权力为主要内容的经济政治改革也以失败告终。

在勃列日涅夫当政时期，苏联国内十分稳定，经济和军事的力量都有所发展，综合国力一度达到最好的状态，成为与美国并驾齐驱的超级大国。但勃列日涅夫未能把握住机遇，对高度集中的体制进行全面彻底的改革。他推行的集约化生产、农工综合体试验，大都是体制上的修修补补，并没有使体制发生根本性变化。相反，在同西方发达国家开展军备竞赛的过程中，他还使苏联模式中的一些弊端进一步放大，使苏联由发展的巅峰开始滑向危机的边缘。苏联始终以争夺世界霸权为其全球战略，庞大的军费开支和援外负担使苏联力不从心；当发达国家开始进行新科技革命的时候，苏联依旧把增加重工业产品的产量作为赶超西方国家的战略目标，并继续沿用粗放型的发展模式；人民生活水平长期得不到提高，社会不满情绪有所增加；苏联内部的大俄罗斯主义长期存在，少数民族的经济社会权利没有得到切实保障，民族矛盾不断加深，民族分裂主义势力不断增长。

在勃列日涅夫之后，苏联经历了安德罗波夫和契尔年科的短暂过渡。1985年，戈尔巴乔夫出任苏共中央总书记。戈尔巴乔夫上台后，苏联出台了一系列推进经济体制改革的决定，但没有取得预期的成效。在经济体制改革遇到种种困难的情况下，苏共领导人认为经济改革进程缓慢的主要原因是政治体制有问题，改革重点也随之转向了政治体制。1988年，戈尔巴乔夫在苏共第十九次代表会议上推出了"人道的、民主的社会主义"的路线，并把"社会主义多元论""民主化""公开性"作为三大"革命性倡议"。戈尔巴乔夫的"新思维"，不仅导致了党内外思想上的迷乱，而且把苏联政治体制改革推上了歧途，引发了社会动荡。社会上出现了各种各样的非政府政治组织，党内也产生了"反对派"，并要求取消苏共的执政地位，实行多党制。面对这种情况，戈尔巴乔夫在错误路线上越走越远，他明确认定实行多党制是"正常的历史进程的结果，

符合社会的需求"。1990 年 2 月，戈尔巴乔夫在苏共中央全会上正式承认实行
多党制的可行性，放弃了共产党的领导地位。同年 3 月，苏联人民代表大会决
定修改宪法，取消苏共的法定领导地位，实行多党制。苏共的法定领导地位被
取消以后，公开声明反共反社会主义的党派纷纷成立，成为共产党的反对党。
更为严重的是，政治上的分裂和纷争也挑起了各民族间的积怨，揭开了历史上
留下的伤疤，煽起了民族主义情绪，民族分裂主义势力乘机崛起。至此，戈尔
巴乔夫的所谓改革使苏联彻底走到了改向和解体的不归之路。

东欧国家的改革首先是从南斯拉夫开始的。南斯拉夫实行了"工人自治"
制度，由工人自己管理企业，企业成为独立的生产单位。后来，这种自治又被
进一步扩展为"社会自治"。南斯拉夫进行的这种体制改革，虽有过度分散的
缺陷，但对苏联模式产生了很大冲击。在南斯拉夫的影响下，其他东欧国家也
出现了要求改革的呼声和探索。波兰和匈牙利相继进行了改革尝试，但改革的
力度和深度都很有限。20 世纪 60 年代末，捷克斯洛伐克通过了全面改革的
《行动纲领》，掀起了被称为"布拉格之春"的改革运动，表达了要摆脱苏联模
式的束缚和争取独立自主的要求。进入 20 世纪 80 年代，改革在东欧国家逐步
形成了一股潮流。南斯拉夫针对改革中出现的新问题，进行了一些新的经济调
整，通过了一些改革的法律和决议，旨在稳定经济的基础上进一步发展自治制
度。匈牙利提出了进一步完善经济管理体制的一系列任务，并通过了进一步改
革经济体制的决议。波兰也开始进行新一轮经济改革，取消了"指令加统配"
的计划管理制度，实行中央计划加市场调节的体制。捷克斯洛伐克在扩大企业
权限、发挥价值管理手段等方面，采取了一些更灵活的措施。处于同北约对峙
前沿、受苏联控制较严的民主德国，也根据本国情况，进行了一定程度的改
革。保加利亚提出了所有权和经营权分开的理论，并把它写进具有法律效力的
《经济机制章程》。罗马尼亚在 1967 年 12 月颁布了《改进国民经济管理和计划
的法令》，揭开了改革的序幕。阿尔巴尼亚虽然直到 1985 年霍查去世前都未进
行改革，但在 1986 年阿劳动党召开"九大"后也提出了改革经济政治体制的
任务，开始了改革的进程。

东欧国家的这些改革取得了一些成效，但都未能实现体制上的根本突破。
这些国家的改革始终没有形成明确的指导思想，难以跳出高度集中的计划经济
的框架。很多时候，一面进行改革，一面仍然在按照原来的模式开展建设。恶
劣的冷战环境，加上苏联对东欧国家一直奉行大党主义、大国主义，对其内部

事务横加干涉，也使东欧国家的改革受到了很大制约。后来，由于受到戈尔巴乔夫"新思维"和苏联错误改革路线的影响，这些国家的改革开始演变为改向，最终滑向资本主义。

二、苏联东欧剧变的过程

苏东剧变，是指 20 世纪 80 年代末 90 年代初的东欧社会主义国家瓦解和苏联解体，其本质表现就是改旗易帜，放弃社会主义制度，放弃共产党的领导。从过程来看，苏东剧变是从东欧开始的。但实际上，苏东剧变最早是由苏联诱发的，主要是由戈尔巴乔夫的"新思维"引起的。

1990 年 7 月苏共召开二十八大，大会通过了《走向人道的民主的社会主义》的纲领。叶利钦等人在大会还没有结束时就宣布退党。对苏共来说，二十八大的结束，就是它四分五裂和失去政权的开始。如果说导致苏联演变的因素早已存在，那么把演变的悲剧变成现实，则是戈尔巴乔夫一手造成的。

1990 年 3 月，立陶宛宣布独立后，苏联其他各加盟共和国的离心倾向也迅速增强，拉脱维亚、爱沙尼亚、格鲁吉亚、亚美尼亚、摩尔多瓦的议会相继发表主权宣言，要求退出苏联。1991 年 3 月，戈尔巴乔夫提出了新联盟条约草案，计划于 8 月 20 日签署。这个条约草案把国名"苏维埃社会主义共和国联盟"改为"苏维埃主权共和国联盟"。为了避免苏联解体的命运，8 月 19 日清晨，在新联盟条约签订之前，苏联发生了"8·19"事件，但 8 月 21 日便宣告失败。

"8·19"事件的发生，原以维护苏联为初衷，最后却成了加速苏联瓦解的催化剂。事件发生后，苏联解体速度骤然加快。叶利钦下令中止俄罗斯共产党活动；戈尔巴乔夫宣布辞去苏共中央总书记职务并要求苏共中央自行解散；苏联最高苏维埃决定"暂停苏共在苏全境的活动"，并对苏共领导机关进行审查。继俄罗斯之后，各共和国的共产党有的被中止活动，有的被宣布为非法，有的则宣布脱离苏共并更换党名。叶利钦把苏共和俄共全部财产收归俄罗斯政府，并接管了苏联国家银行，苏联军队、内务、安全、外交、财政等重要部门都被改组。同时，叶利钦宣布俄罗斯联邦承认爱沙尼亚和拉脱维亚独立。此后，苏联各加盟共和国纷纷宣布独立。1991 年 12 月，俄罗斯等 11 个独立国家领导人在阿拉木图举行独立国家首脑会议，正式宣告建立独立国家联合体，苏联不复存在。

东欧剧变，首先是从波兰和匈牙利开始的。1988年，波兰团结工会在西方国家的大力支持和鼓动下，利用波兰改革中出现的问题和面临的困难，组织挑起了3次全国性大罢工，向波兰统一工人党施加压力，导致政局动荡。1989年，波兰统一工人党十届十中全会作出重大妥协，通过两项决定：一是实行政治多元化和工会多元化；二是承认被禁止7年之久的团结工会为合法组织。随后，统一工人党主持召开了由各党派和社会团体参加的圆桌会议，决定于1989年6月举行大选。大选结果出乎预料，统一工人党失利，团结工会获胜。原来与统一工人党结盟几十年的统一农民党、民主党倒向团结工会，统一工人党成了少数派，丧失了对国家的领导权。

如果说促使波兰发生剧变的原因是党外出现了反对力量，那么，在匈牙利则是党内产生了反对派。1988年，匈牙利社会主义工人党党代会通过了实行政治多元化的决议，党内反对派进入党的最高领导层，执政党内部一步步走向分裂。1989年，匈牙利国会通过集会法和结社法，并接受多党制要求。同年10月，社会主义工人党提前召开党的非常代表大会，在多数人的要求下，宣布改变党的性质，改名为社会党。在随后举行的大选中，最大的反对党民主论坛获胜，而改名后的社会党成为议会中力量微弱的小党，彻底失去了政权。

在波兰、匈牙利政局变化的影响下，从1989年9月下旬开始，民主德国的局势发生恶化。反对派纷纷成立组织，示威游行事件接连发生，许多居民开始逃往联邦德国。1989年10月，德国统一社会党召开中央全会，承认反对派组织"新论坛"的合法地位，决定实行多党制，开放东西德边界，拆除"柏林墙"。这些措施的实行，并没有使东德局势得到缓和。同年12月，德国统一社会党再次召开中央全会，宣布集体辞职；随后于1990年2月决定将党的名称改为德国民主社会主义党，宣布走民主社会主义道路。在5月的大选中，德国民主社会主义党失利，沦为在野党。联邦德国趁机提出两德统一的问题，随着《德国统一条约》的签订，1990年10月，民主德国正式并入联邦德国，完成了倒向西方的统一。

捷克斯洛伐克的演变，是以要求为1968年事件平反为开端的。1989年，反对派成立了"公民论坛"组织，以要求为1968年事件平反为缘由，发表宣言，组织示威，向捷共发起进攻。在反对势力的压力下，捷共作出了原则性让步，不仅为1968年事件平反，而且承认"公民论坛"的合法地位。11月29日，捷联邦议会又批准了宪法修正案，取消了共产党的领导地位。1990年6

月，捷克斯洛伐克举行大选，捷共被完全排斥在政府之外，失去了政权。

从 1989 年下半年开始，保加利亚的政局也发生了动荡。1989 年 12 月，反对派宣布组成"民主力量联盟"，向保加利亚共产党施加压力。保共同意与该反对派举行圆桌会议，并于 1990 年 1 月提前召开党的第十四次全国代表大会。大会提出取消党的领导地位，放弃民主集中制，实行多党制、议会民主和民主社会主义。同年 4 月，保共正式改名为社会党。1990 年 6 月，社会党在选举中获得了胜利，但在第二年 10 月的大选中失败，丢掉了政权，成为在野党。

进入 20 世纪 80 年代以后，罗马尼亚经济发展连年遇到困难，引起人民不满，而西方国家又不断利用人权问题对罗马尼亚施加压力，使其不稳定因素逐步增多。1989 年 12 月 21 日，齐奥塞斯库总统出席官方组织的数万人的集会，不料集会变成了反对总统的示威，示威者占领了电台、电视台和党中央大厦等重要设施。反对派乘机宣布成立"救国阵线委员会"，接管政权。齐奥塞斯库夫妇被特别军事法庭判处死刑，罗马尼亚共产党自行解散。

1990 年年底，在东欧剧变的大气候下，阿尔巴尼亚政局也开始急剧动荡。1991 年 4 月，阿尔巴尼亚人民议会通过《宪法主要条款》，对国家体制、社会政治制度等作了重大修正：更改国名，取消社会主义制度，实行三权分立和总统制，推行国家机构非意识形态化等。同年 6 月，阿尔巴尼亚共产党改为社会党，放弃马克思列宁主义的理论指导。在 1992 年 3 月举行的大选中，社会党失去政权，成为反对党。

在南斯拉夫，铁托去世以后，民族主义势力渐趋抬头，中央政权逐步削弱。在 1990 年 1 月召开的十四大上，南斯拉夫共产主义者联盟发生严重分裂。此后，各联盟共和国纷纷独立改名，进行了多党制选举，南共联盟自行解体。1991 年 6 月，以克罗地亚和斯洛文尼亚宣布独立为开端，南斯拉夫也开始解体。

苏东国家的改革虽然失败并导致了剧变，但它终究不过是世界社会主义发展进程中的一个曲折。邓小平指出："社会主义经历一个长过程发展后必然代替资本主义。这是社会历史发展不可逆转的总趋势，但道路是曲折的。"[①] 因此，苏东剧变并不意味着社会主义不行了，"不要认为马克思主义就消失了，没用了，失败了。哪有这回事！"[②] 社会主义没有灭亡，也不会灭亡。社会主义

---

① 《邓小平文选》第三卷，人民出版社 1993 年版，第 382—383 页。
② 《邓小平文选》第三卷，人民出版社 1993 年版，第 383 页。

必然会迎来新的复兴。

三、苏联东欧剧变的教训

苏东剧变，是 20 世纪后期震撼世界的重大事件。苏东剧变有历史原因，也有现实原因。从历史原因来说，苏东国家在思想理论、体制制度上长期处于僵化状态，改革的成效不大，经济上的困难引发政治危机和民族矛盾，使社会主义逐渐失去了应有的活力；从现实原因来说，苏东国家主动放弃了马克思主义在意识形态领域的指导地位，结果导致非马克思主义和反马克思主义的思潮甚嚣尘上，思想理论的混乱引起政治上混乱，从而失去了社会发展的基本准则和方向；从外部原因看，西方发达资本主义国家以贷款、贸易、科技和意识形态渗透等各种手段进行诱压，促使苏东国家向它们靠拢，向资本主义"和平演变"。深入研究苏东剧变的教训，对于巩固和发展社会主义具有重大而又深远的意义。

第一，总结历史经验而不能否定历史。苏联为什么解体？苏共为什么垮台？一个重要原因就是全面否定苏联历史、苏共历史，否定斯大林，搞历史虚无主义，思想搞乱了，各级党组织几乎没有任何作用，军队都不在党的领导之下。最后，苏联共产党偌大一个党就作鸟兽散，苏联偌大一个社会主义国家就分崩离析了。邓小平曾经指出："每个党、每个国家都有自己的历史，只有采取客观的实事求是的态度来分析和总结，才有好处。"[①] 但是，苏东国家在总结历史经验过程中却几度掀起了"历史虚无主义"风潮，从否定斯大林转向否定十月革命和列宁主义，甚至把所谓"原罪"归向了马克思主义，全面否定共产党和社会主义。赫鲁晓夫当年对斯大林的否定，不仅造成了人们思想上的混乱，而且引发了党内外的政治危机。到了戈尔巴乔夫那里，则从全盘否定斯大林进一步扩大到否定现实的社会主义。他指责苏联的社会主义制度造成了"政治垄断""经济垄断""精神垄断"，是"扭曲了的社会主义"，提出了"必须根本改造我们的整个社会大厦"的主张。[②] 他所推行的改造，实际上是一种自我否定、自我毁灭。因为一旦否定了社会主义的全部历史，否定了苏联人民建设社会主义的全部成就，共产党失去了执政的政治基础，最终肯定

---

① 《邓小平文选》第三卷，人民出版社 1993 年版，第 272 页。
② 戈尔巴乔夫：《社会主义思想与革命性变革》，《真理报》1989 年 11 月 26 日。

也要葬送自己。

第二，坚持改革而不能迷失方向。社会主义作为一种新的社会制度产生以后，必然要经历一个从不成熟到成熟、从不完善到完善的过程。现实的社会主义大多脱胎于经济文化比较落后的国家，其完善和成熟更需要一个长期的历史过程。在这个过程中，无疑将伴随着一系列的改革。苏联社会主义制度建立以后，对世界社会主义发展产生了巨大的榜样效应，但那种高度集权的体制也隐含着许多弊端。随着时代发展和历史条件的变化，对这种体制进行全面改革，是巩固、建设和发展社会主义的必然选择。苏东各国在改革之初，总体上坚持了社会主义方向。但改革始终局限在对原有体制的修修补补，并没有实现体制的创新，成效不大。到后来，经济发展日趋缓慢，甚至出现滑坡，人民群众没有从改革中得到应有的实惠和利益；高度集权的政治体制又使官僚主义得到了滋长膨胀，导致特权和腐败现象出现并日益严重，以致积弊愈重、危机日深。到20世纪80年代末，苏联东欧国家的共产党放弃了对社会主义基本原则的坚持，使改革逐步变成了改向——政治上自动取消了党的领导和法定的执政地位，经济上急速转向私有化，思想文化上放弃了马克思主义和社会主义价值理念。在国内外反共势力的裹胁下，社会的转向在数月乃至更短的时间里完成。改革变成改向，使苏东国家付出了沉重的代价，导致了一些国家的分裂，有的还引发了内战，留下许多难以消除的创伤和隐患。苏东剧变的历史教训深刻说明：发展社会主义必须坚持改革开放，但改革开放必须始终坚持社会主义方向，即在任何时候任何情况下，都必须始终坚持共产党的领导地位不动摇，坚持无产阶级专政不动摇，坚持以公有制为主体、多种所有制经济共同发展不动摇，坚持发展社会主义市场经济不动摇，坚持以马克思主义为指导和社会主义核心价值观不动摇。

第三，坚持和发展马克思主义而不能教条主义地对待马克思主义，不能动摇马克思主义的指导地位。马克思主义是指导社会主义事业的理论基础。如果抛弃了马克思主义，社会主义国家的共产党就会思想混乱，人民就会失去团结奋斗的共同思想基础和政治基础，社会主义就必然遭到失败。但坚持马克思主义必须正确地对待马克思主义，坚持把马克思主义同本国的实践和时代特征结合起来，与时俱进地丰富和发展马克思主义。如果教条化地对待马克思主义，思想僵化、迷信盛行，必然使马克思主义失去生机和活力，不能正确指导实践。从苏联党的情况来看，上述两种情况都先后出现了。在斯大林时期思想僵化、唯书唯上就已经是一个比较突出的问题。在相当长的一个时期，苏联共产党对马克思主义采取了教条主义的态度，没有很好地把马克思主义与实际特别是时代发展结合起来，不能提出和创造新的理论，形成了许多僵化甚至是扭曲的认识。这不仅禁锢了人们的思想，束缚了人们的手脚，也严重制约了社会主义改革的发动和深入推进。苏共对待马克思主义的这种僵化态度，对东欧各国共产党乃至社会主义运动也产生了有害的影响。这就导致，在经济科技急剧变化的时代条件下、在最具有革命性的马克思主义指导下的大多数社会主义国家，却长期固守教条，没有多少创新和变革。后来，在认识到存在的不足、力图进行改革的过程中，这些社会主义国家又不能根据实践发展马克思主义、发展社会主义理论，以至于改革成效不大，一些矛盾和问题长期得不到解决。面对这些困扰，苏东各国共产党尤其是苏联共产党的一些领导人，又从一个极端走向另一个极端：否定马克思主义的指导作用，放弃马克思主义的指导地位，企图照搬西方的经济政治理论来解决问题。戈尔巴乔夫在 1991 年 7 月苏共中央全会报告中提出"与过去的意识形态教条和陈规俗套坚决决裂"，理论上则套用民主社会主义、新自由主义的理念，鼓吹用"人道的、民主的社会主义思想"取代马克思主义。失去了马克思主义，苏联共产党就失去了思想上的统一，国家和社会也失去了精神纽带，对东欧各国共产党在指导思想上的蜕变也起到了催化作用。这不仅引发了党内外的全面政治危机，也为国内外敌对势力颠覆苏联社会主义制度打开了缺口。历史教训说明，无论过去、现在还是未来，以马克思主义为指导，在实践中坚持和发展马克思主义，是共产党必须始终坚守的一个最基本的政治原则。

第四，发展社会主义民主政治而不能否定党的领导和民主集中制。民主是社会主义的生命。没有民主，就没有社会主义。建设和发展民主政治，是社会主义的本质要求。共产党是社会主义国家的核心领导力量，不能把发展民主与坚持党的领导对立起来。发展民主政治同坚持和改善党的领导有着内在的一致性。发展民主政治必须依靠党的领导，同时也需要党内民主的带动和推进。党内民主和人民民主的缺失，成为苏东执政党的一个致命弱点，也为反对派和西方敌对势力攻击共产党和社会主义提供了口实。在苏东改革过程中，发展民主的呼声很高，但也存在着一种把发展民主与党的领导和民主集中制对立起来的错误思潮。认为是党的领导妨碍了民主的发展，只有取消党的领导，才能有民主的发展，而且只要民主，不要集中。这种错误思潮的影响逐步扩大，并形成了各种反对派势力，最终迫使苏东共产党或主动或被迫地放弃了领导地位，实行多党制，否定民主集中制，搞西方式的民主。首先是从东欧一些国家开始的，并得到了苏联党的赞同和支持。当苏联自己也主张实行多党制、不再坚持民主集中制，完全走西方民主道路以后，东欧国家更是受到了极大鼓励。苏东执政党都以为，全面移植西方国家的政治制度，不仅能实现真正的民主，而且可以化解矛盾，避免冲突，但结果恰恰相反。多党制一实行，造成了社会政治的混乱，反对派如虎添翼，各种各样与共产党对抗的党派和政治组织纷纷出笼，诱发了社会的全面危机，使整个社会陷入完全失控的状态。当苏联和东欧国家的共产党认为自己在推进民主的时候，人们看到的却是共产党纷纷垮台，社会主义民主的彻底丧失。对共产党执政的社会主义国家来说，搞西方式民主，搞多党竞争，是一种灾难性选择，因为它背离了社会主义道路和共产党的领导。正是这种极端化的跳跃，造成了苏东悲剧的发生。

第五，尊重不同民族权利、反对大民族主义而不能助长民族分裂主义。社会主义的建设和发展，必须以维护和加强民族团结为基础。民族和民族问题的存在是一个长期复杂的历史现象，在社会主义制度下也是这样。20世纪走上社会主义道路的国家，大都是多民族国家，能否正确地处理好民族问题，既尊重不同民族的权利，反对大民族主义，又能有效地反对民族分裂主义，是一个关系到社会主义兴衰成败的大问题。列宁在领导无产阶级革命过程中，在为工农群众争取自身权利的同时，也为一切被压迫的民族争取平等的权利。他曾严厉谴责沙皇俄国是各民族的监狱，极其憎恨大俄罗斯主义，主张俄国境内各民族应该享有平等的权利。但列宁之后，苏共领导人都未能正确认识和处理好民族问题。一度是大民族主义抬头，后来又走向另一极端。民族分裂主义泛滥，严重的民族问题成了苏联解体的催化剂。苏联的解体表明，社会主义国家和执政的共产党，如果不能正确对待、妥善处理民族问题，会给社会主义发展造成灾难性的后果。在社会主义条件下，各民族在政治上是平等的，在根本利益上是一致的，但在某些具体权益方面，在经济文化发展方面，在风俗习惯和语言文字等方面仍然存在着一些矛盾，存在着一些差异。因此，在反对大民族主义的过程中，既要充分体现对各民族权利的尊重，又必须反对民族分裂主义。民族分裂主义和大民族主义一样，从本质上说，都是反对社会主义制度、分裂国家和破坏各民族团结的，是国家稳定发展的祸根，是各民族人民的共同敌人。

第六，对西方国家开放和加强联系时，不能放松对西化、分化的警觉，不能放弃意识形态的领导权。社会主义要在开放中发展，要把自己的发展与世界的发展联系在一起。远离世界，搞自我封闭，必然会导致落后。但是，在扩大与世界联系的过程中，社会主义国家要对西方敌对势力西化、分化自己的图谋保持高度警觉。西方国家的一些敌对势力往往通过经贸合作、经济援助、人员交往等渠道，进行思想渗透、政治施压，诱使社会主义国家接受资本主义价值观，瓦解社会主义制度的思想基础，甚至会直接培养和扶持与共产党抗衡的政治力量，促使社会主义国家从内部发生和平演变。社会主义国家出现政治问题，产生经济社会危机，往往是西方敌对势力进行西化、分化的有利时机，此时更要重视意识形态领域的斗争，加强对意识形态的领导。从苏东剧变中不难看到西方敌对势力为颠覆社会主义国家无所不用其极，并导致严重后果。在苏东国家出现社会动荡的时候，西方敌对势力曾明确声称，谁同我们站在一起，谁就会得到支持。一些敌对势力曾以各种名义向波兰团结工会提供活动经费。对其他东欧国家的反对派，西方敌对势力也不同程度地给予了经济上的援助。苏东剧变留下了一个警示：对于西方敌对势力的西化、分化图谋，社会主义国家必须始终保持高度警觉，绝不能掉以轻心，必须始终坚持党的意识形态领导权，有力地开展意识形态的斗争。

第七，坚持和改善党的领导而不能放弃党的领导、忽视党的自身建设。走社会主义道路，不能没有共产党的领导。共产党是社会主义事业的领导核心，社会主义事业能否成功，关键在于坚持和加强党的领导。只有坚持党的领导，才能保证社会主义的性质，才能保证各项事业的发展不偏离社会主义方向，才能保证社会主义建设有一个稳定的政治环境和良好的社会秩序。坚持党的领导，必须不断加强党的自身建设。苏联和东欧国家的共产党在执政过程中，长期忽视党的自身建设的实际状况，对党内矛盾缺少正确认识和解决办法，产生并积累了许多问题。如思想建设没有跟上时代的要求，一些党员干部特别是一些中高级领导干部理想信念淡薄、党性意识缺乏，一些党的领导人思想上政治上蜕化变质，背弃马克思主义、背弃社会主义事业、背弃工人阶级和劳动人民的根本利益；党的基层组织凝聚力和战斗力不强，不能充分发挥先锋模范作用；民主集中制没有得到有效贯彻，党内缺乏民主和有效监督；官僚主义和形式主义严重，腐败现象增多等。这些问题由于长期没有从根本上得到逐步解决，使共产党逐步丧失了先进性，失去了人民群众的信任和支持，这是导致苏联和东欧国家共产党垮台的一个根本原因。在社会主义国家里，共产党的前途命运同社会主义的前途命运是紧密连在一起的，党的自身建设搞不好，不能始终保持党的先进性，领导水平和领导能力、执政水平和执政能力都跟不上事业发展的要求，社会主义建设就搞不好，人民群众生活得不到改善和提高，党就会失去人民的支持和认同，就会丧失政权，亡党亡国。

历史发展从来不是笔直的，而是充满曲折甚至挫折。苏联解体、东欧剧变，不仅导致第一个社会主义国家和东欧社会主义国家不复存在，而且给向往社会主义的广大发展中国家带来很大的冲击。世界社会主义遭受重大曲折。苏东剧变的教训是十分深刻的。对此，邓小平指出："一些国家出现严重曲折，社会主义好像被削弱了，但人民经受锻炼，从中吸收教训，将促使社会主义向着更加健康的方向发展。"[1]

思考题：

1. 列宁在无产阶级专政理论上有哪些新的贡献？
2. 谈谈列宁实施新经济政策的历史背景和重要意义。
3. 试述列宁关于建设社会主义思考的当代价值。
4. 如何认识斯大林在社会主义理论和实践方面的贡献与失误？
5. 怎样认识苏联东欧剧变？

---

[1] 《邓小平文选》第三卷，人民出版社 1993 年版，第 383 页。

第六章　中国新民主主义革命和
社会主义革命与建设

20 世纪初，马克思主义传入正在苦苦寻找救国真理的中国。"中国人找到了马克思列宁主义这个放之四海而皆准的普遍真理，中国的面目就起了变化了。"① 中国共产党成立以后，以毛泽东同志为主要代表的中国共产党人，从中国的基本国情和中国革命的具体实际出发，运用科学社会主义基本原理，找到了新民主主义革命的正确道路，完成了反帝反封建的任务，建立了中华人民共和国，并实现了从新民主主义到社会主义的历史性转变。确立社会主义基本制度后，又从实际出发探索社会主义建设道路，积累了极其丰富的历史经验。在长期的革命、建设实践中，形成了被实践证明为正确的关于中国革命和建设的理论原则和经验总结，创立了毛泽东思想，实现了马克思主义中国化的第一次历史性飞跃。

第一节　近代中国的基本国情和面临的重大历史课题

鸦片战争后，在西方列强的侵略下，近代中国从封建社会沦为半殖民地半封建社会。一个多世纪以来，中华民族为了实现伟大复兴的历史重任，面临着求得民族独立、人民解放和实现国家繁荣富强、人民共同富裕两大历史性课题。

一、近代中国的基本国情

中华民族是一个伟大的民族。中国作为世界文明古国，在很长一段时间里处于世界领先地位，对人类文明作出过重大贡献。在 17 — 18 世纪，中国的国力仍居于世界的前列。1820 年，中国的生产总值占当时世界的 1/3 左右。但是，资本主义的兴起，工业革命风起云涌的发展，改变了这种局面。一方面，当时的清朝统治者仍然以天朝自居，故步自封，闭关自守，错过了工业革命的

---

① 《毛泽东选集》第四卷，人民出版社 1991 年版，第 1470 页。

机会，导致中国发展大大落后于主要西方国家；另一方面，资本主义发展是一部血腥的历史，它对内残酷地剥削本国劳动人民，对外野蛮地推行殖民主义，发动侵略战争，掠夺落后国家人民的财富，用坚船利炮敲开了中国大门，使中国逐渐沦为半殖民地半封建社会。从 1840 年鸦片战争起，到 1949 年中华人民共和国成立，中华民族经历了一个多世纪的苦难岁月。

中国沦为一个半殖民地半封建的国家，不是被某一个西方国家所独占，而是被众多西方列强所侵略、蚕食和瓜分。西方列强通过清朝统治者战败后的屈膝投降，强迫中国签订了一系列不平等条约，强占和租借大片土地，获得驻兵权和治外法权，划分势力范围，瓜分中国领土，强行开辟通商口岸，占领中国市场，勒索大量赔款，控制中国经济命脉。在帝国主义入侵和封建主义的腐朽统治下，中国已完全陷入丧权辱国、任人宰割的境地。中华民族与帝国主义的矛盾、人民大众与封建主义的矛盾、农民阶级与地主阶级的矛盾、工人阶级与资产阶级的矛盾以及在华西方列强之间的矛盾等各种矛盾交织在一起，其中中华民族与帝国主义、人民大众与封建主义的矛盾是主要矛盾。

二、中国人民的历史选择

面临亡国灭种的严重威胁，中国无数仁人志士为了挽救民族的危亡，一方面向西方寻找救国真理；另一方面前赴后继，进行了可歌可泣的斗争。其间有 3 次大的斗争。第一次是 1851 年至 1864 年，洪秀全领导的太平天国运动，曾占领南京，纵横 18 个省份，显示了中国农民阶级反侵略、反压迫的英勇精神和巨大力量，但终因提不出彻底的民主革命纲领、农民阶级的落后性以及内部争斗而失败。第二次是以康有为、梁启超、谭嗣同为代表的资产阶级维新派，1898 年在光绪皇帝支持下实行"戊戌变法"，主张兴民权，试图走君主立宪的道路，却被扼杀，前后百日就失败了。第三次是以孙中山为代表的资产阶级革命派，发出"振兴中华"的呐喊，提出了比较完整的资产阶级民主革命纲领——三民主义，并在连续 10 次反对清王朝武装起义的基础上，终于通过 1911 年的辛亥革命，推翻了统治中国近 300 年的清王朝，成立了中华民国，结束了 2000 多年的君主专制制度。但这并没有改变中国社会的半殖民地半封建性质和中国人民的悲惨命运。随后不久，革命果实又被北洋军阀所窃取，中国长期陷于军阀混战，国家四分五裂。一些倡导"实业救国""教育救国"的爱国人士，更是一筹莫展、难有作为。"百日维新"和辛亥革命曾经以兴办资本主义的"新学"给先进的知识分子带来新的希望，但都没有成功。实践证明，在中国走资本主义道路是根本行不通的。

为什么在近代中国仿效西方走资本主义道路行不通？一是帝国主义不希望中国发展壮大，它们把中国作为殖民地和附属国，不愿意放弃在华利益，使中国成为主权独立的资本主义国家；二是封建势力不甘心退出历史舞台，让资本主义取而代之；三是民族资本主义先天不足，民族资产阶级软弱，缺少领导民主革命取得胜利的能力。特殊的历史条件，排除了中国走资本主义道路的可能。

历史的重任落在中国无产阶级身上。中国无产阶级虽然一开始人数不多，但和社会化生产相联系，是先进生产力的代表；是一无所有的劳动者，具有彻底的革命性；由于他们大多数来自农民，与广大农村有天然的联系，因而便于和农民结成亲密联盟。1919 年 5 月 4 日，以反对北洋军阀政府准备在巴黎和会上屈辱签字的卖国行径为导火线，爆发了五四运动。五四运动从学生运动开始，而后发展为强大的工人运动，中国工人阶级开始以独立的政治力量登上历史舞台。这是中国近代历史上中国人民第一次彻底的反对帝国主义、反对封建军阀的爱国运动，是中国旧民主主义革命的结束和新民主主义革命的开端。

五四运动期间，中国正徘徊在十字路口，在民族危亡的关键时刻，迫切需要寻找新的理论指导实践，提出救国方案，回答中国向何处去的问题。1917 年爆发的俄国十月社会主义革命，给中国人民带来希望。当时，中国正处在社会大变动、大变革的时代，新旧社会思潮不仅空前活跃，而且斗争异常激烈。中国的先进分子对各种主义和方案进行反复比较与推敲，从各种各样的主义中选择了马克思列宁主义，从各种各样的社会主义中选择了科学社会主义，从各种各样的发展道路中选择了俄国十月革命道路。这是中国人民作出的郑重历史选择，决定了中国未来的走向和命运。正如毛泽东所说的："十月革命一声炮响，给我们送来了马克思列宁主义。十月革命帮助了全世界的也帮助了中国的先进分子，用无产阶级的宇宙观作为观察国家命运的工具，重新考虑自己的问题。走俄国人的路——这就是结论。"①

历史有力地证明，科学社会主义一经与中国实际相联系，就把无产阶级的社会主义和共产主义理想与中华民族复兴的历史重任结合了起来，成为实现中

---

① 《毛泽东选集》第四卷，人民出版社 1991 年版，第 1471 页。

华民族伟大复兴的强大思想武器和必由之路。

第二节　新民主主义革命和毛泽东思想的诞生

在马克思列宁主义与中国工人运动相结合的基础上诞生的中国共产党，科学分析近代中国基本国情，提出了中国革命必须分两步走，即先进行资产阶级民主革命，而后进行无产阶级社会主义革命。以毛泽东同志为主要代表的中国共产党人，在领导中国人民进行新民主主义革命的伟大实践中，实现了马克思主义中国化，创立了新民主主义理论，并用这个理论指导实践，取得了新民主主义革命的彻底胜利。

一、新民主主义革命的实践

五四运动促进了马克思主义在中国的传播，推动了中国共产党的建立。五四运动后，各地纷纷成立社团，创办刊物，介绍和宣传马克思主义经典著作和学说。1920 年 8 月，陈望道翻译的《共产党宣言》第一个全译本由社会主义研究社在上海出版。同月，上海群益出版社出版了恩格斯的《社会主义从空想到科学的发展》节译本。中国的先进分子开始接受马克思主义，认识到工人阶级代表先进的生产力，决定中国的未来，并准备筹建中国工人阶级政党。1920 年以后，上海、北京、广州、长沙、武汉、济南等地先后建立共产党早期组织。1921 年 7 月 23 日开始，各地共产党早期组织的代表，在上海召开中国共产党第一次全国代表大会，中国工人阶级政党——中国共产党正式诞生了。"自从有了中国共产党，中国革命的面目就焕然一新了。"[1]

中国共产党成立后，立即投入到新民主主义革命的斗争中。新民主主义革命，即新式的资产阶级民主革命，它是针对旧民主主义革命而言的。"新式"或"新"主要体现在 3 个方面：一是就领导权来说，新民主主义革命不是由资产阶级领导，而是由无产阶级领导，这一点是本质差别；二是就革命前途来说，不是建立资产阶级共和国和资本主义社会，而是建立无产阶级领导下的各革命阶级的联合专政，并最终过渡到社会主义社会；三是就所属世界革命范畴

---

① 《毛泽东选集》第四卷，人民出版社 1991 年版，第 1357 页。

来说，在第一次世界大战和俄国十月革命之后，它已不属于世界资产阶级革命的一部分，而属于世界无产阶级革命的一部分。新民主主义革命就其任务和性质来说，既是反对帝国主义的民族革命，又是反对封建主义的民主革命，是民族民主革命。后来以"蒋、宋、孔、陈"四大家族为代表的官僚资本主义，也成为新民主主义革命的主要对象。正如毛泽东所指出的，新民主主义革命就是"无产阶级领导的，人民大众的，反对帝国主义、封建主义和官僚资本主义的革命"①。

在大革命和土地革命时期，也就是中国共产党的幼年时期，由于理论上和政治上不成熟，中国共产党曾经犯过陈独秀右倾机会主义和王明"左"倾冒险主义的严重错误，使中国革命事业遭受重大挫折。历史反复证明，以毛泽东同志为主要代表的中国共产党人提出的思想和理论，代表了中国革命的正确方向。早在大革命时期，毛泽东就曾指出无产阶级领导农民革命斗争的极端重要性；大革命失败后，面对"四·一二"反革命政变后国民党反动派对共产党人的大屠杀，以及南昌起义的失利，他果断率领秋收起义的队伍上了井冈山，建立了第一个农村革命根据地，把党的工作重心由城市转移到农村，逐步开辟了一条具有中国特色的革命道路，即农村包围城市、最后夺取全国胜利的道路。1935年1月，在中国共产党处于生死存亡的危难时刻召开的具有转折意义的遵义会议，确立了毛泽东在全党的实际领导地位，这是中国共产党在政治上走向成熟的重要标志。从此，中国革命转危为安，排除了无数艰难险阻，取得了一个又一个辉煌胜利。

总之，在中国共产党的领导下，中国人民经过北伐战争、土地革命战争、抗日战争和解放战争，经过28年的浴血奋战，付出巨大牺牲和沉重代价，终于推翻了帝国主义、封建主义、官僚资本主义三座大山，推翻了国民党反动统治，于1949年10月1日建立了中华人民共和国。

二、新民主主义革命理论和毛泽东思想的创立

毛泽东在不断总结中国革命经验的基础上，写出了许多不朽著作，为科学社会主义在中国的应用和发展作出了重要贡献。特别是在1939年的《中国革命和中国共产党》《〈共产党人〉发刊词》和1940年的《新民主主义论》中，

① 《毛泽东选集》第四卷，人民出版社1991年版，第1313页。

他系统阐述了新民主主义理论。这一理论指出，中国革命的第一步是实行新民主主义革命，而不是社会主义革命。新民主主义革命理论的形成，是中国共产党在民主革命时期思想理论上走向成熟的重要标志。

毛泽东的新民主主义革命理论的基本内容是：

1. 关于近代中国的社会性质

毛泽东指出：认清"中国社会的性质，亦即中国的特殊的国情，这是解决中国一切革命问题的最基本的根据"[①]。中国是一个古老的东方大国，封建专制主义统治了几千年。从 19 世纪中叶以后，随着帝国主义的入侵，中国社会的性质发生了变化，成为一个极为特殊的社会。既不是原来单一的封建主义社会，也没有步入西方的资本主义社会。在帝国主义和封建主义勾结下，中国沦为半殖民地半封建社会。毛泽东指出："帝国主义列强侵略中国，在一方面促使中国封建社会解体，促使中国发生了资本主义因素，把一个封建社会变成了一个半封建的社会；但是在另一方面，它们又残酷地统治了中国，把一个独立的中国变成了一个半殖民地和殖民地的中国。"[②] 半殖民地半封建的社会性质决定了中国社会的主要矛盾必然是帝国主义与中华民族的矛盾、封建主义与人民大众的矛盾。毛泽东关于中国社会性质的科学结论，是中国共产党人依据马克思主义分析中国社会性质得出的最为深刻的认识，为推动新民主主义革命提供了科学指导。

2. 关于中国革命的对象、任务、动力和性质

基于中国社会的性质，毛泽东认为，中国革命的对象，主要是帝国主义和封建主义，还有后来形成的以"蒋、宋、孔、陈"四大家族为代表的官僚资本主义。中国革命的任务，"就是对外推翻帝国主义压迫的民族革命和对内推翻封建地主压迫的民主革命"[③]。这个革命就其性质来说，是资产阶级民主革命，而不是无产阶级社会主义革命。但是由于中国的资产阶级承担不了这一革命的领导责任，在革命的动力方面工人阶级已经成为领导阶级，农民是主力军和最可靠的同盟者，资产阶级中的官僚资产阶级已经成为革命的对象，只有民族资产阶级是革命的重要力量，因此中国的民主革命自五四运动后，已不是资产阶级领导的旧民主主义革命，而是无产阶级领导的新民主主义革命。毛泽东关于

---

① 《毛泽东选集》第二卷，人民出版社 1991 年版，第 646 页。
② 《毛泽东选集》第二卷，人民出版社 1991 年版，第 630 页。
③ 《毛泽东选集》第二卷，人民出版社 1991 年版，第 637 页。

中国的民主革命是新民主主义革命的科学判断，是对马克思主义的创造性贡献。

3. 关于中国革命的步骤和前途

中国共产党建党初期，党的领导人陈独秀认为，现实的革命既然是资产阶级民主革命，就应由资产阶级领导，革命之后建立的是资本主义社会，等待无产阶级成为人口大多数后再进行社会主义革命，因而需要进行"两次革命"。毛泽东坚决反对这种错误观点，坚持列宁从资产阶级民主革命向社会主义革命转变的理论，认为在新的历史条件下，中国革命要分两步走，第一步是进行新民主主义革命；第二步是转变为社会主义革命。毛泽东同时也反对在革命过程中出现的两个革命"毕其功于一役"的"左"倾错误，指出："中国共产党领导的整个中国革命运动，是包括民主主义革命和社会主义革命两个阶段在内的全部革命运动；这是两个性质不同的革命过程，只有完成了前一个革命过程才有可能去完成后一个革命过程。民主主义革命是社会主义革命的必要准备，社会主义革命是民主主义革命的必然趋势。而一切共产主义者的最后目的，则是在于力争社会主义社会和共产主义社会的最后的完成。"①

4. 关于中国革命的道路

毛泽东认为，在旧中国，无议会可以利用，更没有组织工人罢工的合法权利，无产阶级和劳动人民要获得解放，不可能搞什么和平过渡，只能通过暴力革命武装夺取政权。但是，在中国这个半殖民地半封建社会，武装夺取政权的道路应当怎样走，是中国共产党人面临的一个难题。大革命失败后党先后组织和发动的南昌起义、广州起义，走的都是中心城市武装起义的道路，但最终都没取得成功。毛泽东在秋收起义后，带领工农武装开辟了井冈山根据地，并在这一崭新的实践中创造性地开辟了一条经过长期的农村包围城市、最后夺取全国政权的革命道路。实践证明，这条道路是中国革命唯一正确的道路。

5. 关于新民主主义革命的总路线

为了使全党准确地认识和把握党在革命过程中的各项方针政策，毛泽东创造性地依据对社会主要矛盾的分析确定革命发展各个阶段党的总路线。总路线或基本路线关系全局、指导全局、决定全局，是党在一个历史发展阶段全局性的根本指导方针。毛泽东在解放战争的关键时期，于1948年提出了完整的新民

---

① 《毛泽东选集》第二卷，人民出版社1991年版，第651—652页。

主主义革命的总路线，即无产阶级领导的，人民大众的，反对帝国主义、封建主义和官僚资本主义的革命。正是在这条总路线的指引下，我国取得了新民主主义革命的彻底胜利。

6. 关于中国革命的基本问题和基本经验

以毛泽东同志为主要代表的中国共产党人在领导中国革命的过程中，积累了丰富的历史经验。1939 年 10 月，毛泽东为党内刊物《共产党人》写了一篇著名的发刊词，回顾了党走过的 18 年革命历程，提出了统一战线、武装斗争、党的建设是中国共产党在中国革命中战胜敌人的"三大法宝"。他指出："统一战线问题，武装斗争问题，党的建设问题，是我们党在中国革命中的三个基本问题。正确地理解了这三个问题及其相互关系，就等于正确地领导了全部中国革命。"他强调："统一战线和武装斗争，是战胜敌人的两个基本武器。统一战线，是实行武装斗争的统一战线。而党的组织，则是掌握统一战线和武装斗争这两个武器以实行对敌冲锋陷阵的英勇战士。这就是三者的相互关系。"[①] 中国革命的 3 个基本问题或称"三大法宝"，也就是中国革命的基本经验。

在这些理论创新中，毛泽东作出了杰出的贡献。在民主革命时期，针对把马克思主义教条化和共产国际与苏联经验神圣化的错误倾向，他创造性地提出了把马克思主义的普遍真理和中国革命的具体实践相结合的思想原则。他坚持以实事求是的科学态度，独立自主地思考中国革命的问题，形成了一整套适合中国国情的路线、方针、政策，推进了马克思主义中国化。这些都是他对中国共产党和中国革命事业的独创性贡献。

以毛泽东同志为主要代表的中国共产党人在领导中国人民进行长期革命斗争中，实现了马克思列宁主义和中国实践相结合的第一次历史性飞跃，形成了毛泽东思想。经过 1942 年开展的全党整风运动，特别是党的领导机关和高级干部对党的历史问题的讨论，实现了在马克思列宁主义基础上全党认识的高度统一。1945 年 4 月召开的党的六届七中全会通过的《关于若干历史问题的决议》指出："中国共产党自一九二一年产生以来，就以马克思列宁主义的普遍真理和中国革命的具体实践相结合为自己一切工作的指针，毛泽东同志关于中国革命的理论和实践便是此种结合的代表。"随后召开的党的七大决定把毛泽东思想确立为党的指导思想。七大通过的党章明确规定："中国共产党，以马克思

---

① 《毛泽东选集》第二卷，人民出版社 1991 年版，第 605—606、613 页。

列宁主义的理论与中国革命的实践之统一的思想——毛泽东思想，作为自己一切工作的指针。"

三、新民主主义革命胜利的意义

新民主主义革命在全国取得胜利的标志，就是 1949 年中华人民共和国的成立。中华人民共和国的成立是近代以来中国社会最伟大的变革，它揭开了中国历史发展新的一页，为实现中华民族的伟大复兴创造了根本前提。这一伟大历史贡献的意义在于，彻底结束了旧中国半殖民地半封建社会的历史，彻底结束了旧中国一盘散沙的局面，彻底废除了列强强加给中国的不平等条约和帝国主义在中国的一切特权，实现了中国从封建专制政治向人民民主的伟大飞跃。

新民主主义革命的胜利，对于推动当代中国发展进步具有重大而深远的意义。一是实现了民族独立。新民主主义革命的胜利，推翻了帝国主义的统治，废除了帝国主义在华的一切特权和强加在中国人民头上的所有不平等条约，中华人民共和国以一个真正独立的主权国家屹立在世界东方，中国人民在近代史上 100 多年来从来没有这样扬眉吐气过。二是实现了人民解放。新民主主义革命的胜利，结束了剥削阶级几千年的统治，劳动人民翻身解放，成为国家和社会的主人，自己决定自己的命运。三是实现了国家统一。新民主主义革命的胜利，彻底结束了帝国主义列强的互相争夺以及代表他们势力的各个军阀、官僚集团的互相争夺而导致国家四分五裂的状态，实现了国家空前和高度的统一。总之，新民主主义革命在全国的胜利，推翻了帝国主义、封建主义和官僚资本主义三座大山，结束了中国半殖民地半封建社会状态，结束了中国人民长期遭受压迫和剥削的历史，为建立社会主义基本制度、推动当代中国发展进步奠定了坚实基础。

新民主主义革命在全国的胜利，是马克思列宁主义在中国的胜利，是马克思主义基本原理和中国具体实践相结合的理论成果——毛泽东思想的胜利。历史证明，在中国人民寻找的各种各样的主义中，只有马克思主义才能救中国。马克思主义是无产阶级的科学世界观和方法论，它的生命力在于它同各国具体实践相结合。中国人民在没有找到马克思主义以前，中国革命不免招致失败；在找到了马克思主义以后，由于没能和中国革命实践相结合，中国革命仍不免招致挫折；而一经同中国具体实践相结合，中国革命则无往而不胜。正是在马克思列宁主义、毛泽东思想指引下，我们才取得了新民主主义革命的伟大胜利。

中国作为东方大国取得新民主主义革命的胜利，是继十月革命胜利和第二次世界大战后，世界历史上最重大的事件。它改变了世界格局特别是东方的国际格局，冲破了帝国主义的东方战线，在一个占世界人口 1/4 的大国里，扫荡了帝国主义及其代理人的势力，从而极大地改变了世界政治力量的对比，有力地推动了世界被压迫民族和被压迫人民争取解放的斗争，极大地增强了他们反帝斗争的胜利信心，对国际局势的发展具有深远的影响。

第三节 毛泽东关于从新民主主义到 社会主义转变的理论

我国新民主主义革命胜利后所建立的是新民主主义社会。但新民主主义社会不是一个独立的社会形态，而是从新民主主义到社会主义的过渡时期。在革命战争年代，我们党的主要任务是夺取全国政权，不具备进行完全的社会主义实践的条件。新中国成立后，以毛泽东同志为主要代表的中国共产党人带领全党全国各族人民，在迅速医治战争创伤、恢复国民经济的基础上，不失时机地提出了党在过渡时期的总路线，经过社会主义改造，建立起社会主义制度。党在过渡时期积累的丰富经验，特别是在开创具有中国特色的社会主义改造道路过程中形成的科学思想，进一步丰富和发展了毛泽东思想。

一、新民主主义社会的确立和向社会主义社会的转变

从 1949 年中华人民共和国成立到 1956 年社会主义改造基本完成，我国处在从新民主主义到社会主义的过渡时期。在外有帝国主义封锁和内要百废待兴的形势下，中国共产党以毛泽东向全党提出的"两个务必"和"进京赶考"的精神状态从事新中国的建设，各项工作都取得了很大成绩。

早在抗日战争时期，毛泽东在《新民主主义论》中，就曾对新民主主义革命胜利后要建立的新民主主义社会的蓝图进行了科学勾画，提出了党在新民主主义社会的三大纲领，明确使用了"新民主主义共和国""新民主主义社会"等概念。他说：在这个新社会中，不但要有新政治、新经济，而且要有新文化，由此提出新民主主义社会的三大纲领。一是政治纲领。毛泽东指出，新民

主主义的国家政权，既不是资产阶级专政，也不是无产阶级专政，而是无产阶级领导的，以工农联盟为基础的，包括小资产阶级和民族资产阶级在内的几个革命阶级联合专政的国家政权。民族资产阶级在国家政权中不占主要地位，但它不是专政对象，而是联合对象。二是经济纲领。新民主主义经济，既不是完全的资本主义经济，也不是完全的社会主义经济，而是以社会主义国营经济为领导的经济。新民主主义国家将没收官僚资本，由国家经营管理；同时"节制资本"而不没收其他资本主义的私有财产；没收地主土地，消灭封建主义所有制，实行"耕者有其田"。三是文化纲领。新民主主义文化，既不是资产阶级文化，也不是完全的无产阶级文化，而是无产阶级领导的适应新民主主义经济政治发展需要并为之服务的反帝反封建文化，也就是"民族的、科学的、大众的文化"。这三大纲领，在 1949 年制定的《中国人民政治协商会议共同纲领》中得到充分体现。新中国成立后，全面实现这样奋斗目标的条件具备了，中国共产党领导人民立即着手落实新民主主义的三大纲领。

依据政治纲领，我国先后建立了四大基本政治制度。首先是国体，我国实行工人阶级领导的，以工农联盟为基础的，包括工人阶级、农民阶级、城市小资产阶级、民族资产阶级在内的各革命阶级联合的人民民主专政。其次是政体，我国没有采用西方的三权分立，也没有照搬苏维埃，而是实行人民代表大会制度。新中国成立前夕召开的中国人民政治协商会议第一届全体会议执行着全国人民代表大会的职权。1952 年 11 月，党中央决定着手召开全国人民代表大会，之后通过普选产生了地方和全国人民代表大会代表，于 1954 年 9 月15—28 日召开了第一届全国人民代表大会第一次会议，正式确立了人民代表大会制度。这项制度既使政体和国体相适应，又能充分反映广大人民的意愿，保障人民当家作主的权利。再次是政党制度，我国既不搞西方的多党制，也不搞一党制，而是实行中国共产党领导的多党合作和政治协商制度，这是一个崭新的政党制度。最后是国家的结构形式，我国实行了民族区域自治制度。由于中国是一个多民族国家，实行什么样的国家结构形式是一个重大问题。列宁和孙中山都提出过"民族自决"的口号，苏俄于 1924 年实行联邦制，中国共产党在早期也赞同过"民族自决"。但是，在 1949 年 9 月制定《中国人民政治协商会议共同纲领》时，毛泽东和周恩来鉴于帝国主义者分裂我国的图谋，毅然决然确定不实行联邦制，而是在统一的共和国内实行民族区域自治。这对国家的统一、民族的团结和社会的稳定起了至关重要的作用。新中国成立之初，建立在新民主主义经济基础之上的基本政治制度，在我国建立巩固了社会主义经济基础后，进一步发展为社会主义基本政治制度。这是中国共产党创造性地把马克思主义基本原理运用于我国具体实际所取得的重要成果，对我国社会主义建设的顺利开展起了重要推动作用。

依据经济纲领，中华人民共和国成立后我国在以发展生产为中心、恢复国民经济的过程中，通过没收官僚资本主义，建立了社会主义国营经济；通过全国范围的土地改革，消灭了封建土地所有制；通过利用和限制私人资本主义经济，调整了民族工商业。这样，就形成了以社会主义经济为领导的，包括社会主义性质的国营经济、半社会主义性质的合作社经济、个体经济、私人资本主义经济、国家与私人合作的国家资本主义经济等 5 种经济成分并存的综合经济结构。

依据文化纲领，中华人民共和国成立后在恢复和发展国民经济的同时，大力发展教育、科学、文化事业，并在思想文化领域批判帝国主义和封建主义思想。正如毛泽东在全国胜利前夕所预言的："随着经济建设的高潮的到来，不可避免地将要出现一个文化建设的高潮。中国人被人认为不文明的时代已经过去了，我们将以一个具有高度文化的民族出现于世界。"[①]

三大纲领的实施，使得半殖民地半封建的旧中国迅速转变为新民主主义的新中国。同时，鉴于新民主主义社会 5 种经济成分并存而社会主义经济又居于领导地位这种特殊情况，在完成民主革命遗留任务，特别是土地改革以后，党的任务就是要进一步领导人民向社会主义过渡，把一个落后的农业国建设成为一个先进的工业国。1952 年夏秋之交，毛泽东根据中国社会经济发展的深刻变化，提出了向社会主义过渡的任务。因此，毛泽东在 1953 年 12 月指出："从中华人民共和国成立，到社会主义改造基本完成，这是一个过渡时期"[②]。经他亲自审阅和修改的过渡时期总路线的宣传提纲《为动员一切力量把我国建设成为一个伟大的社会主义国家而斗争》指出："中国革命第一阶段的任务胜利完成后建立起来的新民主主义社会，是一个过渡性质的社会。由中华人民共和国成立到建成社会主义社会，是我国由新民主主义社会过渡到社会主义社会的历史时期"[③]。毛泽东所创立的从新民主主义向社会主义转变的理论，是马克思主义

---

① 《毛泽东文集》第五卷，人民出版社 1996 年版，第 345 页。
② 《毛泽东文集》第六卷，人民出版社 1999 年版，第 316 页。
③ 《建国以来重要文献选编》第四册，中央文献出版社 1993 年版，第 695 页。

关于从资本主义向社会主义转变的理论在中国的具体化，充分地体现了我国国情和历史发展的特点。

二、中国的社会主义改造道路

中华人民共和国成立后，我国用 3 年时间迅速恢复了国民经济，完成了民主革命的遗留任务。立足对新民主主义社会过渡性质的科学认识，毛泽东于1952 年下半年提出了要制定党在过渡时期的总路线问题。经过充分酝酿，党中央在 1953 年向全党全国人民公布了这条总路线。这就是："在一个相当长的时期内，逐步实现国家的社会主义工业化，并逐步实现国家对农业、对手工业和对资本主义工商业的社会主义改造。""总路线的实质，就是使生产资料的社会主义所有制成为我国国家和社会的唯一的经济基础。"这条简称"一化三改"的总路线，是一条社会主义建设和社会主义改造并举的路线，使建设和革命互为条件，相互促进。

在过渡时期总路线的指引下，全国人民积极投入对农业、手工业、资本主义工商业的社会主义改造。对农业的社会主义改造，我国没有采取苏联全盘集体化的方式，而是遵循列宁合作化的思想，通过从临时互助组、常年互助组，到初级社，再到高级社的过渡形式逐步实现改造。对手工业的社会主义改造，主要采取供销合作小组、供销生产合作社、生产合作社 3 种形式，逐步把大量分散的个体手工业者组织起来，实现由分散到集中、由低级到高级的改造。对资本主义工商业的社会主义改造，我国没有采取苏联暴力剥夺的办法，而是用和平赎买的办法，通过加工订货、统购包销为主的初级形式到公私合营的高级形式逐步实现改造，并把对制度的改造和对人的改造结合起来，将民族工商业者的绝大多数人改造成为自食其力的劳动者。我国社会主义改造的完成，是社会主义发展史上的伟大创举。不容否认，在推进社会主义改造的过程中，也暴露出一些缺点和问题。主要是：1955 年夏季以后，农业合作化以及对手工业和个体工商业的改造要求过急，形式也过于简单划一。资本主义工商业改造基本完成以后，对于一部分原工商业者的使用和处理也不适当。与此相联系，在经济体制方面也有些问题没有完全搞清楚，如社会主义公有制经济已经居于绝对统治地位，但当时社会生产力水平普遍较低，有没有必要使公有制成为唯一的经济成分，可否有限度地保留一部分有益于国计民生的个体经济和私营经济。再如高度集中的计划经济体制随着对资本主义和个体经济改造的完成而扩大到全部经济生活，既然要发展商品经济，市场调节的作用是否还需要发挥，如何发挥等。但从整体来看，在一个几亿人口的大国中比较顺利地实现了如此复杂、困难和深刻的社会变革，是一个伟大的历史性胜利。

三、社会主义制度在中国的建立及其重大历史意义

从 1949 年中华人民共和国成立，到 1956 年我国社会主义改造基本完成，我国社会制度发生了根本的变化，已经从新民主主义社会过渡到了社会主义社会。

社会主义制度的建立，为实现中国人民梦寐以求的社会理想，迈出了具有决定意义的第一步。对生产资料私有制的社会主义改造基本完成以后，我国建立了全民所有制和集体所有制两种公有制形式的社会主义基本经济制度；建立了与其相适应的各尽所能、按劳分配的分配制度；还在实行第一个五年计划期间，建立了计划经济体制。同时，根据我国人民民主专政的国家性质，建立健全了人民代表大会制度、中国共产党领导的多党合作和政治协商制度、民族区域自治制度等制度。至此，一个几千年来人们梦寐以求的、优于旧社会和资本主义的崭新的社会主义制度在我国建立起来了。

社会主义制度的建立，为解放和发展社会生产力，改变中国"一穷二白"的落后面貌，创造了根本的制度条件。社会主义制度的优越性之一，就是能够集中力量办大事，能够比资本主义更好更快地解放和发展社会生产力。早在1949 年 3 月召开的党的七届二中全会上，毛泽东就指出：从现在起，党的工作重心由乡村转移到了城市。"从我们接管城市的第一天起，我们的眼睛就要向着这个城市的生产事业的恢复和发展。"[1] 由于多年战乱，1949 年中华人民共和国成立时的全国生产，同历史上最高生产水平相比，工业总产值下降了50%，农业总产值下降了 25%，人均国民收入只有 27 美元，相当于亚洲国家平均值的 2/3。中国共产党从国民党政府手里接收的是一个烂摊子。中华人民共和国成立后，我国通过实行"公私兼顾、劳资两利、城乡互助、内外交流"的"四面八方"的经济政策，到 1952 年，工农业总产值比 1949 年增长 77.5%，比中华人民共和国成立前最高水平的 1936 年增长了 20%。与此同时，国营经济的比重在上升，私营经济的比重在下降，提前两年完成了国民经济的恢复工

---

[1] 《毛泽东选集》第四卷，人民出版社 1991 年版，第 1428 页。

作。对私有制的社会主义改造，进一步解放和发展了社会生产力，推动了社会主义经济建设的发展。与社会主义改造几乎同步推进的，是执行国民经济的第一个五年计划，重点是发展社会主义工业化。从 1953 年 1 月开始，经过全党和全国人民的努力，"一五"计划顺利完成，1957 年全国工业总产值达到 783.9 亿元，超过原定计划的 21%，比 1952 年增长 128.1%，平均每年增长 18%。同年农业生产值达到 604 亿元，比 1952 年增长 25%，平均每年增长 4.5%。"一五"时期经济建设所取得的成就，为我国社会主义工业化奠定了初步基础。

社会主义制度的建立，也为全国各族人民大团结、齐心协力搞建设创造了制度条件。在社会主义破旧立新的大变革中，没有引起大的社会震荡，工农业生产没有减产，保持继续增长的势头，这是一个了不起的成就。尤其是社会主义改造完成后，包括广大农民、手工业者和工商业者在内的全国人民普天同庆进入社会主义社会，各族人民达到了空前的团结。社会主义制度在中国的建立，显示出相对于资本主义制度的巨大优越性，为我国掀起社会主义建设高潮提供了有利条件。

总之，新民主主义革命在全国的胜利，社会主义改造的胜利完成，社会主义制度的建立，标志着近代以来中华民族面临的第一大历史任务——"民族独立和人民解放"基本完成，也为探索中国社会主义建设道路，实现中华民族面临的第二大历史任务——"国家繁荣富强和人民共同富裕"，扫清了障碍，奠定了基础，提供了前提条件。党的十八大报告指出，以毛泽东同志为主要代表的中国共产党人带领全党全国各族人民完成了新民主主义革命，进行了社会主义改造，确立了社会主义基本制度，成功实现了中国历史上最深刻最伟大的社会变革，为当代中国一切发展进步奠定了根本政治前提和制度基础。

第四节　毛泽东关于中国社会主义建设道路的探索

我国进入社会主义社会以后，毛泽东领导全党和全国人民进行了中国社会主义建设道路的艰辛探索。探索中形成的关于中国社会主义建设的科学思想，成为毛泽东思想的重要组成部分。探索中取得的成功经验和失败教训都是党的宝贵财富，成为后人继续探索，开辟新道路、形成新理论的重要思想源泉。

一、中国社会主义建设道路的艰辛探索

我国从新民主主义社会过渡到社会主义社会以后，如何进行社会主义建设的任务突出地摆在了全党面前。1956 年 4 月，毛泽东在讨论《关于无产阶级专政的历史经验》时指出："现在是社会主义革命和建设时期，我们要进行第二次结合，找出在中国进行社会主义革命和建设的正确道路"①。这里所说的"第二次结合"，是相对于新民主主义革命时期的"结合"而言的。中国共产党在新民主主义革命时期，通过把马克思主义的普遍真理和中国革命的具体实践的第一次结合，找到了中国革命的正确道路，取得了新民主主义革命的伟大胜利。然而，"结合"不是一劳永逸的，在新的实践和新的历史任务面前还要进行新的"结合"。毛泽东提出"第二次结合"，说明中国共产党对社会主义建设的艰巨性在那时已经有所认识。

"第二次结合"的重点，是要找到符合中国实际的社会主义建设道路，而不是照抄照搬苏联模式。无论革命还是建设，毛泽东一贯主张独立探索，反对照抄照搬外国经验。他指出，在新中国成立之初缺乏经济建设经验的情况下，我们只能学习第一个社会主义国家苏联的经验。因此，在制度、体制和政策等方面都有不少苏联模式的烙印。到 20 世纪 50 年代中期，我们党在实践中已经觉察出苏联经验的局限，苏联体制的弊端也逐渐暴露出来。在这种情况下，毛泽东经过慎重考虑，提出要"以苏为鉴"，独立探索一条有别于苏联模式、适合中国国情的社会主义建设道路，以实现国家繁荣富强和人民共同富裕。毛泽东指出："特别值得注意的是，最近苏联方面暴露了他们在建设社会主义过程中的一些缺点和错误，他们走过的弯路，你还想走？过去我们就是鉴于他们的经验教训，少走了一些弯路，现在当然更要引以为戒。"②

实践证明，实现"第二次结合"是一个艰辛的探索过程。以 1956 年毛泽东发表《论十大关系》为起点，这段探索经历了全面建设社会主义的曲折历史过程。

---

① 转引自吴冷西：《十年论战——1956~1966 中苏关系回忆录》（上），中央文献出版社 1999 年版，第 23—24 页。

② 《毛泽东文集》第七卷，人民出版社 1999 年版，第 23 页。

1956 年我国开始转入全面的大规模的社会主义建设。党在这一时期积累了领导社会主义建设的重要经验。特别是在 1964 年年底到 1965 年年初召开的第三届全国人民代表大会第一次会议上，周恩来根据毛泽东的提议，宣布要努力把我国逐步建设成为一个具有现代农业、现代工业、现代国防和现代科学技术的社会主义强国。在这一宏伟目标的激励下，全国各族人民自力更生、艰苦奋斗，取得了很大成就。以 1966 年同 1956 年相比，全国工业固定资产按原价计算，增长了 3 倍。棉纱、原煤、发电量、原油、钢和机械设备等主要工业产品的产量，都有大幅增长。从 1965 年起实现了石油全部自给。电子工业、石油化工等一批新兴工业部门建立起来。工业布局有了改善。农业的基本建设和技术改造大规模展开，并逐渐收到成效。全国农用拖拉机和化肥施用量都增长 6 倍以上，农村用电量增长 70 倍。高等学校毕业生为前 7 年总数的 4.9 倍，教育质量得到显著提高。科学技术工作也取得重大成果，如"两弹一星"等。正如1981 年 6 月党的十一届六中全会作出的《关于建国以来党的若干历史问题的决议》所指出的："我们现在赖以进行现代化建设的物质技术基础，很大一部分是这个期间建设起来的；全国经济文化建设等方面的骨干力量和他们的工作经验，大部分也是在这个期间培养和积累起来的。这是这个期间党的工作的主导方面。"

由于建设社会主义道路的探索具有艰巨性和复杂性，我们党在全国范围内执政时间不长，缺乏足够的思想认识和经验，加上当时复杂多变的国际形势和自然灾害的影响，这一时期，发生了 1957 年的反右派斗争扩大化，1958 年的"大跃进"和人民公社化运动，1959 年的所谓"反右倾"斗争，1963 年到 1965年城乡基层社会主义教育运动，使社会主义事业受到严重影响，党内许多干部和党员受到不应有的打击。这一时期也对一批文艺作品、学术观点和文艺界、学术界的一些代表人物进行了错误过火的政治批判。这些错误发生后，有的及时采取措施进行了纠正，包括 1958 年年底到 1959 年 7 月庐山会议前纠正"大跃进"和农村人民公社化运动中已经觉察到的错误，1960 年冬党中央和毛泽东在纠正"左"倾错误时进一步对国民经济实行"调整、巩固、充实、提高"的八字方针，1962 年党中央在召开扩大的中央工作会议前后对一些被错误批判为"右倾机会主义分子"的同志进行了甄别平反，同时给大多数"右派分子"摘掉了帽子。在这些经济和政治措施的推动下，1962 年到 1966 年我国国民经济得到了比较顺利的恢复和发展。但是，"左"倾错误在经济工作的指导思想上并未得到彻底纠正，并且在政治和思想文化方面还有所发展。在 1962 年 9 月党的八届十中全会上，毛泽东把社会主义社会中一定范围内存在的阶级斗争扩大化和绝对化，发展了他在 1957 年反右派斗争以后提出的无产阶级同资产阶级的矛盾仍然是我国社会的主要矛盾的观点，进一步断言在整个社会主义历史阶段资产阶级都将存在和企图复辟，并成为党内产生修正主义的根源。1963 年重提"以阶级斗争为纲"。1965 年年初又错误地提出了重点要整所谓"党内走资本主义道路的当权派"。不过，这些错误当时还没有达到支配全局的程度，无论在规模、程度、性质上都不能同后来发生的"文化大革命"的错误等量齐观，两者是有质的区别的。但是正如不能不看到两者的区别一样，也不能不看到两者的联系，历史证明，前者是后者的先导和准备。

1966 年 5 月开始的"文化大革命"，是一场由领导者错误发动，被反革命集团利用，给党、国家和各族人民带来严重灾难的内乱。但是，党和人民在"文化大革命"中同"左"倾错误和林彪、江青反革命集团的斗争一直没有停止过。由于全党和广大工人、农民、解放军指战员、知识分子和干部的共同斗争，"文化大革命"的破坏受到了一定程度的限制，特别是党和人民最终战胜了林彪、江青两个反革命集团。党、人民政权、人民军队和整个社会的性质都没有改变。

总之，在 1956 年至 1976 年长达 20 年的艰辛探索中，由于复杂的国内外形势和复杂的主客观原因，我国既取得了巨大历史成就，又发生过重大失误。巨大历史成就，主要是指理论上提出了许多有价值的观点和主张，实践上初步探索了中国社会主义建设道路，特别是建立起了独立的、比较完整的工业体系和国民经济体系，社会主义工业化取得了重大进展。重大失误，主要是在探索中出现过像"大跃进"和人民公社化运动那样的错误，特别是发生了"文化大革命"这样的内乱，提出了"无产阶级专政下继续革命"的理论，制定了"以阶级斗争为纲"的基本路线。这些错误，不仅背离了党在社会主义建设初期提出的"第二次结合"的方向和要求，而且使中国的社会主义事业遭受重大挫折。但客观地说，这一时期的艰辛探索，为中国共产党建设适合中国情况的社会主义提供了宝贵经验和深刻教训，为改革开放后党领导人民开辟中国特色社会主义道路打下了重要基础。

二、艰辛探索取得的理论成果

以毛泽东同志为主要代表的中国共产党人在艰辛探索中取得了重要的理论

成果。1956 年发表的《论十大关系》是探索中国社会主义建设道路开篇之作，这是毛泽东于 1956 年 2—4 月在听取国务院 35 个部门汇报和调研的基础上形成的。《关于正确处理人民内部矛盾的问题》是毛泽东于 1957 年 2 月 27 日在最高国务会议上的讲话。这两篇重要著作，标志着毛泽东对中国社会主义建设道路的探索开始形成一个初步的而又比较系统的思路，标志着我们党对怎样建设社会主义有了自己新的重要认识。1956 年 9 月召开的党的八大，正确分析了中国社会的主要矛盾是"人民对于经济文化迅速发展的需要同当前经济文化不能满足人民需要的状况之间的矛盾"，明确提出党和国家的主要任务是"保护和发展社会生产力"。此后，在"大跃进"和人民公社化运动遭到重大挫折后的纠"左"，以及读斯大林的《苏联社会主义经济问题》和苏联《政治经济学教科书》过程中，还有 1962 年《在扩大的中央工作会议上的讲话》中，毛泽东也提出了许多有价值的观点。以毛泽东同志为主要代表的中国共产党人在社会主义建设中所取得的理论成果，主要表现在以下 10 个方面。

1. 关于社会主义社会矛盾的理论

这是中国社会主义建设道路的重要理论支撑。马克思、恩格斯认为，任何社会都是通过生产力和生产关系、经济基础和上层建筑的社会基本矛盾运动推动向前发展的，代替资本主义的未来社会也不例外。但是，由于历史条件限制，他们对这种矛盾在未来社会的本质特征、表现形式及其解决方式没有也不可能进行详细具体的分析和论述。列宁在 1920 年批注和评论布哈林的《过渡时期经济学》一书时指出："对抗和矛盾完全不是一回事。在社会主义下，对抗将会消失，矛盾仍将存在。"[①] 斯大林在 20 世纪 30 年代初，曾对苏联社会存在的矛盾作过分析，使用过"内部矛盾"（指工农之间的矛盾）和"外部矛盾"（指苏联和资本主义国家之间的矛盾）。但是，在 1936 年苏联宣布进入社会主义社会以后，他却认为苏联社会主义社会的生产力和生产关系"完全适应"，强调道义上、政治上的一致是苏维埃社会发展的动力。虽然他后来也发现现实社会中有矛盾，但认为是政策把握上的问题造成的，没有认识到社会主义社会客观上存在着矛盾。针对这种情况，毛泽东在《关于正确处理人民内部矛盾的问题》中运用辩证唯物主义和历史唯物主义的观点全面分析社会主义社会，强调社会主义社会各方面都存在着矛盾，矛盾才是社会主义社会发展的根

---

① 《列宁全集》第 60 卷，人民出版社 2017 年版，第 281—282 页。

本动力，对社会主义社会的矛盾作出了精辟分析。他着重分析了两种矛盾。一是社会主义社会的基本矛盾。他认为社会主义社会的基本矛盾仍然是生产关系和生产力、上层建筑和经济基础的矛盾，与旧社会所不同的是，两者不是对抗性的矛盾，而是既相适应又相矛盾。强调社会基本矛盾是推动社会主义社会发展的根本动力。这些论述极大地解放了人们的思想，为后来的改革打开了思想闸门，提供了重要的理论依据。二是社会主义社会两类不同性质的社会矛盾，提出社会主义社会存在着人民内部矛盾和敌我矛盾这两类不同性质的社会矛盾。他强调要严格区分和正确处理这两类矛盾，用不同方法处理不同性质的矛盾。在革命时期大规模的疾风暴雨式的阶级斗争基本结束后，大量的是属于人民内部矛盾，要把正确处理人民内部矛盾作为国家政治生活的主题。这就为调动一切积极因素建设社会主义提出了重要理论论证。

2. 关于中国工业化道路

中国要发展，必须实现社会主义工业化，变落后的农业国为先进的工业国。毛泽东提出要走出一条有别于苏联模式的中国工业化道路。一是坚持以农业为基础和以工业为主导，提出调整产业结构和投资比例，强调对轻工业和农业多投资，后又进一步提出发展国民经济要以农业轻工业重工业为序，并作为经济建设的总方针。二是坚持沿海工业和内地工业共同发展，更多地利用和发展沿海工业，大力发展内地工业，平衡工业发展的布局。三是坚持国防建设必须以经济建设为基础，强调国防建设必须加强，同时只有经济建设发展得更快了，国防建设才能够有更大的进步。

3. 关于社会主义现代化的目标和步骤

实行工业化，使中国从落后的农业国变为先进的工业国，这只是第一步，更高的目标是实现社会主义现代化。早在1954年，党中央就提出了社会主义现代化目标。1964年，周恩来在三届全国人大一次会议《政府工作报告》中进一步明确提出全面实现农业、工业、国防和科学技术的"四个现代化"的目标。为实现"四化"，采取两步走的发展战略，第一步用15年时间，即在1980年以前，建成一个独立的、比较完整的工业体系和国民经济体系；第二步在20世纪内即在2000年内，全面实现"四个现代化"，使我国经济走在世界前列。

4. 关于社会主义发展的长期性和阶段性

马克思运用唯物辩证法的发展观，分析未来社会将经历"第一阶段"和

"高级阶段"两个发展阶段，至于每个发展阶段还要不要划分为更小的阶段，他没有论及。列宁在社会主义实践中提出每个发展阶段都有一个多级发展过程，即大阶段中有小阶段。许多社会主义国家都把社会主义社会看成是一个短暂阶段，不去划分阶段，并急于向共产主义过渡。在总结这方面经验教训的基础上，毛泽东提出社会主义社会是一个相当长的历史阶段的重要论断，并在1959 年年底读苏联《社会主义政治经济学》教科书时指出，社会主义可以划分为两个阶段，第一阶段是不发达的社会主义，我国正处在这个阶段，第二阶段是比较发达的社会主义，后一阶段可能比前一阶段需要更长的时间。这是对我国国情和社会主义发展阶段比较清醒的认识。

5. 关于发展社会主义商品生产和商品交换

针对一些害怕和反对商品生产的错误倾向，毛泽东进行了严厉批评。他明确指出，在社会主义建设时期，废除商品是违背经济规律的，不能抛开一切必须使用的还有积极意义的诸如商品、价值规律等经济范畴来为社会主义服务，中国是商品经济很不发达的一个国家，商品生产不是消亡的问题，而是要大大发展。他还认为，价值法则是一个伟大学校，只有利用它，才有可能教会我们几千万干部和几万万人民，才有可能建设我们的社会主义和共产主义。

6. 关于社会主义民主政治建设

毛泽东强调，必须扩大社会主义民主，反对官僚主义；大力加强社会主义法制建设，做到"有法可依、有法必依"；防止领导机关官僚化、特殊化，防止各级领导干部成为特殊阶层；坚持民主集中制，"造成一个又有集中又有民主，又有纪律又有自由，又有统一意志、又有个人心情舒畅、生动活泼，那样一种政治局面"[1]。

7. 关于实行"百花齐放，百家争鸣"方针

社会主义建设不仅包括经济建设，也包括文化建设。毛泽东提出在文化领域实行"百花齐放，百家争鸣"，这是促进艺术发展和科学进步的方针，是促进我国社会主义文化繁荣的方针。强调利用行政力量，强制推行一种风格、一种学派，禁止另一种风格、另一种学派，只能有害于艺术和科学的发展。实行"双百"方针，必须坚持以马克思主义为指导，处理好百家和一家的关系，否

---

① 《建国以来毛泽东文稿》第六册，中央文献出版社 1992 年版，第 543 页。

则就会迷失正确的政治方向。

8. 关于实行独立自主的和平外交政策

中华人民共和国成立以后，我国制定了独立自主的和平外交政策。周恩来依据列宁的两个体系和平共处的思想，进一步提出和平共处五项原则，作为不同社会制度国家相互关系的准则，为我国社会主义建设提供了良好的国际环境。20世纪70年代初，毛泽东又从当时的世界形势出发提出"三个世界"①划分的战略思想，以形成广泛的国际统一战线，打开了我国的对外联系。

9. 关于加强党的建设

中国共产党是中国社会主义事业的坚强领导核心。坚持党的领导，必须加强党的建设。毛泽东指出，党面临执政的严峻考验，必须从思想理论、工作作风、反对官僚主义、密切联系群众、坚决反对腐败等各个方面加强党自身的建设。特别是1962年《在扩大的中央工作会议上的讲话》中，毛泽东系统地论述了民主集中制原则，对于在社会主义建设过程中更好地发扬党内民主提出了许多重要思想。

10. 关于调动一切积极因素建设社会主义

毛泽东以正确处理人民内部矛盾为基础，提出建设社会主义必须调动一切积极因素，化消极因素为积极因素，团结一切可以团结的力量，这是我国建设社会主义的基本方针。他强调，必须正确处理社会主义建设中的一系列重大关系：一是中央和地方的关系，在巩固中央统一领导的前提下，中央的权力要下放，让地方有更多的权力，以发挥中央和地方两个积极性；二是党和非党的关系，即共产党和民主党派的关系，坚持"长期共存，互相监督"；三是国家、集体和个人的关系，不能只顾国家、集体一头，必须兼顾国家、集体和个人3个方面；四是汉族和少数民族的关系，汉族要诚心诚意地积极帮助少数民族进行经济建设和文化建设；五是中国和外国的关系，凡是外国好的东西都要学，但"必须有分析有批判地学，不能盲目地学，不能一切照抄，机械搬用。他们的短处、缺点，当然不要学"②；等等。正如毛泽东所指出的："我们一定要努

---

① "三个世界"：1974年2月22日，毛泽东在会见赞比亚总统卡翁达时提出了划分"三个世界"的观点。按照这个观点，第一世界，指美国和苏联两个拥有最强的军事和经济力量，在世界范围内推行霸权主义的超级大国；第三世界，指亚洲、非洲、拉丁美洲和其他地区的发展中国家；第二世界，指处于这两者之间的发达国家。

② 《毛泽东文集》第七卷，人民出版社1999年版，第41页。

力把党内党外、国内国外的一切积极的因素，直接的、间接的积极因素，全部调动起来，把我国建设成为一个强大的社会主义国家。"①

上述 10 个方面，是以毛泽东同志为主要代表的中国共产党人领导中国人民艰辛探索社会主义建设道路取得的宝贵经验和重要成果，是毛泽东思想的重要组成部分。应当说，这条中国社会主义建设道路，既针对苏联模式也有别于苏联模式，其中在社会主义工业化道路上有很大突破，但仍然是在高度集中的计划经济体制的基础上搞建设。同时也应该看到，这条道路的基本思路和框架是好的，但是由于毛泽东后来思想认识的转变，主要是对国内外阶级斗争形势的估计过于严重，坚持以阶级斗争为纲，离开了以经济建设为中心，甚至提出"无产阶级专政下继续革命"，很多好的思想并没有很好地贯彻落实。特别是发生了"文化大革命"这样全局性的长时间的严重错误，使我们党在探索建设社会主义的历程中遭到严重挫折，给我国社会主义建设带来了重大损失。尽管探索艰辛坎坷，但党在社会主义建设中取得的独创性理论成果和巨大成就，为新的历史时期开创中国特色社会主义提供了宝贵经验、理论准备、物质基础。

思考题：

1. 毛泽东是如何分析近代中国基本国情的？
2. 毛泽东的新民主主义理论有哪些主要内容？
3. 毛泽东在领导社会主义革命和建设的过程中有哪些创造性贡献？
4. 试析毛泽东思想与中国特色社会主义道路的关系。

---

① 《毛泽东文集》第七卷，人民出版社 1999 年版，第 44 页。

第七章　中国特色社会主义的开创与发展

中国特色社会主义，是改革开放新时期中国共产党人把马克思主义基本原理与当代中国实际紧密结合的重大成果。坚持和发展中国特色社会主义，是改革开放以来中国共产党人全部理论和实践的鲜明主题，以邓小平同志为主要代表的中国共产党人确定了基本思路和基本原则，以江泽民同志、胡锦涛同志为主要代表的中国共产党人谱写了精彩篇章。

第一节　中国特色社会主义的开创和邓小平理论的创立

以邓小平同志为主要代表的中国共产党人深刻总结我国社会主义建设正反两方面经验，借鉴世界社会主义经验，作出把党和国家工作中心转移到经济建设上来、实行改革开放的历史性决策，深刻揭示社会主义本质，确立社会主义初级阶段基本路线，明确提出走自己的路、建设中国特色社会主义，科学回答了建设中国特色社会主义的一系列基本问题，成功开创了中国特色社会主义。

一、伟大的历史转折和改革开放的探索

"文化大革命"结束以后，中国面临向何处去的重大历史抉择。广大干部群众强烈要求纠正"文化大革命"的错误，彻底扭转十年内乱造成的混乱局面，使党和国家从危难中重新奋起。但是，这一顺应时势的愿望遇到了严重阻碍，党和国家工作在前进中出现徘徊局面。与此同时，世界经济快速发展，科技进步日新月异，国家建设百业待兴，真理标准讨论热潮涌起。国内外大势呼唤中国共产党尽快就关系党和国家前途命运的大政方针作出政治决断和战略抉择。

在邓小平领导下，在其他老一辈革命家大力支持下，党的十一届三中全会开始全面纠正"文化大革命"及其以前的"左"的错误，坚决批判了"两个凡是"① 的错误方针，强调必须完整、准确地掌握毛泽东思想的科学体系，高

---

① "两个凡是"是指 1977 年 2 月 7 日《人民日报》、《红旗》杂志、《解放军报》社论《学好文件抓住纲》中提出的"凡是毛主席作出的决策，我们都坚决维护，凡是毛主席的指示，我们都始终不渝地遵循"。

度评价了关于真理标准问题的讨论，确定了解放思想、开动脑筋、实事求是、团结一致向前看的指导方针，果断停止使用"以阶级斗争为纲"的口号，作出了把党和国家工作中心转移到经济建设上来、实行改革开放的历史性决策，开启了改革开放的历史新时期。

在党的十一届三中全会春风吹拂下，拨乱反正工作全面展开，解决历史遗留问题有步骤地进行，社会主义民主法制建设走上正轨，党和国家领导制度和领导体制改革提上日程，国家各项事业蓬勃发展。中华大地充满希望和活力，亿万人民昂首阔步地踏上了实现社会主义现代化的伟大征程。

新时期最鲜明的特点是改革开放。改革开放从党的十一届三中全会起步，党的十二大以后全面展开，经历了从农村改革到城市改革、从经济体制改革到各方面体制的改革，从对内搞活到对外开放的波澜壮阔的历史过程。1978年，家庭联产承包责任制在安徽、四川等地出现。党中央尊重农民的首创精神，率先在农村发起改革，实行以家庭联产承包经营为基础、统分结合的双层经营体制，实现了我国社会主义农村体制的重大创新。乡镇企业异军突起，为农村剩余劳动力从土地上转移出来，为农村致富和逐步实现现代化，为促进城市各行各业的改革和整个经济体制改革和发展，开辟了一条新路子。为适应改革从农村向城市发展的新形势，1984年党的十二届三中全会通过了关于经济体制改革的决定，随后又相继决定对科技体制和教育体制进行改革，并进一步提出政治体制改革的目标和任务。

开放也是改革。我国新时期对外开放的突破，是从沿海建立经济特区开始的。1980年，党中央决定兴办深圳、珠海、汕头、厦门4个经济特区，作为对外开放的窗口，利用国外资金、技术、管理经验来发展社会主义经济。接着又相继开放沿海14个城市，在长江三角洲、珠江三角洲、闽东南地区、环渤海地区开辟经济开放区，批准海南建省并成为经济特区，形成了多层次、有重点、递进式的对外开放格局。

在改革开放的有力推动下，我国现代化建设全面有序地向前推进。经济进入加速发展的飞跃时期，展现了农业和工业、农村和城市、改革和发展相互促进的生动局面；社会主义民主法制建设走上正轨，以宪法为基础的社会主义法律体系逐步形成，人民代表大会制度、共产党领导的多党合作和政治协商制度等得到恢复和发展，爱国统一战线空前扩大；社会主义精神文明建设取得重要进展，教育、科学、文学、艺术、新闻、出版、卫生、体育事业欣欣向荣；国防建设实现了指导思想的战略转变，军队整编和改革取得重大成就，革命化、现代化、正规化建设有了新的进展；按照"一国两制"原则，分别与英国、葡萄牙就解决香港、澳门问题达成协议，并努力推动台湾问题的和平解决；根据国际形势和我国现代化建设的需要，调整外交格局和对外政策，开创了我国与世界各国关系的崭新局面。

1992 年年初，邓小平视察南方并发表谈话，科学分析了国际国内形势，深刻总结了党的十一届三中全会以来改革开放的伟大实践和基本经验，明确地回答了多年来经常困扰和束缚人们思想的许多重大问题，把我国改革开放和现代化建设推进到一个新境界。

改革开放的伟大实践证明，中国特色社会主义道路是中国走向繁荣进步的正确道路。古老的中国焕发出青春活力，从农村到城市，从沿海到内地，经济生活和社会生活出现了前所未有的蓬勃生机。这一切，为我国经济社会进一步发展奠定了坚实基础，进一步坚定了中国共产党和中国人民一心一意进行社会主义现代化建设的信心和克服困难的勇气。

二、邓小平理论的创立

在开辟中国特色社会主义道路的过程中，以邓小平同志为主要代表的中国共产党人系统总结了我国社会主义建设的历史经验和教训，以改革开放和现代化建设为实践基础，创造性地回答了什么是社会主义、怎样建设社会主义的重大问题，创立了邓小平理论。

邓小平理论是对马克思列宁主义、毛泽东思想的继承和发展。邓小平强调："我们搞改革开放，把工作重心放在经济建设上，没有丢马克思，没有丢列宁，也没有丢毛泽东。老祖宗不能丢啊！问题是要把什么叫社会主义搞清楚，把怎么样建设和发展社会主义搞清楚。"[1] "老祖宗不能丢"，最重要的是要坚持马克思主义基本原理，坚持辩证唯物主义和历史唯物主义的立场、观点、方法。"搞清楚"，最重要的是要澄清理论是非，结合社会主义建设新的实践经验和新的时代要求，用新的思想观点发展马克思主义，说出一些老祖宗没有说过的符合客观实际的新话。邓小平正是在新的历史条件下把继承、坚持同发展、创新辩证地统一起来，使马克思主义在当代中国进入了新境界，

---

① 《邓小平文选》第三卷，人民出版社 1993 年版，第 369 页。

达到了新高度。

邓小平理论是在和平与发展成为时代主题的背景下形成的。20世纪70年代以后，国际形势和世界政治格局发生重大变化。经历两次世界大战和长期冷战的各国人民深感维护世界和平、促进共同发展的重要性，渴望共同维护和平发展的意愿日益增强；美苏两国大规模核扩军给人类带来了严重的现实威胁，世界各国人民反对核战争、争取世界和平的呼声更加强烈；包括中国在内的发展中国家力量不断壮大、国际地位明显增强，已成为维护世界和平、促进共同发展的重要力量。要和平、求发展已经逐步成为世界潮流。正是根据这些变化发展，邓小平从战略高度，对世界基本矛盾和国际格局作出了科学判断。他指出，世界政治力量对比出现重要变化，和平因素增长超过战争因素增长，世界大战短期内打不起来，争取一个较长时期的和平发展环境是可能的。对时代主题变化的正确判断，为中国共产党制定一系列正确的路线、方针和政策，坚持一心一意搞建设，实行改革开放，提供了重要的理论依据。

邓小平理论是在全面总结国内外社会主义建设经验教训和改革开放、社会主义现代化建设的新鲜经验的基础上创立的。在邓小平领导下，中国共产党对新中国成立以后正反两方面的历史经验和教训进行了深刻总结，认真清理重大历史是非，深刻吸取"文化大革命"的教训，为彻底改变过去"以阶级斗争为纲"的错误思路，把党和国家的工作中心转移到经济建设上来、作出改革开放的伟大决策，奠定了重要的思想基础。可以说，没有对历史经验教训的深刻总结，就不会有思想路线、政治路线和组织路线上的拨乱反正，也就没有改革开放的新时期，没有邓小平理论的创立。

邓小平后来说："直到一九七八年底我们党的十一届三中全会，非常严肃和认真地总结了建国后的近三十年的经验。在这个基础上，我们提出了现在的一系列政策"[1]。他说："没有'文化大革命'的教训，就不可能制定十一届三中全会以来的思想、政治、组织路线和一系列政策。"[2] 邓小平理论是运用马克思主义世界观和方法论，坚持解放思想、实事求是的思想路线，在研究和回答我国改革开放和现代化建设重大问题中逐步形成的。邓小平一再指出："什么叫社会主义，什么叫马克思主义？我们过去对这个问题的认识不是完全清醒的。"[3]

---

[1] 《邓小平文选》第三卷，人民出版社1993年版，第228页。
[2] 《邓小平文选》第三卷，人民出版社1993年版，第272页。
[3] 《邓小平文选》第三卷，人民出版社1993年版，第63页。

"不解放思想不行，甚至于包括什么叫社会主义这个问题也要解放思想。"① 他反复强调，贫穷不是社会主义，发展太慢也不是社会主义；平均主义不是社会主义，两极分化也不是社会主义；僵化封闭不能发展社会主义，照搬外国模式也不能发展社会主义；没有民主就没有社会主义，没有法制也没有社会主义；不重视物质文明搞不好社会主义，不重视精神文明也搞不好社会主义。邓小平抓住什么是社会主义、怎样建设社会主义这个根本问题，把改革开放作为一场很大的试验，在指导全党在实践中不断探索前进的过程中，提出了一系列具有开创意义的思想。他凝结全党共识，明确提出把马克思主义普遍真理同我国具体实际结合起来，走自己的道路，建设有中国特色的社会主义。他强调，我国还处在社会主义初级阶段，巩固和发展社会主义制度需要我们几代人、十几代人，甚至几十代人坚持不懈地努力奋斗；社会主义的本质是解放生产力，发展生产力，消灭剥削，消除两极分化，最终达到共同富裕；发展才是硬道理，必须抓住时机，发展自己；科学技术是第一生产力，必须尊重知识、尊重人才；在农村实行家庭联产承包责任制；允许一部分地区、一部分人先富裕起来，先发展起来的地区带动和帮助后发展的地区；计划和市场都是经济手段，计划多一点还是市场多一点，不是社会主义与资本主义的本质区别；必须使民主制度化、法律化；必须推进党和国家领导制度的改革，废除干部领导职务终身制；必须坚持两手抓两手都要硬；统一战线是一个重要法宝，要团结一切可以团结的力量，为把我国建设成为现代化的社会主义强国、为完成祖国统一大业而共同奋斗；用"一国两制"的科学构想解决台湾问题和香港问题、澳门问题；等等。

党的十三大第一次比较系统地概括了十一届三中全会以来邓小平在哲学、政治经济学和科学社会主义等方面提出的一系列科学理论观点。这些观点构成了"建设有中国特色的社会主义理论"的初步轮廓。1992 年 10 月，党的十四大对"邓小平建设有中国特色社会主义理论"的主要内容作了系统概括，指出这个理论第一次比较系统地初步回答了在中国这样经济文化比较落后的国家如何建设社会主义、如何巩固和发展社会主义的一系列基本问题，用新的思想、观点继承和发展了马克思主义。1997 年 9 月，党的十五大正式提出"邓小平理论"这一科学概念，系统阐述了邓小平理论的历史地位、基

---

① 《邓小平文选》第二卷，人民出版社 1994 年版，第 312 页。

本内容和指导意义，并把邓小平理论同马克思列宁主义、毛泽东思想一起确定为党的指导思想。

第二节　中国特色社会主义的成功推进和
"三个代表"重要思想的形成

党的十三届四中全会以后，以江泽民同志为主要代表的中国共产党人，团结带领全党全国各族人民，坚持党的基本理论、基本路线，加深了对什么是社会主义、怎样建设社会主义和建设什么样的党、怎样建设党的认识，积累了治党治国的宝贵经验，形成了"三个代表"重要思想。在国内外形势十分复杂、世界社会主义出现严重曲折的严峻考验面前，捍卫了中国特色社会主义，确立了社会主义市场经济体制的改革目标和基本框架，确立了社会主义初级阶段的基本经济制度和分配制度，开创了全面改革开放新局面，推进了党的建设新的伟大工程，成功把中国特色社会主义推向 21 世纪。

一、世纪之交形势的深刻变化与党和国家面临的新考验

20 世纪 80 年代末 90 年代初，国际上东欧剧变、苏联解体，世界社会主义出现严重曲折，中国改革和发展进入关键阶段；国内发生严重政治风波和经济风险，中国社会主义事业的发展面临空前巨大的困难和压力。在这样一系列前所未有的挑战和考验面前，社会主义中国又一次面临着向何处去的历史抉择。

在这一重大历史关头，以江泽民同志为主要代表的中国共产党人始终坚持以马克思列宁主义、毛泽东思想、邓小平理论为指导，紧紧依靠全党和全国各族人民，坚持党的十一届三中全会以来的路线不动摇，坚持以经济建设为中心，坚持四项基本原则，坚持改革开放，从容应对来自各方面的困难和风险，全面推进社会主义现代化建设，开创了中国特色社会主义事业新局面。

党的十四大确定了建立社会主义市场经济体制的改革目标。党的十四届三中全会提出了社会主义市场经济体制的基本框架。此后按照建立社会主义市场经济体制的要求，大力推进财政、税收、金融、外贸、外汇、计划、投资、价格、流通、住房和社会保障等方面体制的改革，成功应对了 20 世纪 90 年代前

期的经济过热和90年代后期的亚洲金融危机。党的十五届四中全会作出关于国有企业改革和发展若干重大问题的决议，使国有企业改革取得了突破性的进展，逐步建立了现代企业制度，为社会主义市场经济的顺利发展奠定了重要基础。到20世纪末，我国社会主义市场经济体制初步形成。在改革不断深化的同时，我国对外开放也逐步由沿海向沿江、内陆和沿边发展。1990年开发和开放上海浦东，1992年开放沿长江的5个城市，后又开放17个内陆省会城市，同时从东北、西北到西南开放了一系列沿边城市，多层次、全方位、宽领域的对外开放格局基本形成。2001年12月，我国经过长期谈判正式加入世界贸易组织，并以此为契机加快中国经济走向世界的步伐，把对外开放提升到了一个新水平。

党的十三届四中全会后，党中央科学判断形势，全面把握大局，针对形势和任务发展，不断研究和提出新的战略部署与政策措施，制定了国民经济和社会发展规划以及2010年远景目标，提出要正确处理现代化建设中的各种重大关系，实行从计划经济到社会主义市场经济、从粗放型发展方式到集约型发展方式的转变。先后提出和实施了依法治国基本方略、科教兴国战略、可持续发展战略、人才强国战略和西部大开发战略，启动建设国家创新体系和"八七"扶贫攻坚计划，强调走新型工业化道路和文明发展道路，等等。这些重大战略决策和重大措施，保证了我国经济的持续快速健康发展，使人民生活总体上达到了小康水平。在加快物质文明建设的同时，加大了精神文明建设力度；努力建设社会主义政治文明，坚持把党的领导、人民当家作主与依法治国相结合，推进民主的制度化、法律化，建设社会主义法治国家；适应现代化战争需要，提出科技强军战略，加快军队机械化、信息化建设，走中国特色的精兵之路；成功实现香港、澳门回归并保持回归后的繁荣稳定，提出促进两岸和平统一的八项主张，同"台独"分裂势力进行了坚决斗争；大力加强执政党建设，提出了新时期党的建设新的伟大工程，提出用邓小平理论武装全党，领导干部要讲学习、讲政治、讲正气，要从源头上遏制腐败滋生蔓延；等等。

在党的十三届四中全会以后的13年里，在以江泽民同志为主要代表的中国共产党人带领下，我国人民战胜了来自国际国内的、经济社会的和自然的等多方面挑战和考验，我国综合国力大幅度跃升，经济实现了持续、快速、健康发展，社会长期保持安定团结，出现了政通人和、繁荣发展的良好局面，圆满实现了"三步走"发展战略的第二步目标，人民生活总体上实现了由温饱到小康的历史性跨越，成功地把中国特色社会主义事业全面推进到 21 世纪，开启了全面建设小康社会的新征程。

二、"三个代表"重要思想的形成

党的十三届四中全会以后，以江泽民同志为主要代表的中国共产党人，坚持以马克思列宁主义、毛泽东思想、邓小平理论为指导，准确把握时代特征，科学判断我们党所处的历史方位，紧紧围绕建设中国特色社会主义这个主题，集中全党智慧，总结实践经验，与时俱进、开拓创新，形成了"三个代表"重要思想。

"三个代表"重要思想是在科学判断党的历史方位的基础上提出来的。中国共产党历经革命建设改革，已经从领导人民为夺取全国政权而奋斗的党，成为领导人民掌握全国政权并长期执政的党；已经从受到外部封锁和实行计划经济条件下领导国家建设的党，成为对外开放和发展社会主义市场经济条件下领导国家建设的党。党所处的地位和环境、党所肩负的历史任务、党的自身状况，都发生了新的重大变化。

"三个代表"重要思想是在对国际局势科学判断的基础上形成的。冷战结束后，国际局势发生深刻变化。世界多极化和经济全球化的趋势在曲折中发展，和平与发展仍是时代的主题。但霸权主义和强权政治有新的表现，恐怖主义的危害上升，一些地区的冲突和争端时起时伏，世界还很不安宁。科技进步日新月异，以信息技术为核心的高新技术的发展，极大地改变了人们的生产、生活方式和国际经济、政治关系，以经济为基础、科技为先导的综合国力竞争更为激烈。国际局势的深刻变化，是"三个代表"重要思想形成的时代背景。

"三个代表"重要思想是在对当代中国发展变化科学认识的基础上形成的。党的十一届三中全会以来，我国改革开放取得了伟大成就。特别是党的十三届四中全会以来，国际局势风云变幻，我国改革开放和现代化建设的进程波澜壮阔。我们党从容应对一系列关系我国主权和安全的国际突发事件，战胜了在政治、经济领域和自然界出现的困难和风险，经受住一次又一次考验，排除各种干扰，保证了改革开放和现代化建设的航船始终沿着正确的方向破浪前进。我国已经胜利实现了现代化建设"三步走"战略前两步目标，进入了全面建设小康社会、加快推进社会主义现代化新的发展阶段。我国生产力水平大幅度跃升，综合国力显著增强，国际地位进一步提高，政治稳定、民族团结、社会进步，人民生活总体上达到了小康水平，社会主义中国充满活力。随着改革开放和社会主义市场经济的发展，社会经济成分、组织形式、就业方式、利益关系和分配方式日益多样化。加入世界贸易组织给我国经济社会带来深刻影响。推进现代化建设、完成祖国统一、维护世界和平与促进共同发展，是我们党在新世纪的三大历史任务。改革开放以来，特别是党的十三届四中全会以来，党和人民建设中国特色社会主义的伟大探索，是"三个代表"重要思想形成的实践基础。

"三个代表"重要思想是在科学分析党的状况的基础上形成的。随着党和国家事业的发展，党的队伍发生了重大变化。新党员的数量大幅度增加，干部队伍新老交替不断进行，一大批年轻干部走上了领导岗位。这给党的发展带来了新的活力，也提出了新的挑战。党的阶级基础在增强，群众基础在扩大。进一步提高党的领导水平和执政水平、提高拒腐防变和抵御风险的能力，是我们党必须解决好的两大历史性课题。这就要求我们坚持从新的实际出发，以改革的精神加强和改进党的建设，使党在世界形势深刻变化的历史进程中始终走在时代前列，在应对国内外各种风险考验的历史进程中始终成为全国人民的主心骨，在建设中国特色社会主义的历史进程中始终成为坚强的领导核心。党的建设面临的新形势新任务，是"三个代表"重要思想形成的现实依据。

江泽民在长期深入思考和总结经验的基础上，于2000年2月在广东考察工作时，第一次明确提出中国共产党要始终代表中国先进生产力的发展要求，代表中国先进文化的前进方向，代表中国最广大人民的根本利益，并强调坚持做到"三个代表"，是我们的立党之本、执政之基、力量之源。在庆祝中国共产党成立80周年大会上，江泽民对"三个代表"重要思想的科学内涵和精神实质作了深刻阐述。

"中国共产党必须始终代表中国先进生产力的发展要求，代表中国先进文化的前进方向，代表中国最广大人民的根本利益。"这是对"三个代表"重要思想的集中概括。始终代表中国先进生产力的发展要求，就是党的理论、路线、纲领、方针、政策和各项工作，必须努力符合生产力发展的规律，体现不断推动社会生产力解放和发展的要求，尤其要体现推动先进生产力发展的要求，通过发展生产力不断提高人民群众的生活水平。始终代表中国先进文化的前进方向，就是党的理论、路线、纲领、方针、政策和各项工作，必须努力体现发展面向现代化、面向世界、面向未来的，民族的、科学的、大众的社会主义文化的要求，促进全民族思想道德素质和科学文化素质的不断提高，为我国经济发展和社会进步提供精神动力和智力支持。始终代表中国最广大人民的根本利益，就是党的理论、路线、纲领、方针、政策和各项工作，必须坚持把人民的根本利益作为出发点和归宿，充分发挥人民群众的积极性、主动性、创造性，在社会不断发展进步的基础上，使人民群众不断获得切实的经济、政治、文化利益。

代表中国先进生产力的发展要求，代表中国先进文化的前进方向，代表中国最广大人民的根本利益，是统一的整体，相互联系，相互促进。发展先进生产力，是发展先进文化、实现最广大人民根本利益的基础条件。人民群众是先进生产力和先进文化的创造主体，也是实现自身利益的根本力量。不断发展先进生产力和先进文化，归根到底都是为了满足人民群众日益增长的物质文化生活需要，不断实现最广大人民的根本利益。

"三个代表"重要思想内涵丰富、博大精深，涵盖了社会主义经济建设、政治建设、文化建设、社会建设和党的建设以及国防和军队现代化建设、祖国统一、国际战略和外交工作等各个领域，涉及改革发展稳定、内政外交国防、治党治国治军等各个方面，是一个完整的科学的思想体系。

党的十六大对"三个代表"重要思想作出了高度的评价，指出"三个代表"重要思想是对马克思列宁主义、毛泽东思想和邓小平理论的继承和发展，反映了当代世界和中国的发展变化对党和国家工作的新要求，是加强和改进党的建设、推进我国社会主义自我完善和发展的强大理论武器，是全党集体智慧的结晶，是党必须长期坚持的指导思想。党的十六大把"三个代表"重要思想同马克思列宁主义、毛泽东思想和邓小平理论一道确立为党的指导思想。

第三节　中国特色社会主义在新的历史起点上
坚持和发展与科学发展观的形成

党的十六大以后的新世纪新阶段，以胡锦涛同志为主要代表的中国共产党人，团结带领全党全国各族人民，坚持以邓小平理论和"三个代表"重要思想为指导，根据新的发展要求，深刻认识和回答了新形势下实现什么样的发展、怎样发展等重大问题，形成了科学发展观，强调抓住重要战略机遇期，在全面建设小康社会进程中推进实践创新、理论创新、制度创新，强调坚持以人为本、全面协调可持续发展，形成中国特色社会主义事业总体布局，着力保证和改善民生，促进社会公平正义，推动建设和谐世界，推进党的执政能力建设，成功在新的历史起点上坚持和发展了中国特色社会主义。

一、新世纪新阶段对我国发展提出的新要求

进入新世纪新阶段，中国特色社会主义面临的国内外环境发生了新的深刻变化。

从国际环境看，世界正处在大变革大调整之中，我国发展既面临着前所未有的机遇，也面临着前所未有的挑战。一方面，和平与发展仍然是时代主题，世界多极化不可逆转，经济全球化深入发展，科技革命加速推进，全球和区域合作方兴未艾，国际文化交流空前扩大，国际安全合作日趋加强，国与国相互依存日益紧密，发展中国家在世界舞台上的作用和影响迅速上升，国际力量对比继续朝着有利于维护世界和平的方向发展，世界和平与发展的大局总体稳定。另一方面，国际环境中不稳定不确定因素增多，我国发展的外部条件复杂多变。霸权主义和强权政治仍然存在，国际战略竞争更趋激烈，地区冲突和热点问题此起彼伏，国际恐怖主义活动猖獗，传统安全威胁和非传统安全威胁相互交织。世界经济发展很不平衡，南北差距拉大，经济结构性矛盾加剧，贸易和投资保护主义抬头，能源资源压力增大，经济发展中的潜在风险增多，气候变化、重大自然灾害、严重传染性疾病危害加大。共同推进国际关系民主化，推动经济全球化朝着均衡、普惠、共赢方向发展，促进人类文明繁荣进步，维护世界和平稳定，呵护人类赖以生存的地球家园，是世界各国人民的共同心愿。深刻把握国际形势和世界发展趋势的新变化，顺应时代发展的新要求，坚持走科学发展、和谐发展、和平发展道路，成为中国发展进步的必然选择。

从国内环境看，改革开放以来，中国特色社会主义取得了举世瞩目的发展成就，从生产力到生产关系、从经济基础到上层建筑都发生了意义深远的重大变化，但我国仍处于并将长期处于社会主义初级阶段的基本国情没有变，人民日益增长的物质文化需要同落后的社会生产之间的矛盾这一社会主要矛盾没有变。在新的历史阶段，我国进入发展关键期、改革攻坚期、矛盾凸显期，经济社会发展呈现出一系列新的阶段性特征，主要是：经济实力显著增强，同时生产力水平总体上还不高，自主创新能力还不强，长期形成的结构性矛盾和粗放

型增长方式尚未根本改变；社会主义市场经济体制初步建立，同时影响发展的体制机制障碍依然存在，改革攻坚面临深层次矛盾和问题；人民生活总体上达到小康水平，同时收入分配差距拉大的趋势还未根本扭转，城乡贫困人口和低收入人口还有相当数量，统筹兼顾各方面利益难度加大；协调发展取得显著成绩，同时农业基础薄弱、农村发展滞后的局面尚未改变，缩小城乡、区域发展差距和促进经济社会协调发展任务艰巨；社会主义民主政治不断发展、依法治国基本方略扎实贯彻，同时民主法制建设与扩大人民民主和经济社会发展的要求还不完全适应，政治体制改革需要继续深化；社会主义文化更加繁荣，同时人民精神文化需求日趋旺盛，人们思想活动的独立性、选择性、多变性、差异性明显增强，对发展社会主义先进文化提出了更高要求；社会活力显著增强，同时社会结构、社会组织形式、社会利益格局发生深刻变化，社会建设和管理面临诸多新课题；对外开放日益扩大，同时面临的国际竞争日趋激烈，发达国家在经济科技上占优势的压力长期存在，可以预见和难以预见的风险增多，统筹国内发展和对外开放的要求更高。这些阶段性特征是社会主义初级阶段基本国情在新世纪新阶段的具体表现，反映了我国经济社会发展面临的新形势、新矛盾和新问题。如果不深刻把握这些阶段性特征、抓紧采取措施解决前进中的突出矛盾和问题，必将对我国经济社会发展特别是长远发展产生重大影响。

　　世界各国的发展实践表明，发展绝不仅仅是经济增长，而应该是经济、政治、文化、社会全面协调发展，应该是社会公平随着社会财富增加得到更好实现的发展，应该是统筹国内国际两个大局的发展，应该是人与自然相和谐的可持续发展。第二次世界大战结束后，加快经济增长成为世界各国的共识，人类创造了前所未有的经济增长成就。但是，由于单纯追求经济增长，不重视社会发展和社会公平，忽视能源资源节约和生态环境保护，一些国家的发展遇到了这样那样的问题。有的国家走了一条先发展、后治理的路子，为解决生态环境严重恶化问题付出了高昂代价；有的国家由于经济结构失衡、社会发展滞后，导致发展质量不高、后劲不足；有的国家进入工业化中期阶段和中等收入国家行列后，没有处理好财富增加与收入分配、经济增长与社会公平的关系，导致贫富悬殊、失业增加、社会矛盾激化；有的国家盲目照搬西方模式，实行多党制、私有化，经济上依附于西方跨国公司，政党争斗不断、政局长期动荡，经济社会发展严重倒退。作为发展中的社会主义大国，我国要完成工业化和信息化的双重任务，担负着增加社会财富和使人民共享发展成果、实现社会公平的双重使命，面临着促进经济发展和节约资源、保护环境的双重压力，这就决定了我们不能重复其他国家走过的老路，而必须走出一条中国特色发展道路。

面对新世纪新阶段的国际国内形势，以胡锦涛同志为主要代表的中国共产党人坚持邓小平理论和"三个代表"重要思想，抓住重要战略机遇期，发扬求真务实、开拓进取精神，坚持理论创新和实践创新，着力推动科学发展、促进社会和谐，完善社会主义市场经济体制，在全面建设小康社会实践中坚定不移地把改革开放伟大事业继续推向前进。

党中央把发展作为党执政兴国的第一要务，牢牢扭住经济建设这个中心，加快推进经济结构战略性调整，加快转变经济发展方式，加快提高自主创新能力，建设创新型国家，建设资源节约型、环境友好型社会，不断增强经济实力、科技实力、综合国力，提高国际竞争力和抗风险能力，为建设中国特色社会主义打下了坚实基础。在应对国际金融危机冲击的过程中，提出保增长、保民生、保稳定的方针，实施积极的财政政策和适度宽松的货币政策，保持经济平稳较快发展。把改革创新精神贯彻到治国理政各个环节中，继续推进经济体制、政治体制、文化体制、社会体制改革创新，加快重要领域和关键环节改革步伐，促进现代化建设各个环节、各个方面相协调，促进生产关系与生产力、上层建筑与经济基础相协调，不断完善适合我国国情的发展道路和发展模式。把解决"三农"问题作为党和国家工作的重中之重，采取了取消农业税等一系列重大措施支持农业发展，帮助农民增加收入，建设社会主义新农村取得显著成效。在加大西部开发力度的同时，启动了振兴东北地区等老工业基地战略和中部崛起战略，进一步解决地区发展不平衡问题。加强社会主义核心价值体系建设，加快文化体制改革步伐，推动文化大发展大繁荣。大力推动以关注民生为重点的社会建设，发展社会福利和社会救济事业，着力解决人民关心的教育、医疗、就业等问题。坚持对外开放的基本国策，拓展对外开放广度和深度，提高开放质量，完善内外联动、互利共赢、安全高效的开放型经济体系，加强同世界各国的经济技术交流合作，继续以自己的和平发展促进世界各国共同发展。保持香港、澳门繁荣稳定，加强海峡两岸关系，两岸关系和平发展呈现新的前景，台湾与大陆经贸关系更加密切；成功启动两岸政党交流，签订经济合作框架协议，人员往来和经济文化交流达到新水平。以改革创新精神全面加强党的建设，开展党的先进性教育和学习实践科学发展观活动，党的建设科学化水平明显提高。总的来看，进入 21 世纪以来我国经济社会发展已经站在一个新的历史起点上，改革开放事业取得了重大进展，国家综合实力大幅提升，人民群众得到了更多实惠，国际地位和影响力显著提高，党的创造力、凝聚力、战斗力明显增强。

二、科学发展观的形成

党的十六大以后，以胡锦涛同志为主要代表的中国共产党人着眼于党和人民事业发展的全局，坚持以邓小平理论和"三个代表"重要思想为指导，发扬求真务实、开拓进取精神，不断总结实践经验，不断扩展理论视野，不断作出理论概括。2003 年 10 月，党的十六届三中全会通过的《中共中央关于完善社会主义市场经济体制若干问题的决定》指出："坚持以人为本，树立全面、协调、可持续的发展观，促进经济社会和人的全面发展。"2004 年 9 月，党的十六届四中全会的决定，把树立和落实科学发展观作为提高党的执政能力的重要内容。2005 年 10 月，党的十六届五中全会决定强调，要坚定不移地以科学发展观统领经济社会发展全局，坚持以人为本，转变发展观念、创新发展模式、提高发展质量，把经济社会发展切实转入全面协调可持续发展的轨道。同时，党中央还提出了坚持统筹兼顾，正确认识和妥善处理中国特色社会主义事业中的重大关系；提出构建社会主义和谐社会，按照"四位一体"总体布局全面推进社会主义现代化；提出建设社会主义核心价值体系，牢固树立社会主义荣辱观；提出建设社会主义新农村，建设创新型国家，建设资源节约型、环境友好型社会，建设生态文明；提出始终不渝走和平发展道路，坚持互利共赢的开放战略，推动建设和谐世界；提出全面加强党的执政能力建设和先进性建设等重大战略思想和战略任务；等等。2007 年 10 月，胡锦涛在党的十七大上对科学发展观的时代背景、科学内涵、精神实质和根本要求作了进一步科学概括和深刻阐述，丰富和发展了中国特色社会主义理论体系。党的十七大把科学发展观写入了党章。

科学发展观，第一要义是发展，核心是以人为本，基本要求是全面协调可持续，根本方法是统筹兼顾。这四句话是对科学发展观的科学内涵、精神实质、根本要求的集中概括。

科学发展观的第一要义是发展。就是要牢牢扭住经济建设这个中心，聚精会神搞建设、一心一意谋发展，不断解放和发展社会生产力。更好实施科教兴国战略、人才强国战略、可持续发展战略，着力把握发展规律、创新发展理念、转变发展方式、破解发展难题，提高发展质量和效益，实现又好又快发展，为发展中国特色社会主义打下坚实基础。要努力实现以人为本、全面协调可持续的科学发展；实现各方面事业有机统一、社会成员团结和睦的和谐发展；实现既通过维护世界和平发展自己，又通过自身发展维护世界和平的和平发展。

科学发展观的核心是以人为本。就是要始终把实现好、维护好、发展好最广大人民的根本利益作为党和国家一切工作的出发点和落脚点，尊重人民主体地位，发挥人民首创精神，保障人民各项权益，走共同富裕道路，促进人的全面发展，做到发展为了人民、发展依靠人民、发展成果由人民共享。

科学发展观的基本要求是全面协调可持续。就是要按照中国特色社会主义事业总体布局，全面推进经济建设、政治建设、文化建设、社会建设，促进现代化建设各个环节、各个方面相协调，促进生产关系与生产力、上层建筑与经济基础相协调。坚持生产发展、生活富裕、生态良好的文明发展道路，建设资源节约型、环境友好型社会，实现速度和结构质量效益相统一、经济发展与人口资源环境相协调，使人民在良好生态环境中生产生活，自觉走科学发展道路。

科学发展观的根本方法是统筹兼顾。就是要正确认识和妥善处理中国特色社会主义事业中的重大关系，统筹城乡发展、区域发展、经济社会发展、人与自然和谐发展、国内发展和对外开放，统筹中央和地方关系，统筹个人利益和集体利益、局部利益和整体利益、当前利益和长远利益，充分调动各方面积极性。统筹国内国际两个大局，树立世界眼光，加强战略思维，善于从国际形势发展变化中把握发展机遇、应对风险挑战，营造良好国际环境。既要总揽全局、统筹规划，又要抓住牵动全局的主要工作、事关群众利益的突出问题，着力推进、重点突破。

科学发展观涵盖自然科学、人文科学、社会科学广泛领域，涉及改革发展稳定、内政外交国防、治党治国治军各个方面，贯穿中国特色社会主义伟大事业和党的建设新的伟大工程，以丰富的思想内涵和严密的内在逻辑构成了一个系统的科学理论。科学发展观是马克思主义关于发展的世界观和方法论的集中体现，是同马克思列宁主义、毛泽东思想、邓小平理论、"三个代表"重要思想既一脉相承又与时俱进的科学理论。科学发展观深化了对中国特色社会主义理论的认识，为丰富发展中国特色社会主义理论体系作出了独创性的贡献，开创了中国特色社会主义道路更为广阔的前景，是我国经济社会发展的重要指导方针，是发展中国特色社会主义必须坚持和贯彻的重大战略思想，对于全面推进我国社会主义经济建设、政治建设、文化建设、社会建设、生态文明建设和党的建设，具有重要的指导意义。党的十八大把科学发展观同马克思列宁主义、毛泽东思想、邓小平理论、"三个代表"重要思想一道确立为党的指导思想。

思考题：

1. 试析邓小平理论、"三个代表"重要思想、科学发展观形成和发展的历史条件。

2. 试析邓小平理论、"三个代表"重要思想、科学发展观的理论贡献。

3. 简析中国特色社会主义是扎根于当代中国的科学社会主义、是当代中国发展进步和团结奋斗的旗帜。

第八章　中国特色社会主义进入新时代和习近平新时代中国特色社会主义思想的创立

党的十八大以来，以习近平同志为核心的党中央，团结带领全党全国各族人民，全面审视国际国内新的形势，准确把握中国特色社会主义的历史新方位、时代新变化、实践新要求，深刻回答了新时代坚持和发展什么样的中国特色社会主义、怎样坚持和发展中国特色社会主义这个重大时代课题，把中国特色社会主义推进到新时代，并在新的实践基础上创立了习近平新时代中国特色社会主义思想。习近平新时代中国特色社会主义思想，是马克思主义中国化最新成果，是党和人民实践经验和集体智慧的结晶，是中国精神的时代精华，是国家政治生活和社会生活的根本指针。

第一节　中国特色社会主义进入新时代

党的十八大以来，以习近平同志为核心的党中央举旗定向、运筹帷幄，以巨大的政治勇气和强烈的责任担当，解决了许多长期想解决而没有解决的难题，办成了许多过去想办而没有办成的大事，推动党和国家事业发生历史性变革。这些变革力度之大、程度之深、范围之广、效果之显著、影响之深远，在党的历史上、在中华人民共和国发展史上、在中华民族发展史上都具有极其重要的意义。党的十九大立足时代和发展全局，明确提出中国特色社会主义进入新时代，这是着眼中国特色社会主义事业长远发展作出的重大政治论断。

一、党和国家事业的历史性变革和新成就

党的十八大以来，党和国家事业发生历史性变革，改革开放和社会主义现代化建设取得历史性新成就，对党和国家事业发展具有重大而深远的影响。这是中国特色社会主义进入新时代的重要条件。

全面加强党的领导发生深刻变革。党的十八大以来，以习近平同志为核心的党中央，全面加强党的领导和党的建设，坚决改变了管党治党宽松软状况。强调党的领导是做好党和国家各项工作的根本保证；党政军民学，东西南北

中，党是领导一切的。推动全党尊崇党章，增强"四个意识"，坚决维护党中央权威和集中统一领导。从政治建设、思想建设、组织建设、作风建设、纪律建设等方面着手，完善坚持党的领导的体制机制。坚持民主集中制，严明党的政治纪律和政治规矩，提高党把方向、谋大局、定政策、促改革的能力和定力，确保党始终发挥总揽全局、协调各方的领导核心作用。这些深刻变革，实现了全党思想上统一、政治上团结、行动上一致，极大增强了党的凝聚力、战斗力和领导力、号召力。

发展理念和发展方式发生深刻变革。党的十八大以来，党领导人民科学把握社会主义本质要求和发展方向，科学引领我国经济发展新常态，破解发展难题，厚植发展优势，不断提高发展质量和效益，发展理念和发展方式发生重大变化。党正确认识我国经济发展阶段性特征，果断作出我国经济发展进入新常态的重大判断，提出创新、协调、绿色、开放、共享的发展理念，加快完善使市场在资源配置中起决定性作用、更好发挥政府作用的体制机制。坚定不移推进供给侧结构性改革，提出和推进"一带一路"建设、京津冀协同发展、长江经济带发展等重大战略部署，加快推进经济结构调整和新旧动能转换，大力推进精准扶贫、精准脱贫等。这一系列重大战略举措，推动我国经济由高速增长阶段转向高质量发展阶段，推动我国经济实力、科技实力、国防实力、综合国力和国际影响力显著增强。

全面依法治国发生深刻变革。党的十八大以来，党带领人民贯彻依法治国基本方略，坚定不移走中国特色社会主义法治道路，不断推进国家治理体系和治理能力现代化，党的执政方式和基本方略有了重大创新，社会主义民主政治建设迈出重大步伐。党中央推进全面依法治国，统筹加强科学立法、严格执法、公正司法、全民守法各环节建设，统筹推进法治国家、法治政府、法治社会一体建设，社会主义民主政治建设取得重大成就。党的领导、人民当家作主、依法治国有机统一的制度建设全面加强，党的领导体制机制不断完善，社会主义民主不断发展，党内民主更加广泛，社会主义协商民主全面展开，爱国统一战线巩固发展，民族宗教工作创新推进。法治国家、法治政府、法治社会建设相互促进，中国特色社会主义法治体系日益完善，全社会法治观念明显增强。国家监察体制改革取得实效，行政体制改革、司法体制改革、权力运行制约和监督体系建设有效实施。

党对意识形态工作的领导发生深刻变革。党的十八大以来，党中央就意识形态领域方向性、根本性、全局性问题阐明立场，建立健全意识形态工作责任制，加强宣传舆论阵地管理，加强网络舆论监管，坚决遏制各种错误思想炒作和蔓延，极大增强了党在意识形态领域的主导权和话语权，思想文化建设取得重大进展。党的理论创新全面推进，马克思主义在意识形态领域的指导地位更加鲜明，中国特色社会主义和中国梦深入人心，社会主义核心价值观和中华优秀传统文化广泛弘扬，群众性精神文明创建活动扎实开展。爱国爱党、团结奋进、向上向善成为全国各族人民的精神主流。公共文化服务水平不断提高，文艺创作持续繁荣，文化事业和文化产业蓬勃发展，互联网建设管理运用不断完善。主旋律更加响亮，正能量更加强劲，文化自信得到彰显，国家文化软实力和中华文化影响力大幅提升，全党全社会思想上的团结统一更加巩固。

社会建设发生深刻变革。党的十八大以来，党中央提出以人民为中心的发展思想，社会事业得到大力发展，我国人民获得感全面提升。城乡免费九年义务教育全面实现，高等教育总规模、大中小学在校生人数位居世界第一，办学质量不断提高。就业规模持续扩大，全社会创业活力明显增强。社会保障制度建设加快推进，覆盖城乡居民的社会保障体系基本建立。公共卫生服务体系和基本医疗服务体系不断健全，新型农村合作医疗制度覆盖全国，保障性住房建设稳步推进。社会治理体系更加完善，社会大局保持稳定，国家安全全面加强。

生态文明建设发生深刻变革。党的十八大以来，党中央把生态文明建设摆在更加突出的位置，倡导"绿水青山就是金山银山"的理念，实行最严格的生态保护制度，全党全国贯彻绿色发展理念的自觉性和主动性显著增强，忽视生态环境保护的状况明显改变。生态文明制度体系加快形成，主体功能区制度逐步健全，国家公园体制试点积极推进。全面节约资源有效推进，能源资源消耗强度大幅下降。重大生态保护和修复工程进展顺利，森林覆盖率持续提高。生态环境治理明显加强，环境状况得到改善。引导应对气候变化国际合作，成为全球生态文明建设的重要参与者、贡献者、引领者。

国防和军队现代化建设发生深刻变革。党的十八大以来，党中央果断作出在全军开展正风肃纪的重大政治决策，在古田召开全军政治工作会议，对新形势下政治建军作出部署，坚定不移开展党风廉政建设和反腐败斗争。坚持改革强军、依法治军、从严治军、科技兴军，国防和军队改革取得历史性突破，打破了总部体制、大军区体制和大陆军体制，形成"军委管总、战区主战、军种主建"的新格局,树立了新的"四梁八柱",使人民军队体制一新、结构一新、格局一新、面貌一新。

中国特色大国外交发生深刻变革。党的十八大以来,党中央果断对外交总体布局作出战略谋划,坚持统筹国内国际两个大局,形成全方位、多层次、立体化的外交布局,为我国发展营造了良好外部条件。坚持正确义利观,阐明我国全球治理观、新安全观、新发展观、全球化观等,提出构建人类命运共同体,倡议和推动"一带一路"建设,促进全球治理体系变革。审时度势、精心运筹海洋国土建设,经略海洋、维护海权取得历史性突破。我国国际影响力、感召力、塑造力进一步提高,为我国发展赢得了国际战略主动,为世界和平发展作出了新的重大贡献。

全面从严治党发生深刻变革。党的十八大以来,党中央果断作出全面从严治党战略部署,着力解决人民群众反映最强烈、对党的执政基础威胁最大的突出问题。深入开展党的群众路线教育实践活动、"三严三实"专题教育、"不忘初心、牢记使命"主题教育活动,推进"两学一做"学习教育常态化,全党理想信念更加坚定,党性更加坚强。贯彻新时期好干部标准,选人用人状况和风气明显好转。出台中央八项规定,严厉整治"四风",坚决反对特权,密切了党同人民群众的联系。以零容忍态度惩治腐败,坚持"打虎""拍蝇""猎狐"一起抓,反腐败斗争压倒性态势已经形成并巩固发展。党在革命性锻造中更加坚强,焕发出新的强大生机活力。

二、我国社会主要矛盾的变化

我国社会主要矛盾已经转化为人民日益增长的美好生活需要和不平衡不充分的发展之间的矛盾,是党的十九大作出的一个重大政治论断。我国社会主要矛盾的变化,是关系全局的历史性变化,是中国特色社会主义进入新时代的客观依据。

善于抓住主要矛盾带动全局,是唯物辩证法的内在要求,也是我们党在革命建设改革各个时期始终坚持的重要方法论。新民主主义革命时期,我们党正确分析了半殖民地半封建中国的社会矛盾,牢牢把握帝国主义与中华民族、封建主义与人民大众这一社会主要矛盾及其不同时期的具体表现,制定了新民主主义革命总路线和一系列方针政策,最终领导人民夺取了新民主主义革命的胜利。中华人民共和国成立以来,1956年党的八大第一次对我国社会主义基本制度建立后的社会主要矛盾作出概括：国内的主要矛盾，已经是人民对于建立先进的工业国的要求同落后的农业国的现实之间的矛盾，已经是人民对于经济文化迅速发展的需要同当前经济文化不能满足人民需要的状况之间的矛盾。在此基础上，进一步明确：党和人民当前的主要任务，就是要集中力量来解决这个矛盾，把我国尽快地从落后的农业国变为先进的工业国。但是，后来由于复杂的社会历史原因，这一正确理论以及在这一理论指导下形成的方针政策没有坚持下来。党的十一届三中全会后，我们党科学分析我国社会主义初级阶段基本国情，肯定了党的八大关于社会主要矛盾的表述并作了进一步概括。1981 年，党的十一届六中全会通过的《关于建国以来党的若干历史问题的决议》，对社会主要矛盾正式表述为：社会主义改造基本完成以后，我国所要解决的主要矛盾，是人民日益增长的物质文化需要同落后的社会生产之间的矛盾。对我国社会主要矛盾的这一科学判断，是改革开放以来我们党制定和坚持正确路线方针政策的客观依据。

中华人民共和国成立以来，特别是改革开放以来的长期建设和改革发展，使我国生产力和生产关系、经济基础和上层建筑都发生了深刻变革，面临的社会主要矛盾也发生了变化。在现阶段，我国社会主要矛盾已经转化为人民日益增长的美好生活需要和不平衡不充分的发展之间的矛盾。虽然我国社会生产能力在很多方面进入世界前列，但仍然是世界上最大的发展中国家，还处在社会主义的初级阶段，发展不平衡不充分是社会面临的突出问题，成为满足人民美好生活需要的主要制约因素。发展不平衡，主要指各区域各领域各方面发展不够平衡，制约全国发展水平的提升；发展不充分，主要指一些地区、一些领域、一些方面还存在发展不足的问题，发展任务仍然很重。我国稳定解决了十几亿人的温饱问题，总体上实现小康，2020 年全面建成小康社会，人民美好生活需要日益广泛，不仅对物质文化生活提出了更高要求，而且在民主、法治、公平、正义、安全、环境等方面的要求日益增长。我们必须在继续推动发展的基础上，着力解决好发展不平衡不充分问题，大力提升发展质量和效益，更好满足人民群众在经济、政治、文化、社会、生态等方面的需要。

三、党的奋斗目标的新要求

社会主要矛盾的转变是关系全局的历史性变化，对党和国家工作提出了许多新要求。在坚持和发展中国特色社会主义的总目标、总任务、发展方式、发展理念等一系列重大问题上，必须对这些新的要求作出明确回答。党的奋斗目标的新要求，是中国特色社会主义进入新时代的历史坐标。

中国共产党是具有远大理想和奋斗目标的政党。党的最终目标是实现共产主义，同时党把马克思主义基本原理同中国具体实际相结合，科学提出各个时期的具体奋斗目标。90多年来，我们党领导中国人民的一切奋斗，归根到底都是为了实现社会主义现代化和中华民族伟大复兴这一伟大目标。

实现社会主义现代化和中华民族伟大复兴的伟大目标，是一个艰苦卓绝、分段实施、长期奋斗的历史过程。早在1945年，毛泽东就在党的七大政治报告中明确指出："中国工人阶级的任务，不但是为着建立新民主主义的国家而斗争，而且是为着中国的工业化和农业近代化而斗争。"[1] 在党的七届二中全会上，毛泽东进一步提出由落后的农业国变成先进的工业国的奋斗目标。党的八大确定了尽快把我国由落后农业国变成先进工业国的目标，正式确定了第一个建设现代社会主义国家的奋斗目标。

中华人民共和国成立不久，我们党就把促进农业和交通运输业的现代化、建立巩固的现代化国防写入党在过渡时期的总路线。1954年，周恩来在第一届全国人民代表大会第一次会议上，首次提出包括现代化的工业、农业、交通运输业和国防在内的四个现代化目标。1964年、1975年，周恩来在第三、第四届全国人民代表大会第一次会议上，都重申并进一步丰富了我国实现四个现代化的战略安排。

1978年，党的十一届三中全会实现了党的工作中心转移，进一步确立了社会主义现代化的奋斗目标。从那以后，我们党在每次全国代表大会上，都从不同角度和不同侧重点，聚焦和强调社会主义现代化建设问题，并且提出不同时期社会主义现代化目标的新要求。党的十五大提出了"两个一百年"的奋斗目标，到建党100年时，使国民经济更加发展，各项制度更加完善；到21世纪中叶建国100年时，基本实现现代化，建成富强民主文明的社会主义国家。党的十六大确定了新世纪头20年全面建设小康社会的奋斗目标。党的十八大强调，建设中国特色社会主义，总任务是实现社会主义现代化和中华民族伟大复兴。

2017年，党的十九大提出：从党的十九大到党的二十大，是"两个一百

---

[1] 《毛泽东选集》第三卷，人民出版社1991年版，第1081页。

年"奋斗目标的历史交汇期,中国共产党既要领导人民全面建成小康社会、实现第一个百年奋斗目标,又要乘势而上开启全面建设社会主义现代化国家新征程,向第二个百年奋斗目标进军。按照这样的目标,到建党 100 年时,建成经济更加发展、民主更加健全、科教更加进步、文化更加繁荣、社会更加和谐、人民生活更加殷实的小康社会。然后,从 2020 年到 21 世纪中叶,再奋斗 30 年,到中华人民共和国成立 100 年时,把我国建成社会主义现代化强国。

党的十九大综合分析国际国内形势和中国发展条件,对决胜全面建成小康社会提出明确要求,将实现第二个百年奋斗目标分为两个阶段安排。从 2020 年到 2035 年,在全面建成小康社会的基础上,再奋斗 15 年,基本实现社会主义现代化;在基本实现现代化的基础上,再奋斗 15 年,到 21 世纪中叶把国家建成富强民主文明和谐美丽的社会主义现代化强国。这是新时代中国特色社会主义发展的战略安排,不仅使实现"两个一百年"奋斗目标的路线图、时间表更加清晰,而且意味着原定的国家基本实现现代化目标将提前 15 年实现,第二个百年奋斗目标则充实提升为把国家建成富强民主文明和谐美丽的社会主义现代化强国。科学认识和把握这一既鼓舞人心又切实可行的奋斗目标、宏伟新蓝图,需要从新的历史方位、新的时代坐标来思考来谋划。

总之,新时代两步走的战略安排,把基本实现我国社会主义现代化的时间提前了,目标提升了,要求提高了,丰富了党的第二个百年奋斗目标的内涵,体现了我国发展量的提升和质的飞跃的统一。

四、我国国际环境的新变化

国际环境的新变化,是中国特色社会主义进入新时代的外部条件。

党的十九大报告指出:"世界正处于大发展大变革大调整时期,和平与发展仍然是时代主题。"[①] 人类生活在同一个地球村,各国日益相互依存、命运与共,越来越成为你中有我、我中有你的命运共同体。没有哪个国家能够独自应对人类面临的各种挑战,也没有哪个国家能够退回到自我封闭的孤岛。世界各国更需要以负责任的精神同舟共济,共同维护和促进世界和平与发展。

---

① 习近平:《决胜全面建成小康社会　夺取新时代中国特色社会主义伟大胜利——在中国共产党第十九次全国代表大会上的报告》,人民出版社 2017 年版,第 58 页。

当今世界正在经历百年未有之大变局。世界多极化、经济全球化、社会信息化、文化多样化深入发展，新兴市场国家和广大发展中国家快速崛起，国际经济合作和竞争格局加速演变。世界经济和全球经济治理体系进入调整期，面临新的挑战。新兴市场和发展中国家群体性崛起，国际力量"东升西降""南升北降"态势更加明显，西方治理理念、体系和模式越来越难以适应新的国际格局和时代潮流。国际社会迫切呼唤新的全球治理理念，构建更加公正合理的国际体系和秩序，开辟人类更加美好的发展前景。

在世界处于大发展大变革大调整的时期，我国正处在从大国走向强国的关键时期，同外部世界的交融性、关联性、互动性不断增强，正日益走近世界舞台中央。面对国际格局和国际关系的深度调整，我们党统筹国内国际两个大局，始终高举和平、发展、合作、共赢的旗帜，恪守维护世界和平、促进共同发展的外交政策宗旨，牢牢把握构建人类命运共同体的目标追求，始终不渝走和平发展道路、奉行互利共赢的开放战略，坚持正确义利观，树立共同、综合、合作、可持续的新安全观，谋求开放创新、包容互惠的发展前景，促进和而不同、兼收并蓄的文明交流，构筑尊崇自然、绿色发展的生态体系，始终做世界和平的建设者、全球发展的贡献者、国际秩序的维护者。我们党全面推进中国特色大国外交，形成全方位、多层次、立体化的外交布局，为国家发展营造了良好外部条件。实施共建"一带一路"倡议，发起创办亚洲基础设施投资银行，设立丝路基金，举办"一带一路"国际合作高峰论坛、亚太经合组织领导人非正式会议、二十国集团领导人杭州峰会、金砖国家领导人厦门会晤、亚信峰会、上海合作组织青岛峰会、中非合作论坛北京峰会等主场外交活动。倡导构建人类命运共同体，促进全球治理体系变革。通过不懈努力，我国的国际影响力、感召力、塑造力进一步提高，为世界和平与发展作出了新的重大贡献。

在新时代，社会主义中国如何抓住机遇实现历史性跨越，全面坚持和发展中国特色社会主义，通过中国特色大国外交推动构建新型国际关系，推动构建人类命运共同体，既吸收世界发展的有益成果走出一条适合自身特色的现代化道路，又避免西方现代化弊端并为全人类发展作出中国贡献，成为摆在当代中国共产党人面前必须作出明确回答的重大历史课题。

五、新时代的丰富内涵和重大意义

中国特色社会主义进入新时代这一重大政治判断，是在科学把握时代趋势和国际局势重大变化，科学把握世情国情党情深刻变化，科学把握实现"两个一百年"奋斗目标历史交汇期的新情况新问题基础上作出的，是经济社会发展到一定阶段必然发生的历史飞跃，具有丰富的思想内涵和重大意义。

中国特色社会主义新时代，是承前启后、继往开来、在新的历史条件下继续夺取中国特色社会主义伟大胜利的时代。在中国共产党 90 多年的奋斗历程中，如果说新民主主义革命时期主要是解决站起来的问题，社会主义革命、建设时期和改革开放新时期主要是解决富起来的问题，中国特色社会主义新时代则主要是在长期努力的基础上解决强起来的问题。这一重大问题表现在改革发展稳定、治党治国治军、内政外交国防的各个方面，集中体现为习近平所说的"新时代坚持和发展什么样的中国特色社会主义、怎样坚持和发展中国特色社会主义"这一重大时代课题。中国共产党人的任务，就是团结带领人民奋力实现"两个一百年"奋斗目标，继续谱写中国特色社会主义新的伟大篇章。

中国特色社会主义新时代，是决胜全面建成小康社会，进而全面建设社会主义现代化强国的时代。党的十九大围绕实现"两个一百年"奋斗目标，对经济建设、政治建设、文化建设、社会建设和生态文明建设等提出明确要求，具有很大的思想含量、政治含量、改革含量，具有很强的战略性、前瞻性、针对性。到 2020 年如期全面建成小康社会，是中国共产党向人民和历史作出的庄严承诺。全面建设社会主义现代化强国，是第二个百年奋斗目标，更有不少难关要过。因此，坚韧不拔、锲而不舍地为全面建成小康社会、全面建设社会主义现代化强国而奋斗，这是中国特色社会主义新时代的必然要求和历史任务。

中国特色社会主义新时代，是全国各族人民团结奋斗、不断创造美好生活、逐步实现全体人民共同富裕的时代。党的十九大把不断创造美好生活、逐步实现全体人民共同富裕作为发展的目标和归宿，体现了以人民为中心的发展思想，体现了中国共产党全心全意为人民服务的根本宗旨，体现了中国特色社会主义的本质要求。在中国特色社会主义新时代，中国共产党的重大任务就是要不忘初心、牢记使命，更加关注人民对美好生活新的多样化需求，更加关注社会公平正义，更加注重多谋民生之利、多解民生之忧，着力使全体人民在共建共享发展中有更多获得感，着力使全体人民享有更加幸福安康的生活，着力在实现全体人民共同富裕上不断取得实实在在的新进展。

中国特色社会主义新时代，是全体中华儿女勠力同心、奋力实现中华民族伟大复兴的中国梦的时代。实现中华民族伟大复兴，是鸦片战争以来中国人民最伟大的梦想，凝聚了几代中国人的夙愿。中华人民共和国的成立，为民族复兴奠定了坚实基础。改革开放这场新的伟大革命，为民族复兴注入了强大生机活力。在中国共产党领导下，中国这个世界上最大的发展中国家创造了人类社会发展史上惊天动地的发展奇迹，中华民族焕发出新的蓬勃生机。经过党的十八大以来的历史性变革，中国人民比历史上任何时期都更加接近、更有信心和能力实现中华民族伟大复兴的目标。在中国特色社会主义新时代，凝聚起全体中华儿女同心共筑中国梦的磅礴力量，接续奋斗、砥砺前行，中国人民就一定能够到达民族复兴的光辉彼岸，中华民族必将以更加昂扬的姿态屹立于世界民族之林。

中国特色社会主义新时代，是我国日益走近世界舞台中央、不断为人类作出更大贡献的时代。面对国际格局和国际关系的深度调整，面对局部冲突和动荡频发、人类需要应对许多共同挑战的外部环境，面对经济全球化对国际关系广泛、复杂、深刻的影响，我们必须统筹国内国际两个大局，全面推进中国特色大国外交，始终做世界和平的建设者、全球发展的贡献者、国际秩序的维护者，为世界的和平与发展、人类的繁荣与进步作出新的更大贡献。

总之，中国特色社会主义进入新时代，在中华人民共和国发展史上、中华民族发展史上具有重大意义，在世界社会主义发展史上、人类社会发展史上也具有重大意义。概括起来就是：意味着近代以来久经磨难的中华民族迎来了从站起来、富起来到强起来的伟大飞跃，迎来了实现中华民族伟大复兴的光明前景；意味着科学社会主义在 21 世纪的中国焕发出强大生机活力，在世界上高高举起了中国特色社会主义伟大旗帜；意味着中国特色社会主义道路、理论、制度、文化不断发展，拓展了发展中国家走向现代化的途径，给世界上那些既希望加快发展又希望保持自身独立性的国家和民族提供了全新选择，为解决人类问题贡献了中国智慧和中国方案。

第二节　习近平新时代中国特色社会主义思想的创立

中国特色社会主义进入新时代，既是我国发展新的历史方位，也是习近平新时代中国特色社会主义思想产生的时代背景。党的十八大以来，以习近平同志为核心的党中央顺应时代发展，从理论和实践结合上系统回答新时代坚持和发展什么样的中国特色社会主义、怎样坚持和发展中国特色社会主义这个重大时代课题，深刻回答坚持和发展中国特色社会主义的一系列基本问题，创立了习近平新时代中国特色社会主义思想。党的十九大把这一思想确立为我们党必须长期坚持的指导思想并写进党章，十三届全国人大一次会议郑重地把这一思想载入宪法，实现了党和国家指导思想的与时俱进。

一、习近平新时代中国特色社会主义思想的实践基础

实践是理论之源。任何科学理论都是在实践基础上产生的，都是时代的产物。习近平新时代中国特色社会主义思想，是在中国特色社会主义进入新时代、科学社会主义迈向新阶段、当今世界经历大变局、我们党面临执政新考验的历史条件下形成和发展起来的。

习近平新时代中国特色社会主义思想，是在中国特色社会主义进入新时代的历史条件下形成的。新时代之"新"，新在要解决的重大时代课题的不同，要在长期努力解决站起来、富起来问题的基础上解决强起来的问题；新在我国社会主要矛盾的变化，对党和国家工作提出了新要求；新在阶段性的目标任务的不同，要坚韧不拔、锲而不舍地为全面建成小康社会、全面建设社会主义现代化强国而奋斗；新在人民对美好生活新的多样化需求，要着力使全体人民在共建共享发展中有更多获得感，着力使全体人民享有更加幸福安康的生活，着力在实现全体人民共同富裕上不断前进。习近平新时代中国特色社会主义思想，正是适应新时代新的实践基础上新的理论需求而应运形成和发展的，是伟大的时代产生了伟大的理论。党的十八大以来中国特色社会主义事业全方位的、开创性成就的取得，深层次的、根本性的历史性变革的发生，既为习近平新时代中国特色社会主义思想提供了坚实的实践基础，也充分体现了这一思想的巨大理论威力。

习近平新时代中国特色社会主义思想，是在科学社会主义焕发新生机、两种社会制度的较量呈现新态势的时代背景下形成的。人类从提出社会主义思想到现在，在500多年的时间里，大体可以从6个时间段看这个历史进程，即空想社会主义的产生和发展；马克思、恩格斯创立科学社会主义理论体系；列宁领导十月革命胜利并实践社会主义；苏联模式逐步形成；中华人民共和国成立后我们党对社会主义的探索和实践；我们党开创和发展中国特色社会主义。世界社会主义从空想到科学、从理论到实践、从一国实践到多国发展、从遭受严

重曲折到焕发新的生机，为马克思主义不断发展提供了实践基础。改革开放以来，中国特色社会主义的开创和发展，特别是党的十八大以来，党和国家事业的历史性变革和历史性成就，有力批驳了"历史终结论""社会主义失败论""中国崩溃论"等论调，社会主义在世界的影响特别是对发展中国家的影响越来越大。在中国共产党领导下，中国这个世界上最大的发展中国家创造了人类社会发展史上惊天动地的发展奇迹，中华民族焕发出新的蓬勃生机，中国特色社会主义显示出强大的感召力和影响力。世界范围内两种意识形态、两种社会制度的历史演进和较量，发生了有利于马克思主义、社会主义的深刻转变。这为习近平新时代中国特色社会主义思想的形成，提供了更宽阔的国际视野和更丰富的理论总结。

习近平新时代中国特色社会主义思想，是在百年不遇的世界大变局中形成的。从当今时代的根本性质来看，依然是资本主义社会形态占统治地位的历史时代，资本主义固有的基本矛盾并没有改变，我们依然处于马克思主义所指明的历史时代，也就是资本主义向社会主义过渡的"大的历史时代"。马克思主义预言的"两个必然"的历史发展趋势不可逆转。与此同时，当今世界同马克思所处的时代相比已经发生了巨大而深刻的变化，呈现出许多新的阶段性特征。当今世界格局正处于加快演变的历史进程之中，呈现出大发展、大变革、大调整的态势。2008年金融危机以来，美国的内部治理困境不断加剧，美国的世界影响力也受到冲击，西方国家之间、西方国家同新兴国家和广大发展中国家的矛盾不断深化，现行国际政治秩序在应对全球化问题上捉襟见肘，全世界反对霸权主义、单边主义和强权政治的力量在迅速发展。面对世界经济、国际安全、全球治理等一系列重大问题，世界需要新的发现、新的方案、新的选择，而中国智慧、中国理念、中国方案越来越成为重要的选择之一。我国正日益走近世界舞台中央，正不断为人类作出更大贡献。这为习近平新时代中国特色社会主义思想形成提供了国际背景和时代背景。

习近平新时代中国特色社会主义思想，是在十八大以来党所经历的深刻革命性锻造中形成的。党的十八大以来，以习近平同志为核心的党中央在不断回答新的时代条件下坚持和发展什么样的中国特色社会主义、怎样坚持和发展中国特色社会主义这一重大时代课题的同时，全面从严治党，带领全党以自我革命的勇气，正风肃纪反腐，党内政治生活气象更新，政治生态明显好转。党的团结统一更加巩固，党群关系明显改善，全党焕发出新的生机活力。习近平新时代中国特色社会主义思想，是党自我净化、自我完善、自我革新、自我提高的成果，深化了对共产党执政规律、党自身建设规律的认识，回答了实践和时代提出的全面从严治党新课题。

二、习近平新时代中国特色社会主义思想的理论渊源

习近平新时代中国特色社会主义思想，是同马克思列宁主义、毛泽东思想、邓小平理论、"三个代表"重要思想、科学发展观一脉相承而又与时俱进的科学理论。它既坚持了马克思主义的基本原理，又根据新时代中国特色社会主义建设实际提出了一系列新思想新观点新论断，是中国特色社会主义理论体系的重要组成部分。

习近平新时代中国特色社会主义思想进一步丰富和发展了马克思主义。这一思想，始终坚持马克思主义立场、观点和方法，继承和发展了马克思主义关于人类社会发展规律的新认识，为发展 21 世纪马克思主义、当代中国马克思主义作出了重大贡献。这一思想，坚持以实现共产主义为最高理想和价值追求，强调"革命理想高于天"，强调对马克思主义的信仰、对社会主义和共产主义的信念是共产党人的政治灵魂和经受住任何考验的精神支柱。这一思想，把马克思主义哲学作为看家本领，坚持以辩证唯物主义和历史唯物主义的世界观方法论为理论基石，强调增强战略定力，树立战略思维、历史思维、辩证思维、创新思维、法治思维、底线思维，进一步丰富和发展了马克思主义哲学。这一思想，坚持以解放和发展生产力为根本任务，提出了经济新常态、新发展理念、使市场在资源配置中起决定性作用和更好发挥政府作用、供给侧结构性改革、建设现代化经济体系等一系列新理念新思想新战略，进一步丰富和发展了马克思主义政治经济学。这一思想，坚持科学社会主义基本原则，高举中国特色社会主义伟大旗帜，发展了中国特色社会主义道路、理论、制度、文化，推动科学社会主义在 21 世纪的中国焕发出强大生机活力。

习近平新时代中国特色社会主义思想，在新的历史条件下继承和发展了毛泽东思想。在长期革命和建设实践中，以毛泽东同志为主要代表的中国共产党人，把马克思列宁主义基本原理同中国革命的具体实践结合起来，创立了毛泽东思想，以独创性理论丰富和发展了马克思列宁主义。习近平反复强调，任何时候都不能动摇高举毛泽东思想旗帜的原则。在探索适合中国情况的社会主义建设道路的艰辛历程中，毛泽东以苏联经验教训为鉴戒，提出要创造新的理

论、写出新的著作，把马克思列宁主义基本原理同中国实际进行"第二次结合"，并创造性地提出了一系列重要思想，如关于善于建设一个新世界，关于处理好社会主义建设的各种重大关系，关于正确认识和把握社会主义社会基本矛盾，关于严格区分两类不同性质的矛盾、正确处理人民内部矛盾，关于调动国内外一切积极因素等。从思想理论内容上看，这些都是包括习近平新时代中国特色社会主义思想在内的中国特色社会主义理论体系的重要理论来源。从理论逻辑联系上看，习近平新时代中国特色社会主义思想同毛泽东思想在基本方面上也是一致的，即都坚持把马克思主义基本原理同中国具体实际相结合、推进马克思主义中国化，坚持实事求是的思想路线，坚持党的群众路线，坚持独立自主地走自己的路。习近平指出："新形势下，我们要坚持和运用好毛泽东思想活的灵魂，把我们党建设好，把中国特色社会主义伟大事业继续推向前进。"[1]

习近平新时代中国特色社会主义思想，在新的历史条件下丰富和发展了中国特色社会主义理论体系。党的十一届三中全会以来的改革开放，是在新的时代条件下党领导人民进行的新的伟大革命。这场新的革命，既是改变中国落后面貌，推进中国经济、政治、文化和社会事业快速发展的强大动力，又是中国特色社会主义理论体系形成和发展的实践基础。40多年来，我国改革开放和现代化建设实践波澜壮阔，经济、政治、文化、社会、生态等各领域改革和发展全面推进，中国特色社会主义理论体系随着改革开放和现代化建设实践的深化而不断丰富和发展，不断被赋予新的时代精神和实践内涵。我们党明确提出在中国建设社会主义首先必须搞清楚什么是社会主义、怎样建设社会主义这个重大理论和实践问题。从那时以来，中国共产党坚持以马克思主义基本原理为指导，立足于中国国情，不断探索和完善建设社会主义的指导思想、基本原则、大政方针、政策举措，深入探索社会主义经济建设、政治建设、文化建设、社会建设、生态文明建设的有效途径和方法，不断取得新的理论成果和实践成果，创立了邓小平理论，形成了"三个代表"重要思想、科学发展观，中国特色社会主义在实践中不断开拓前进。习近平新时代中国特色社会主义思想，以坚持和发展中国特色社会主义为主题，把马克思主义立场观点方法运用于中国特色社会主义新的实践，进一步发展了"老祖宗"，说了很多"新话"，是邓小平理论、"三个代表"重要思想、科学发展观的继承和发展，是中国特

---

[1]　《习近平谈治国理政》第一卷，外文出版社 2018 年版，第 25 页。

色社会主义理论体系的重要组成部分。

三、习近平新时代中国特色社会主义思想的重大意义

习近平新时代中国特色社会主义思想，是 21 世纪马克思主义、当代中国马克思主义，具有重大的政治意义、历史意义、理论意义、实践意义。

习近平新时代中国特色社会主义思想，是新时代中国共产党人的思想旗帜，是国家政治生活和社会生活的根本指针。这一思想，回答了新时代坚持和发展什么样的中国特色社会主义、怎样坚持和发展中国特色社会主义这个重大时代课题，提出了一系列富有时代性、创造性、人民性的重大论断，廓清了一系列大是大非，在坚持什么、反对什么上旗帜鲜明、正本清源，集中体现了我们党的政治意志、政治立场、政治主张，充分彰显了马克思主义的真理力量、科学社会主义的时代价值。习近平新时代中国特色社会主义思想的形成和发展，使全党思想上精神上有了鲜明的时代标识，党的团结统一有了思想根基、共同语言，党带领人民奋勇前进有了正确方向。确立习近平新时代中国特色社会主义思想在国家政治生活和社会生活中的指导地位，实现了党的主张和国家意志的高度统一，体现了党的性质和国体的内在统一，筑牢了全党全国各族人民为实现中华民族伟大复兴而共同奋斗的思想基础。

习近平新时代中国特色社会主义思想，为发展马克思主义作出了一系列原创性贡献。这一思想，鲜明贯穿马克思主义立场观点方法，始终把马克思主义作为理论起点、逻辑起点、价值起点，集中体现了马克思主义的理论品格和精神实质，是当今时代最现实最鲜活的马克思主义。同时，这一思想以我们正在做的事情和将要做的事情为中心，以一系列具有原创性的新思想新观点新论断，谱写了马克思主义新的时代篇章，以全新视野深化了对共产党执政规律、社会主义建设规律、人类社会发展规律的认识，实现了马克思主义基本原理与中国具体实际相结合的又一次飞跃，在马克思主义中国化进程中具有里程碑意义。

习近平新时代中国特色社会主义思想，为实现中华民族伟大复兴提供了强大精神力量。这一思想，鲜明提出并系统论述了中国梦这个重大命题，深刻阐述了民族复兴的基本内涵，揭示了党在民族复兴进程中的历史方位，规划了民族复兴的实现路径、战略部署，为新时代坚持和发展中国特色社会主义注入了新的内涵，为实现中华民族伟大复兴提供了强大精神力量。在这一思想指导

下，我们比以往任何时候都更有信心、更有能力完成新时代党的历史使命，实现国家富强、民族振兴、人民幸福的中国梦。

习近平新时代中国特色社会主义思想，为建设美好世界贡献了中国智慧、中国方案。这一思想，鲜明提出一系列关乎人类命运前途的新理念新思想新主张，占据了人类道义制高点，凸显了中国特有的大国风范和担当。这一思想，坚持中华文明的主体性、社会主义现代化建设的实践性，把当代中国特色社会主义实践的经验理论化、系统化，构建了马克思主义的独立于西方的发展道路、话语体系、价值体系、制度体系、目标体系、战略体系，为世界上那些既希望加快发展又希望保持自身独立性的国家和民族提供了全新选择。

习近平新时代中国特色社会主义思想，是党和人民实践经验和集体智慧的结晶。习近平是这一思想的主要创立者。在领导全党全国各族人民推进党和国家事业的实践中，习近平提出了一系列具有开创性意义的新理念新思想新战略，为新时代中国特色社会主义思想的创立发挥了决定性作用、作出了决定性贡献。

第三节　习近平新时代中国特色社会主义思想的科学体系

习近平新时代中国特色社会主义思想，是一个系统完备、逻辑严密、内在统一的科学体系。这一科学理论，紧紧围绕坚持和发展中国特色社会主义这个鲜明主题，从理论和实践结合上系统回答了新时代坚持和发展什么样的中国特色社会主义、怎样坚持和发展中国特色社会主义这个重大时代课题，深刻回答了新时代坚持和发展中国特色社会主义的基本问题，并根据新的实践提出了坚持和发展中国特色社会主义的基本方略。

一、习近平新时代中国特色社会主义思想的主要内容

习近平新时代中国特色社会主义思想内涵十分丰富，包括新时代坚持和发展中国特色社会主义的总目标、总任务、总体布局、战略布局和发展方向、发展方式、发展动力、战略步骤、外部条件、政治保证等问题，涵盖了经济、政治、法治、科技、文化、教育、民生、民族、宗教、社会、生态文明、国家安

全、国防和军队、"一国两制"和祖国统一、统一战线、外交、党的建设等各方面。

习近平新时代中国特色社会主义思想最重要最核心的内容，就是党的十九大报告概括的"八个明确"，即：明确坚持和发展中国特色社会主义，总任务是实现社会主义现代化和中华民族伟大复兴，在全面建成小康社会的基础上，分两步走在本世纪中叶建成富强民主文明和谐美丽的社会主义现代化强国；明确新时代我国社会主要矛盾是人民日益增长的美好生活需要和不平衡不充分的发展之间的矛盾，必须坚持以人民为中心的发展思想，不断促进人的全面发展、全体人民共同富裕；明确中国特色社会主义事业总体布局是"五位一体"、战略布局是"四个全面"，强调坚定道路自信、理论自信、制度自信、文化自信；明确全面深化改革总目标是完善和发展中国特色社会主义制度、推进国家治理体系和治理能力现代化；明确全面推进依法治国总目标是建设中国特色社会主义法治体系、建设社会主义法治国家；明确党在新时代的强军目标是建设一支听党指挥、能打胜仗、作风优良的人民军队，把人民军队建设成为世界一流军队；明确中国特色大国外交要推动构建新型国际关系，推动构建人类命运共同体；明确中国特色社会主义最本质的特征是中国共产党领导，中国特色社会主义制度的最大优势是中国共产党领导，党是最高政治领导力量，提出新时代党的建设总要求，突出政治建设在党的建设中的重要地位。

这"八个明确"，阐明了新时代中国特色社会主义总任务、总布局和主要矛盾，包括了"五位一体"总体布局、"四个全面"战略布局等各个方面，是习近平新时代中国特色社会主义思想的整体框架。每一个"明确"都是具有原创性的新思想新观点，集中反映了我们党对科学社会主义在当今时代的理论思考和理论贡献。

党的十九大报告还提出了新时代坚持和发展中国特色社会主义的基本方略，包括：坚持党对一切工作的领导、坚持以人民为中心、坚持全面深化改革、坚持新发展理念、坚持人民当家作主、坚持全面依法治国、坚持社会主义核心价值体系、坚持在发展中保障和改善民生、坚持人与自然和谐共生、坚持总体国家安全观、坚持党对人民军队的绝对领导、坚持"一国两制"和推进祖国统一、坚持推动构建人类命运共同体、坚持全面从严治党。

这"十四个坚持"涵盖坚持党的领导和全面从严治党，涵盖"五位一体"总体布局、"四个全面"战略布局，涵盖国防和军队建设、维护国家安全、"一国两制"和祖国统一、对外战略,是对党的治国理政重大方针、原则的最新概括。"十四个坚持"既在总体框架上又在具体条文上体现了习近平新时代中国特色社会主义思想中最核心最关键最重要的内容,是对新时代中国特色社会主义规律的总体把握,是落实习近平新时代中国特色社会主义思想的实践要求,是党在中国特色社会主义新时代的行动纲领,是实现"两个一百年"奋斗目标、实现中华民族伟大复兴中国梦的"路线图"和"方法论"。

"八个明确"和"十四个坚持"都是习近平新时代中国特色社会主义思想的重要组成部分。"八个明确"是侧重于理论层面、指导层面的高度概括,"十四个坚持"是侧重于实践层面、行动纲领层面的展开。一个马克思主义政党,既要有作为党的行动指南的指导思想,又要有体现党的指导思想的行动纲领。党的指导思想和行动纲领是相互贯通、相辅相成的关系,体现了理论与实践相结合、战略与战术相一致、认识论与方法论相统一的理论品质。

二、习近平新时代中国特色社会主义思想的丰富内涵

习近平新时代中国特色社会主义思想,以全新的视野深化对共产党执政规律、社会主义建设规律、人类社会发展规律的认识,从理论和实践结合上系统回答了新时代坚持和发展中国特色社会主义的总目标、总任务、总体布局、战略布局和发展方向、发展方式、发展动力、战略步骤、外部条件、政治保证等一系列重大基本问题,形成重大理论创新成果,并构成其丰富内涵。

1. 新时代中国特色社会主义历史方位

认清我国基本国情是建设中国特色社会主义的首要问题,是制定和执行正确的路线和政策的立足点和出发点,而正确把握国情必须全面地认识我国社会所处的历史方位,把社会性质同它的发展程度统一起来。

改革开放以来,我们党深刻总结社会主义建设的经验教训,不断深化对基本国情的认识,逐步形成了我国仍处于并将长期处于社会主义初级阶段的科学论断。社会主义初级阶段包含两层含义:第一,我国社会已经是社会主义社会,我们必须坚持而不能离开社会主义;第二,我国的社会主义社会还处在初级阶段,我们必须从这个实际出发,而不能超越这个阶段。不了解当前我国的社会性质就不可能对我国社会的基本特征、主要矛盾、根本任务和发展方向作出正确分析,因而也不可能制定出符合实际的正确的路线和政策,推动社会向前发展;不能正确地分析当前我国社会所处的发展阶段,就有可能出现超越阶

段或者落后于形势的判断，从而作出错误的决策。

社会主义初级阶段是一个相当长的历史发展阶段，是长期性与阶段性统一的动态发展过程。理解社会主义初级阶段既要认识其发展是一个相当长的历史阶段，又要认识到它在长期的发展过程中还要经历若干具体的阶段，不同时期会显现出不同的阶段性特征。不清醒认识我国仍处于并将长期处于社会主义初级阶段这个基本国情，就不可能从全局上和总体上把握中国实际；而看不到发展的具体的阶段性变化，就会使关于社会主义初级阶段的全局性和总体性判断流于空泛，大的发展战略也难以贯彻落实。

中国特色社会主义进入新时代，我国社会主要矛盾已经转化为人民日益增长的美好生活需要和不平衡不充分的发展之间的矛盾。必须认识到，我国社会主要矛盾的变化是关系全局的历史性变化，对党和国家工作提出了许多新的要求。还必须认识到，我国社会主要矛盾的变化，并没有改变我国对社会主义所处历史阶段的判断，我国仍处于并将长期处于社会主义初级阶段的基本国情没有变，我国是世界最大发展中国家的国际地位没有变。

习近平新时代中国特色社会主义思想立足社会主义初级阶段这个最大实际，准确把握我国发展的阶段性特征和我国社会主要矛盾的新变化，为新时代坚持和发展中国特色社会主义指明了方向。

2. 新时代中国特色社会主义总目标、总任务和战略步骤

社会主义的根本任务是解放和发展生产力，不断提高人民的生活水平。这个根本任务不仅反映了社会主义初级阶段主要矛盾的要求，而且是由社会主义本质决定的。党的十一届三中全会以后，我们在深刻总结社会主义建设历史经验基础上，科学地概括了社会主义的本质，这就是解放生产力，发展生产力，消灭剥削，消除两极分化，最终达到共同富裕。社会主义本质是社会主义社会的内在规定，决定着社会主义社会的基本特征和发展方向，体现在社会主义制度的各个方面，贯穿社会主义社会发展的全过程。

习近平新时代中国特色社会主义思想根据新的历史条件，描绘了我国发展的美好蓝图，明确坚持和发展新时代中国特色社会主义的总目标和总任务是实现社会主义现代化和中华民族伟大复兴，在全面建成小康社会的基础上，分两步走，在本世纪中叶建成富强民主文明和谐美丽的社会主义现代化强国。具体说就是到建党 100 年时，全面建成小康社会；到新中国成立 100 年时，全面建成社会主义现代化强国。

2020年，是全面建成小康社会的决胜之年。我们要按照全面建成小康社会的各项要求，紧扣我国社会主要矛盾的变化，统筹推进"五位一体"总体布局，协同推进"四个全面"战略布局，突出抓重点、补短板、强弱项，特别要坚决打好防范化解重大风险、精准脱贫、污染防治三大攻坚战，推进经济社会持续健康发展，使全面建成小康社会得到人民认可、经得起历史检验。

从2020年到2035年，在全面建成小康社会的基础上，再奋斗15年，基本实现社会主义现代化。到那时，我国经济实力、科技实力将大幅跃升，跻身创新型国家前列；人民平等参与、平等发展权利得到充分保障，法治国家、法治政府、法治社会基本建成，各方面制度更加完善，国家治理体系和治理能力现代化基本实现；社会文明程度达到新的高度，国家文化软实力显著增强，中华文化影响更加广泛深入；人民生活更为宽裕，中等收入群体比例明显提高，城乡区域发展差距和居民生活水平差距显著缩小，基本公共服务均等化基本实现，全体人民共同富裕迈出坚实步伐；现代社会治理格局基本形成，社会充满活力又和谐有序；生态环境根本好转，美丽中国目标基本实现。

从2035年到21世纪中叶，在基本实现现代化的基础上，再奋斗15年，把我国建成富强民主文明和谐美丽的社会主义现代化强国。展望那时的中国，通过坚持不懈推进"五位一体"建设，将全面提升我国社会主义物质文明、政治文明、精神文明、社会文明、生态文明。到那时，中国特色社会主义将焕发出前所未有的生机活力，全面实现国家治理体系和治理能力现代化，中国特色社会主义制度更加巩固、优越性充分展现。到那时，中国将成为综合国力和国际影响力领先的国家，对构建人类命运共同体、推动世界和平与发展将作出更大贡献，中华民族将以更加昂扬的姿态屹立于世界民族之林。

3. 新时代中国特色社会主义总体布局和战略布局

习近平新时代中国特色社会主义思想深化了对中国特色社会主义总体布局的认识，进一步明确了新时代中国特色社会主义总体布局是经济建设、政治建设、文化建设、社会建设、生态文明建设"五位一体"。这一总体布局把握中国特色社会主义建设基本领域，抓住全面建成小康社会主要方面，分别为中国特色社会主义提供物质基础、政治保证、精神动力、社会条件和自然环境，把社会主义物质文明、政治文明、精神文明、社会文明、生态文明建设以及人的全面发展统一于中国特色社会主义伟大实践，蕴含着社会主义的本质要求和发展规律，构成了实现社会主义现代化的基本纲领。

习近平新时代中国特色社会主义思想深化了对中国特色社会主义战略布局的认识，进一步明确新时代中国特色社会主义战略布局是全面建成小康社会、全面深化改革、全面依法治国、全面从严治党"四个全面"。"四个全面"战略布局，创造性地把全面建成小康社会这一奋斗目标、全面深化改革这一发展动力、全面依法治国这一重要保障、全面从严治党这一根本保证有机联系、科学统筹起来，共同支撑起中国特色社会主义事业全局，相互促进、相得益彰，为坚持和发展中国特色社会主义注入了新的时代内涵、提出了新的更高要求。

4. 新时代中国特色社会主义发展理念

理念是行动的先导。发展理念是发展思路、发展方向、发展着力点的集中体现。

树立新发展理念，首先要解决为什么人、由谁享有这个根本问题。以人民为中心的发展思想，就是要把实现人民幸福作为发展目的和归宿，发展为了人民，发展依靠人民，发展成果由人民共享。以人民为中心的发展思想，体现了我们党全心全意为人民服务的根本宗旨，体现了人民是决定党和国家前途命运的根本力量的唯物史观，体现了逐步实现共同富裕的目标要求。

发展是解决我国一切问题的基础和关键。发展必须是科学发展，必须坚定不移贯彻创新、协调、绿色、开放、共享的新发展理念。创新是引领发展的第一动力，协调是持续健康发展的内在要求，绿色是永续发展的必要条件和人民对美好生活追求的重要体现，开放是国家繁荣发展的必由之路，共享是中国特色社会主义的本质要求。五大理念相互贯通、相互促进，是具有内在联系的集合体，要统一贯彻、全面贯彻、系统贯彻。

习近平新时代中国特色社会主义思想关于坚持以人民为中心的发展思想，关于创新、协调、绿色、开放、共享的新发展理念，是在深刻总结国内外发展经验教训基础上提出的，是对中国特色社会主义发展规律的新认识新概括，是致力于破解发展难题、增强发展动力、厚植发展优势的治本之策，是实现更高质量、更高效率、更加公平、更可持续发展的必由之路。

5. 新时代中国特色社会主义发展动力

改革开放是决定当代中国命运的关键抉择，是发展中国特色社会主义、实现中华民族伟大复兴的必由之路。习近平强调指出："改革开放是决定当代中国命运的关键一招，也是决定实现'两个一百年'奋斗目标、实现中华民族伟大复兴的关键一招"①。

改革是在中国特色社会主义道路上不断前进的改革，既不走封闭僵化的老路，也不走改旗易帜的邪路。全面深化改革总目标是完善和发展中国特色社会主义制度、推进国家治理体系和治理能力现代化。正如习近平所说："推进改革的目的是要不断推进我国社会主义制度自我完善和发展，赋予社会主义新的生机活力。"②

改革是社会主义社会发展的重要动力，是党和国家发展进步的活力源泉，是新的历史条件下党带领人民进行的新的伟大革命。这是我们深刻认识社会主义基本矛盾得出的重要结论。社会主义社会基本矛盾是生产力与生产关系、经济基础与上层建筑的矛盾，这就要求及时地调整和完善不适应生产力发展的生产关系和上层建筑的某些方面和环节，不断地解放和发展生产力，同时不断地完善生产关系和社会主义制度，更加充分地体现社会主义制度优越性。

坚持改革开放，是习近平新时代中国特色社会主义思想的鲜明特色。改革，是包括经济、政治、科技、教育、文化、社会、生态等体制改革在内的全面改革。对于社会主义基本制度来讲，改革是社会主义的自我完善和发展。对于具体制度来讲，改革不是对现行体制、机制、政策在枝节上的修修补补，而是要从根本上变革束缚生产力发展的体制、机制和制度，是一场新的革命。要把改革创新精神贯彻到治国理政各个环节，不断解放和发展社会生产力，完善和发展中国特色社会主义制度、推进国家治理体系和治理能力现代化。必须以更大的政治勇气和政治智慧推进改革，用全局观念和系统思维谋划改革，推动新时代中国特色社会主义事业全面发展。

6. 新时代中国特色社会主义依靠力量

习近平新时代中国特色社会主义思想深化了对中国特色社会主义依靠力量的认识，强调人民是历史的创造者，是决定党和国家前途命运的根本力量。建设中国特色社会主义，是我国各族人民实现自己利益、创造美好生活的共同事业，是亿万人民群众广泛参与的创造性事业。在新时代的新征程上，必须充分发挥人民的主人翁精神，最大限度地集中全社会、全民族的智慧和力量，使中国特色社会主义获得最广泛最牢固的群众基础。

---

① 《习近平谈治国理政》第一卷，外文出版社 2018 年版，第 71 页。
② 《习近平关于协调推进"四个全面"战略布局论述摘编》，中央文献出版社 2015 年版，第 68 页。

人民是一个政治概念，在不同时期有不同内容。在当代中国，人民是指全体社会主义劳动者、社会主义事业的建设者、拥护社会主义的爱国者、拥护祖国统一和致力于中华民族伟大复兴的爱国者。工人阶级是我国的领导阶级，是先进生产力和生产关系的代表，是我们党最坚实最可靠的阶级基础，是全面建成小康社会、坚持和发展中国特色社会主义的主力军。农民是工人阶级的可靠同盟军，是社会主义现代化建设一支人数众多的基本力量。知识分子是工人阶级的一部分，是先进生产力的开拓者，在改革开放和现代化建设中发挥着特殊重要作用。非公有制经济人士和其他新社会阶层人士，都是中国特色社会主义事业的建设者。一切拥护社会主义的爱国者、拥护祖国统一和致力于中华民族伟大复兴的爱国者都是中国特色社会主义伟大事业的有益助力。

中国特色社会主义建设事业必须依靠工人、农民和知识分子，团结一切可以团结的力量。在长期的革命、建设、改革过程中，已经结成由中国共产党领导的，有各民主党派和各人民团体参加的，包括全体社会主义劳动者、社会主义事业的建设者、拥护社会主义的爱国者、拥护祖国统一和致力于中华民族伟大复兴的爱国者的广泛的爱国统一战线。在中国特色社会主义新时代，这个统一战线将继续巩固和发展。

坚持和发展习近平新时代中国特色社会主义思想，必须坚持以人民为中心的根本立场，坚持人民主体地位，尊重人民群众的首创精神，充分发挥人民群众的积极性主动性创造性，始终与人民心心相印、同甘共苦、团结奋斗。这样，中国特色社会主义伟大事业必将继续焕发蓬勃生机，中华民族必将实现从站起来、富起来到强起来的伟大飞跃。

7. 新时代中国特色社会主义法治保障

全面依法治国是关系我们党执政兴国、关系人民幸福安康、关系党和国家长治久安的重大战略问题，是新时代坚持和发展中国特色社会主义的重要法治保障。

习近平新时代中国特色社会主义思想深化了对依法治国基本方略的认识，强调全面推进依法治国的总目标是建设中国特色社会主义法治体系，建设社会主义法治国家。这个总目标既明确了全面推进依法治国的性质和方向，又突出了全面推进依法治国的工作重点和总抓手，对全面推进依法治国具有纲举目张的意义。

总目标明确了全面依法治国的根本性质和发展方向，即在中国共产党领导下，坚持中国特色社会主义制度，贯彻中国特色社会主义法治理论，形成完备的法律规范体系、高效的法治实施体系、严密的法治监督体系、有力的法治保障体系，形成完善的党内法规体系，坚持依法治国、依法执政、依法行政共同推进，坚持法治国家、法治政府、法治社会一体建设，坚持依宪治国、依宪执政，实现科学立法、严格执法、公正司法、全民守法，推进法治中国建设，促进国家治理体系和治理能力现代化。

总目标突出了全面推进依法治国的工作重点和总抓手，即建设中国特色社会主义法治体系。全面依法治国各项工作都要围绕这个总抓手来谋划和推进。建设中国特色社会主义法治体系、建设社会主义法治国家，是全面深化改革、实现国家治理体系和治理能力现代化的必然要求。而法治体系作为法治建设的"纲"，则是国家治理体系的骨干工程。所以，全面推进依法治国，首先就要抓住法治体系建设这个"纲"。

8. 新时代中国特色社会主义精神指引

文化是一个国家、一个民族的灵魂。文化兴则国运兴，文化强则民族强。没有高度的文化自信，没有文化的繁荣兴盛，就没有中华民族的伟大复兴。在中国特色社会主义新时代，发展中国特色社会主义文化，必须坚持马克思主义，牢固树立共产主义远大理想和中国特色社会主义共同理想，培育和践行社会主义核心价值观，不断增强意识形态领域主导权和话语权，推动中华优秀文化创造性转化、创新性发展，继承革命文化，发展社会主义先进文化，不忘本来、吸收外来、面向将来，更好构筑中国精神、中国价值、中国力量，为人民提供精神指引。

人类社会发展的历史表明，对一个民族、一个国家来说，最持久、最深层的力量是全社会共同认可的核心价值观。习近平新时代中国特色社会主义思想强调要用社会主义核心价值观凝魂聚力，牢牢把握社会主义先进文化前进方向，围绕举旗帜、聚民心、育新人、兴文化、展形象的使命任务，激发全民族文化创造活力，为中国特色社会主义事业提供源源不断的精神动力和道德滋养。

坚持社会主义核心价值体系，有利于形成既解放思想又统一思想、既弘扬主旋律又包容多样性的生动局面，巩固全党全国各族人民共同的思想道德基础，加快构建充分体现崇尚法治、维护权利、注重程序、科学规范等现代治理理念的价值体系，有利于中华文化保持民族性、时代性、先进性，抵御西方资产阶级腐朽思想文化渗透，维护国家政治安全、文化安全，推动中华文化更好走向世界、扩大我国国际影响力，切实增强中国特色社会主义文化自信。

在当代中国，我们的民族、我们的国家应该坚守的社会主义核心价值观就是富强、民主、文明、和谐，自由、平等、公正、法治，爱国、敬业、诚信、友善。社会主义核心价值观把涉及国家、社会、公民 3 个层面的价值要求融为一体，深入回答了我们要建设什么样的国家、建设什么样的社会和培育什么样的公民的重大问题。必须通过教育引导、舆论宣传、文化熏陶、行为实践、制度保障等，把社会主义核心价值观融入社会发展的各方面，转化为人们的情感认同和行为习惯，使之内化于心、外化于行。

9. 新时代中国特色社会主义根本目的

民生是人民幸福之基、社会和谐之本。让人民过上幸福生活是社会主义社会的本质要求，增进民生福祉是我们党立党为公、执政为民的使命所在，是党一切工作的出发点和落脚点。我们党始终把人民是否真正得到了实惠，人民生活是否真正得到了改善，人民权益是否真正得到了保障，作为衡量发展成效的根本标准，让发展更好地回应人民的期待、更公平地惠及全体人民。

习近平新时代中国特色社会主义思想提出，人民对美好生活的向往就是我们的奋斗目标，强调朝着实现全体人民共同富裕不断迈进。必须多谋民生之利、多解民生之忧，在发展中补齐民生短板、促进社会公平正义，在幼有所育、学有所教、劳有所得、病有所医、老有所养、住有所居、弱有所扶上不断取得新进展，深入开展脱贫攻坚，保证全体人民在共建共享发展中有更多获得感，不断促进人的全面发展、全体人民共同富裕。建设平安中国，加强和创新社会治理，维护社会和谐稳定，确保国家长治久安、人民安居乐业。

10. 新时代中国特色社会主义外部条件

时代和时代主题是回答这个时代基本特点和发展方向的根本问题。执政党只有正确认识所处的时代和时代主题以及与此相联系的时代发展方向等问题，才能制定符合历史发展规律和人类社会前进方向的路线方针政策。20 世纪 80 年代中期，我们党根据世界形势的新变化，尤其是根据东西方之间出现缓和局面和南北方之间发展问题更加突出等新情况，作出了"和平与发展是当代世界的两大问题"这一科学判断。党的十三大把它正式表述为"和平与发展是当代世界的主题"，党的十五大以来一直使用"和平与发展是当今时代的主题"的论断。

当今世界正在发生深刻复杂变化，正处于大发展大变革大调整时期，但"和平与发展仍然是时代主题"①，和平、发展、合作、共赢的时代潮流更加强劲。一方面，随着世界多极化、经济全球化、社会信息化、文化多样化深入发展，全球治理体系和国际秩序变革加速推进，各国相互联系和依存日益加深；另一方面，一大批新兴市场国家和发展中国家走上发展的快车道，十几亿、几十亿人口正在加速走向现代化，多个发展中心正在不同地区逐渐形成，国际力量对比更趋平衡，和平发展大势不可逆转。因此，在当今世界，保持国际形势总体稳定、促进各国共同发展具备了更多有利条件。

同时，世界面临的不稳定性不确定性突出，世界经济增长动能不足，贫富分化日益严重，地区热点问题此伏彼起，恐怖主义、网络安全、重大传染性疾病、气候变化等非传统安全威胁持续蔓延。人类面临许多共同挑战，维护世界和平、促进共同发展依然任重道远。

习近平新时代中国特色社会主义思想深化了对中国特色社会主义外部条件的认识，强调必须在发展过程中统筹国内国际两个大局，善于抓住机遇，敢于应对挑战，尽快发展自己，为新时代中国特色社会主义的发展营造良好的外部环境。中国特色大国外交要推动构建相互尊重、公平正义、合作共赢的新型国际关系，推动构建人类命运共同体，建设持久和平、普遍安全、共同繁荣、开放包容、清洁美丽的世界。

11. 新时代中国特色社会主义领导核心

实现中华民族伟大梦想，必须进行伟大斗争、建设伟大工程、推进伟大事业。推进伟大工程，要结合伟大斗争、伟大事业、伟大梦想的实践来进行，使我们党在坚持和发展中国特色社会主义的历史进程中始终成为坚强领导核心。

中国特色社会主义是反映全国人民共同意志的伟大事业，中国共产党就是我们这个伟大事业的坚强领导核心。习近平新时代中国特色社会主义思想深化了对党的领导的认识，强调在当今中国，要团结凝聚十几亿人民集中力量发展

---

① 习近平：《决胜全面建成小康社会　夺取新时代中国特色社会主义伟大胜利——在中国共产党第十九次全国代表大会上的报告》，人民出版社 2017 年版，第 58 页。

经济，关键在党；要深化改革开放，关键在党；要保持社会政治稳定，实现国家长治久安，关键在党。党的领导是全面领导。在当今中国，没有大于中国共产党的政治力量或其他什么力量。党政军民学，东西南北中，党是领导一切的，是最高政治领导力量。

中国共产党的领导是历史的选择、人民的选择，是当代中国的最高政治原则，是实现中华民族伟大复兴的关键所在。没有中国共产党坚强有力的领导，中华民族将是一盘散沙；牢牢坚持中国共产党的领导，中华民族伟大复兴就势不可挡。坚持党的领导，是中国特色社会主义最本质的特征，是中国特色社会主义制度的最大优势。

坚持党的领导，必须确立和维护党的领导核心。中国共产党是一个有着9000多万名党员、460多万个基层党组织的马克思主义政党，团结带领14亿人民进行社会主义现代化建设，治国理政任务之艰巨、责任之重大、情况之复杂是世界上其他任何政党都无法比拟的。维护党中央权威和集中统一领导，更好地凝聚党和人民的力量，是党和国家前途命运所系，是全国各族人民根本利益所在。必须健全总揽全局、协调各方的党的领导制度体系，把党的领导落实到国家治理各领域各方面各环节。

坚持党的领导，必须不断加强和改善党的领导，全面提高党的建设科学化水平，以改革创新精神推进党的建设新的伟大工程，把党建设得更加坚强有力。新时代党的建设总要求是：坚持和加强党的全面领导，坚持党要管党、全面从严治党，以加强党的长期执政能力建设、先进性和纯洁性建设为主线，以党的政治建设为统领，以坚定理想信念宗旨为根基，以调动全党积极性、主动性、创造性为着力点，全面推进党的政治建设、思想建设、组织建设、作风建设、纪律建设，把制度建设贯穿其中，深入推进反腐败斗争，不断提高党的建设质量，把党建设成为始终走在时代前列、人民衷心拥护、勇于自我革命、经得起各种风浪考验、朝气蓬勃的马克思主义执政党。

新时代党的建设总要求抓住了党的建设的关键，突出了政治建设的统领地位和纪律建设这个管党治党的治本之策。政治建设是党的根本性建设，决定思想建设、组织建设、作风建设、纪律建设及制度建设、反腐败斗争的方向和结果。突出政治建设在党的建设中的重要地位，强调"以党的政治建设为统领"，突出了我们党作为马克思主义执政党的政治属性，抓住了马克思主义执政党建设的根本点。思想建设是党的基础性建设，坚定理想信念是党的思想建设的首要任务。建设高素质专业化干部队伍，是党的建设的重大任务，必须坚持好干部标准，坚持正确选人用人导向，坚持党管干部原则，加强基层组织建设，为党和国家事业造就强大的中坚力量。作风建设永远在路上，关系人心向背，关系党的生死存亡，任何时候不能掉以轻心。要用铁的纪律管党治党，不断扎牢制度笼子，继续以零容忍的态度重拳反腐，把我们党自身建设好、建设强。要通过全面加强党的建设，确保党始终走在时代前列，始终成为领导核心，始终成为中国人民和中华民族的主心骨。

新时代党的建设总要求明确规定了党的建设的目的、方针、主线、总体布局、目标及相互关系，对推进党的建设新的伟大工程作出了顶层设计和战略部署，进一步丰富发展了马克思主义党建学说，标志着我们党对执政党建设规律的认识达到新的高度，为推进党的建设新的伟大工程，继续推进党的自我革命指明了前进路径和努力方向。

总之，习近平新时代中国特色社会主义思想，是一个系统完备的科学体系，是经过实践检验、富有实践伟力的强大理论武器，是走好新时代长征路的主心骨、定盘星，是新时代中国共产党人的思想旗帜，是国家政治生活和社会生活的根本指针。

三、习近平新时代中国特色社会主义思想的核心要义

坚持和发展中国特色社会主义，既是改革开放以来中国共产党全部理论和实践的鲜明主题，也是习近平新时代中国特色社会主义思想的核心要义。

在中国这样一个经济文化比较落后的发展中大国，如何建设、巩固和发展社会主义，是前无古人的事业，没有现成的模式可循。我国社会主义基本制度建立后，我们党对怎样在中国建设社会主义进行了长期探索，取得了重要成就，也经历了严重曲折。改革开放40多年来，我们一直在实践和探索，在坚持中国共产党领导和我国社会主义制度的前提下，在社会主义道路、理论、制度、文化上进行了一系列革命性变革，使我国发展大踏步赶上时代。

经过艰辛坎坷的不懈探索，在反复总结实践经验的基础上，我们党逐渐认识到，中国的社会主义脱胎于半殖民地半封建社会，生产力水平远远落后于发达资本主义国家，因此必须经历一个很长的初级阶段，去实现别的一些国家经过长期资本主义发展条件下实现的工业化和现代化。中国建设社会主义的现实

基础既不同于马克思主义创始人的设想，也不同于其他社会主义国家，照搬书本不行，照搬外国也不行，必须建设一个符合中国实际的中国特色社会主义。党的十一届三中全会以来，中国共产党人正是在这样的思路指引下，开辟了中国特色社会主义道路，创立了中国特色社会主义理论体系，回答和解决了在中国这样十几亿人口的发展中大国如何建设、巩固和发展社会主义这个历史性课题。因此，坚持和发展中国特色社会主义，是当代中国共产党人全部理论和实践的鲜明主题。

党的十八大以来，我们党的全部理论和实践探索也都依然是围绕坚持和发展中国特色社会主义这个主题来展开、深化、拓展的。正如 2013 年 1 月 5 日习近平在新进中央委员会的委员、候补委员学习贯彻党的十八大精神研讨班上的讲话中指出的，"坚持和发展中国特色社会主义是一篇大文章"，邓小平为它确定了基本思路和基本原则，以江泽民同志、胡锦涛同志为主要代表的中国共产党人在这篇大文章上都写下了精彩的篇章。"现在，我们这一代共产党人的任务，就是继续把这篇大文章写下去。"① 时隔 5 年之后，2018 年 1 月 5 日习近平在新进中央委员会的委员、候补委员和省部级主要领导干部学习贯彻习近平新时代中国特色社会主义思想和党的十九大精神研讨班上的讲话中再次明确指出，"党的十九大作出中国特色社会主义进入新时代这个重大政治论断，我们必须认识到，这个新时代是中国特色社会主义新时代，而不是别的什么新时代。党要在新的历史方位上实现新时代党的历史使命，最根本的就是要高举中国特色社会主义伟大旗帜。"②

党的十八大以来，国内外形势变化和我国各项事业发展都提出了一个重大时代课题，这就是必须从理论和实践结合上系统回答新时代坚持和发展什么样的中国特色社会主义、怎样坚持和发展中国特色社会主义。习近平新时代中国特色社会主义思想从理论渊源、历史根据、本质特征、独特优势、强大生命力等多方位多角度作出了深刻回答，强调中国特色社会主义是既坚持科学社会主义基本原则，又具有鲜明实践特色、理论特色、民族特色、时代特色的社会主义，是中国特色社会主义道路、理论、制度、文化四位一体的社会主义，是统揽伟大斗争、伟大工程、伟大事业、伟大梦想的社会主义，是根植于中国大地、反映人民意愿、适应中国和时代发展进步要求的科学社会主义。同时，以

① 《习近平谈治国理政》第一卷，外文出版社 2018 年版，第 23 页。
② 《习近平关于"不忘初心、牢记使命"论述摘编》，党建读物出版社、中央文献出版社 2019 年版，第 37 页。

一系列战略性、前瞻性、创造性的观点，深刻回答了新时代坚持和发展中国特色社会主义的总目标、总任务、总体布局、战略布局和发展方向、发展方式、发展动力、战略步骤、外部条件、政治保证等基本问题。

四、习近平新时代中国特色社会主义思想的理论品格

习近平新时代中国特色社会主义思想，是闪耀着理性光辉和人格光芒的科学理论，集中体现了以习近平同志为主要代表的当代中国共产党人的政治品格、价值追求、精神风范。

坚定的理想信念。习近平新时代中国特色社会主义思想，充满着对马克思主义的坚定信仰，充满着对共产主义、社会主义的坚定信念，充满着"革命理想高于天"的豪迈情怀，强调理想信念是中国共产党人安身立命的根本。2012 年，习近平在主持十八届中央政治局第一次集体学习时指出："坚定理想信念，坚守共产党人精神追求，始终是共产党人安身立命的根本。"① 2014 年，习近平在纪念邓小平同志诞辰 110 周年座谈会上强调："我们共产党人锤炼党性，首要的就是坚定共产主义远大理想和中国特色社会主义共同理想。"② 党的十八大以来，习近平强调最多的就是理想信念。"精神之钙""四个自信""不忘初心、牢记使命"，是习近平新时代中国特色社会主义思想中最重要、最鲜明的关键词、高频词。坚定的理想信念，体现了这一思想的马克思主义理论底色，体现了共产党人的政治本色。

真挚的为民情怀。习近平新时代中国特色社会主义思想反复强调的一个核心理念，就是始终坚持人民主体地位，坚持以人民为中心，坚持立党为公、执政为民，全心全意为人民服务，把党的群众路线贯彻到治国理政和改革发展的全部活动之中，把人民对美好生活的向往和人的全面发展作为奋斗目标，依靠人民创造历史伟业。这一思想坚持人民主体地位、尊重人民首创精神，始终为人民代言、为人民立言，体现了亲民、爱民、忧民、为民的真挚情怀。

鲜活的时代气息。一切划时代的体系的真正内容都是由于产生这个体系的那个时期的需要而形成的。习近平新时代中国特色社会主义思想一个鲜明的特点是，它是新时代的思想，不是对老祖宗的简单重复，而是立足新时代，着眼新问

---

① 《习近平谈治国理政》第一卷，外文出版社 2018 年版，第 15 页。
② 《习近平谈治国理政》第二卷，外文出版社 2017 年版，第 4 页。

题，讲了许多老祖宗没有讲过的新话，是指导当代中国改革发展的鲜活理论，具有强烈的时代气息和现实针对性，贯穿着强烈的问题意识和鲜明的问题导向。

深厚的历史底蕴。习近平新时代中国特色社会主义思想是在吸吮 5000 多年中华民族漫长奋斗积累的文化养分、总结世界社会主义 500 多年和中国共产党 90 多年艰辛探索的历史经验基础上形成和发展而来的，具有无比深厚的历史底蕴、文化底蕴和理论底蕴。"欲知大道，必先为史"。历史是一个民族、一个国家形成、发展及其盛衰兴亡的真实记录，是最好的老师。正是在对中国文明史、世界社会主义史和中国共产党史系统回顾中，我们才能更全面地厘清社会主义作为人类文明进步的思潮、运动和制度，是怎样向前发展的；才能更清晰地理解中国共产党和中国人民是怎样经过反复比较，历史地选择社会主义道路的；才能更深刻地感悟中国共产党在把马克思主义基本原理同中国实际结合的过程中，是怎样历经千辛万苦，付出各种代价，开创和发展中国特色社会主义的，又是怎样站立在时代变化的新起点上，开创中国特色社会主义新境界的。

强烈的中国自信。党的十八大以来，习近平在不同场合反复强调，今天，我们比历史上任何时期都更接近中华民族伟大复兴的目标，比历史上任何时期都更有信心、更有能力实现这个目标。习近平新时代中国特色社会主义思想充满着对传承中华民族 5000 多年文明的自信，对发扬党的优良传统的自信，对坚持和发展中国特色社会主义的自信，对我们正在做的事情的自信，对党和国家事业光明前景的自信。这一思想在坚持马克思主义基本原理和准确把握中国实际的同时，对中国的文化传统和民族心理、民族特点有深刻的把握和独到的理解，使马克思主义在当代中国再一次获得了鲜活的、为中国老百姓所喜闻乐见的中国作风和中国气派，形成了鲜明的民族风格，有力推进了马克思主义的大众化。

宽广的世界眼光。世界眼光体现了马克思主义的宽广胸怀，也是中国共产党的优秀品质。90 多年来，中国共产党之所以能够带领中国人民取得革命、建设和改革的成功，战胜一个又一个困难，夺取一个又一个胜利，其中一个重要原因就是中国共产党具有比其他政党和团体更宽广的世界眼光，善于从世界发展的大潮中不断校准中国革命和建设的航标，破浪前进；善于团结和动员世界上一切进步的力量，聚合起磅礴之力，为人类进步事业共同奋斗。中国共产党是为中国人民谋幸福的党，也是把为人类作出新的更大的贡献作为自己的使命的党。习近平新时代中国特色社会主义思想从世界社会主义 500 多年的大视野，从当今世界"和平、发展、合作、共赢"的时代潮流来把握中国发展，既深刻把握历史的脉络和走向，又注意吸收人类文明有益成果，具有宏阔的世界眼光，深刻凝结着当代中国对人类更好未来的艰辛探索，为解决人类问题贡献了中国智慧和中国方案。

习近平新时代中国特色社会主义思想，是党和人民实践经验和集体智慧的结晶，是当代中国最鲜活的马克思主义，是新时代中国特色社会主义事业发展的理论指针和行动指南，是凝聚全党全国各族人民为实现中华民族伟大复兴中国梦而奋斗的思想基础。

思考题:

1. 如何理解中国特色社会主义进入了新时代?

2. 如何把握我国发展新的历史方位?

3. 如何把握习近平新时代中国特色社会主义思想的科学体系、丰富内涵、核心要义和理论品格?

4. 为什么说习近平新时代中国特色社会主义思想是马克思主义中国化最新成果?

第九章　高举中国特色社会主义伟大旗帜

旗帜问题至关紧要。毛泽东曾经指出，"主义譬如一面旗子，旗子立起了，大家才有所指望，才知所趋赴"①。旗帜引领方向，方向决定道路。举什么旗、走什么路，历来是关系党和国家事业发展和前途命运的根本问题。在新的历史方位上实现新时代党的历史使命，最根本的就是要高举中国特色社会主义伟大旗帜。只有高举中国特色社会主义伟大旗帜，坚定对中国特色社会主义的道路自信、理论自信、制度自信、文化自信，既不走封闭僵化的老路，也不走改旗易帜的邪路，才能在新时代坚持和发展中国特色社会主义的伟大进程中，不断开辟党和国家事业发展新境界，开创中国特色社会主义事业新局面。

第一节　中国特色社会主义的根本成就

中国特色社会主义是党和人民长期奋斗、创造、积累的根本成就，是当代中国发展进步的根本方向。改革开放以来，我们取得一切成绩和进步的根本原因，归结起来就是：开辟了中国特色社会主义道路，形成了中国特色社会主义理论体系，确立了中国特色社会主义制度，发展了中国特色社会主义文化。中国特色社会主义道路是实现途径，中国特色社会主义理论体系是行动指南，中国特色社会主义制度是根本保障，中国特色社会主义文化是精神力量，四者统一于中国特色社会主义伟大实践。

一、中国特色社会主义道路

道路关乎党的命脉，关乎国家前途、民族命运、人民幸福。毛泽东曾经指出，在革命中未有革命党领错了路而革命不失败的。这不仅为我国新民主主义革命的历史所证明，也为新中国成立以来的历史所证明，更为改革开放以来我国社会主义现代化建设的伟大实践所证明。

在中国这样一个经济文化比较落后的国家探索民族复兴道路，是极为艰巨

---

① 《毛泽东早期文稿（1912.6—1920.11）》，湖南出版社 1990 年版，第 554 页。

的任务。中国共产党成立 90 多年来，紧紧依靠人民，把马克思主义基本原理同中国实际和时代特征结合起来，独立自主走自己的路，历经千辛万苦，付出各种代价，取得革命建设改革伟大胜利，开创和发展了中国特色社会主义，从根本上改变了中国人民和中华民族的前途命运。

中国特色社会主义道路是实现社会主义现代化、创造人民美好生活的必由之路，是实现中华民族伟大复兴的必由之路。这条道路就是在中国共产党领导下，立足基本国情，坚持以经济建设为中心，坚持四项基本原则，坚持改革开放；统筹推进经济、政治、文化、社会、生态文明"五位一体"总体布局，协调推进全面建成小康社会、全面深化改革、全面依法治国、全面从严治党"四个全面"战略布局；不断解放和发展社会生产力，逐步实现全体人民共同富裕，促进人的全面发展，建设富强民主文明和谐美丽的社会主义现代化强国。

"党的领导""基本路线""总体布局""战略布局""发展目标"构成了中国特色社会主义道路的完整内涵。其中党的领导是根本保证，党是中国特色社会主义道路的领导核心；"一个中心、两个基本点"的基本路线是总纲，是中国特色社会主义道路的根本遵循；"五位一体"总体布局是基本内容，是中国特色社会主义道路的具体展开；"四个全面"战略布局是总方略，是统筹推进中国特色社会主义总体布局的战略抓手；富强、民主、文明、和谐、美丽的发展目标是宏伟蓝图，是我们推进中国特色社会主义的努力方向。这五者相互联系、相辅相成，是一个有机统一的整体。

中国特色社会主义道路，既坚持以经济建设为中心，又全面推进经济建设、政治建设、文化建设、社会建设、生态文明建设以及其他各方面建设；既坚持四项基本原则，又坚持改革开放；既不断解放和发展社会生产力，又逐步实现全体人民共同富裕、促进人的全面发展。这条道路既不是"传统的"，也不是"外来的"，更不是"西化的"，而是我们"独创的"，是我们党在长期艰苦探索中，在系统总结历史经验、深入分析基本国情、深化认识社会主义建设规律的基础上得出的基本结论，是适合中国国情的社会主义建设道路。历史和现实充分证明，封闭僵化的老路和改旗易帜的邪路，都是绝路、死路。只有中国特色社会主义道路才能发展中国、稳定中国、强大中国。

二、中国特色社会主义理论体系

中国特色社会主义理论体系是指导党和人民实现中华民族伟大复兴的正确

理论，是立足于时代前沿、与时俱进的科学理论。这一理论体系，是包括邓小平理论、"三个代表"重要思想、科学发展观、习近平新时代中国特色社会主义思想在内的科学理论体系，是对马克思列宁主义、毛泽东思想的坚持和发展。这一理论体系，是马克思主义基本原理同当代中国实际和时代特征相结合的产物，写出了科学社会主义的新版本，是深深扎根于中国大地、符合中国实际的当代中国马克思主义，是全党全国各族人民团结奋斗的共同思想基础。

任何科学理论体系都不是无源之水、无本之木，都是在实践基础上产生的，是时代的产物，中国特色社会主义理论体系也不例外。它是在和平与发展成为时代主题的历史条件下，总结我国社会主义建设的历史经验和实践创新，吸取其他社会主义国家兴衰成败的历史经验，并借鉴其他国家发展经验教训的基础上，逐步形成和发展起来的。

中国特色社会主义理论体系同马克思列宁主义、毛泽东思想是坚持、发展和继承、创新的关系。首先，中国特色社会主义理论体系坚持和继承了马克思列宁主义、毛泽东思想。马克思列宁主义、毛泽东思想一定不能丢，丢了就丧失了根本。中国特色社会主义理论体系同马克思列宁主义、毛泽东思想是一脉相承的。这个"脉"就是科学社会主义的基本原则。其次，中国特色社会主义理论体系在坚持马克思列宁主义、毛泽东思想的基础上，又根据中国建设和改革实际提出了一系列新思想新观点新论断，在坚持科学社会主义基本原则的基础上丰富和发展了马克思主义。这些发展和创新，是中国共产党从当代中国实际和时代特征出发，在运用科学社会主义基本原理过程中实现的，是根据不断变化的实际富有勇气地推进科学社会主义的创新。中国特色社会主义理论体系是与时俱进的科学理论体系，这个"进"，就是通过这一系列新的思想观点赋予马克思主义以新的时代内涵，赋予社会主义以强大的生机和活力。

中国特色社会主义理论体系集中反映了中国共产党自改革开放以来奋力开创中国特色社会主义道路形成的理论成果。这个理论体系贯通哲学、政治经济学、科学社会主义等学科，涵盖经济、政治、法治、科技、文化、教育、民生、民族、宗教、社会、生态文明、国家安全、国防和军队、"一国两制"和祖国统一、统一战线、外交、党的建设等各个方面，是内涵丰富、思想深刻、系统完整同时又不断发展的开放的科学理论体系。坚持中国特色社会主义理论体系，一定要以我国改革开放和现代化建设的实际问题、以我们正在做的事情为中心，着眼于马克思主义理论的运用，着眼于对实际问题的理论思考，着眼于新的实践和新的发展。在当代中国，坚持中国特色社会主义理论体系，就是真正坚持马克思主义；坚持习近平新时代中国特色社会主义思想，就是真正坚持中国特色社会主义理论体系。

中国特色社会主义理论体系，凝结了几代中国共产党人带领人民不懈探索实践的智慧和心血，是指导党和人民全面建成小康社会、建设富强民主文明和谐美丽的社会主义现代化强国的正确理论。事实证明，中国特色社会主义理论体系是能够把全党全国各族人民紧密团结在一起的共同思想基础，是中国人民战胜一切风险和挑战的主心骨，是实现中华民族伟大复兴的精神支柱。在未来前进的道路上，无论遇到什么样的艰难险阻，都要始终坚持中国特色社会主义理论体系不动摇。

三、中国特色社会主义制度

中国特色社会主义制度是党和人民在长期实践中，接续奋斗、接力探索，历尽千辛万苦、付出巨大代价取得的重大成就。中国共产党自成立以来，团结带领人民，坚持把马克思主义基本原理同中国具体实际相结合，赢得了中国革命胜利，并深刻总结国内外正反两方面经验，不断探索实践，不断改革创新，建立和完善社会主义制度，形成和发展党的领导和经济、政治、文化、社会、生态文明、军事、外事等各方面制度。党的十八大以来，我们党把制度建设摆到更加突出的位置，把"完善和发展中国特色社会主义制度、推进国家治理体系和治理能力现代化"确定为全面深化改革的总目标，推动形成更加成熟更加定型的中国特色社会主义制度。党的十九届四中全会明确提出坚持和完善中国特色社会主义制度、推进国家治理体系和治理能力现代化的总体目标，提供了进一步完善和发展中国特色社会主义制度的时间表和路线图。

中国特色社会主义制度是一个严密完整的科学制度体系，起四梁八柱作用的是根本制度、基本制度、重要制度，其中具有统领地位的是党的领导制度，它从制度形态上科学回答了新时代坚持和发展什么样的中国特色社会主义、怎样坚持和发展中国特色社会主义这一根本问题。这样一套制度安排是在我国历史传承、文化传统、经济社会发展的基础上长期发展、不断完善、内生演化的结果，具有鲜明的中国特色，是适合我国国情的社会主义制度。中国特色社会主义制度涵盖党的领导和经济、政治、文化、社会、生态文明、军事、外事等各个方面，是当代中国发展进步的根本制度保障，是具有鲜明中国特色、明显制度优势、强大自我完善能力的先进制度。

中国特色社会主义最本质的特征、中国特色社会主义制度的最大优势就是中国共产党的领导。对此，习近平强调指出，"一定要认清，中国的最大的国情就是中国共产党的领导。什么是中国特色？这就是中国特色。中国共产党领导的制度是我们自己的，不是从哪里克隆来的，也不是亦步亦趋效仿别人的。"① 必须坚持党政军民学、东西南北中，党是领导一切的，坚决维护党中央权威，健全总揽全局、协调各方的党的领导制度体系，把党的领导落实到国家治理各领域各方面各环节。坚持和完善党的领导制度体系，提高党科学执政、民主执政、依法执政水平，就要尽快建立和完善不忘初心、牢记使命的制度，完善坚定维护党中央权威和集中统一领导的各项制度，健全党的全面领导制度，健全为人民执政、靠人民执政各项制度，健全提高党的执政能力和领导水平制度，完善全面从严治党制度。

我国是工人阶级领导的、以工农联盟为基础的人民民主专政的社会主义国家，国家的一切权力属于人民。必须坚持人民主体地位，坚定不移走中国特色社会主义政治发展道路，健全民主制度，丰富民主形式，拓宽民主渠道，使各方面制度和国家治理更好体现人民意志、保障人民权益、激发人民创造，确保人民依法通过各种途径和形式管理国家事务，管理经济文化事业，管理社会事务。中国特色社会主义政治制度，包括人民代表大会制度这一根本政治制度、中国共产党领导的多党合作和政治协商制度、最广泛的爱国统一战线、民族区域自治制度、基层群众自治制度等一整套制度安排。实践证明，这样一套制度安排是行之有效的，对于保障人民当家作主，发展社会主义民主，充分发挥中国特色社会主义制度和国家治理体系优越性，具有十分重要的意义。中国特色社会主义政治制度之所以行得通、有生命力和效率，因为它是深深扎根于本国土壤、汲取充沛养分的制度。中国特色社会主义政治制度能够有效保证人民享有更加广泛、更加充实的权利和自由，保证人民广泛参与国家治理和社会治理；能够有效调节国家政治关系，发展充满活力的政党关系、民族关系、宗教关系、阶层关系、海内外同胞关系，增强民族凝聚

---

① 《习近平总书记重要讲话文章选编》，中央文献出版社、党建读物出版社 2016 年版，第133 页。

力，形成安定团结的政治局面；能够集中力量办大事，有效促进社会生产力解放和发展，促进现代化建设各项事业，促进人民生活质量和水平不断提高；能够有效维护国家主权、安全、发展利益，维护中国人民和中华民族的福祉。

走什么样的法治道路、建设什么样的法律和法治体系，也是由一个国家的基本国情决定的。中国特色社会主义法律和法治体系建设，必须从我国实际出发，同推进国家治理体系和治理能力现代化相适应，突出中国特色、实践特色、时代特色。中国特色社会主义法治体系包括以宪法为核心的中国特色社会主义法律体系、严密的法治监督体系、有力的法治保障体系以及完善的党内法规体系。纲举才能目张，法治体系就是法治建设的纲，是全面推进依法治国、建设社会主义法治国家的工作重点和总抓手，是国家治理体系的骨干工程。

公有制为主体、多种所有制经济共同发展，按劳分配为主体、多种分配方式并存，社会主义市场经济体制等社会主义基本经济制度，既体现了社会主义制度优越性，又同我国社会主义初级阶段社会生产力发展水平相适应，是党和人民的伟大创造。公有制经济和非公有制经济都是社会主义市场经济的重要组成部分，都是我国经济社会发展的重要基础。必须毫不动摇巩固和发展公有制经济，坚持公有制主体地位，发挥国有经济主导作用，不断增强国有经济活力、控制力、影响力、抗风险能力。同时，必须毫不动摇鼓励、支持和引导非公有制经济发展，激发非公有制经济活力和创造力。坚持按劳分配为主体、多种分配方式并存，必须完善相关制度和政策，合理调节城乡、区域、不同群体间分配关系。鼓励勤劳致富，保护合法收入，增加低收入者收入，扩大中等收入群体，调节过高收入，清理规范隐性收入，取缔非法收入。坚持社会主义基本经济制度，充分发挥市场在资源配置中的决定性作用，更好发挥政府作用，必须加快完善社会主义市场经济体制，完善国家行政体制，优化政府职责体系，优化政府组织结构，健全充分发挥中央和地方两个积极性体制机制。

此外，中国特色社会主义制度还包括社会主义先进文化制度、统筹城乡的民生保障制度、共建共治共享的社会治理制度、促进人与自然和谐共生的生态文明制度体系、党对人民军队的绝对领导制度、党和国家监督体系、推进祖国和平统一的"一国两制"制度体系、推动构建人类命运共同体的和平外交政策等各种各类制度。

中国特色社会主义制度不是一成不变的，需要在改革实践中不断发展完善。坚持和完善中国特色社会主义制度、推进国家治理体系和治理能力现代化，必须突出坚持和完善支撑中国特色社会主义制度的根本制度、基本制度、重要制度，着力固根基、扬优势、补短板、强弱项，构建系统完备、科学规范、运行有效的制度体系，加强系统治理、依法治理、综合治理、源头治理，把我国制度优势更好转化为国家治理效能，为实现"两个一百年"奋斗目标、实现中华民族伟大复兴的中国梦提供有力保证。为此，党的十九届四中全会明确提出了坚持和完善中国特色社会主义制度、推进国家治理体系和治理能力现代化的总体目标，即到我们党成立100年时，在各方面制度更加成熟更加定型上取得明显成效；到2035年，各方面制度更加完善，基本实现国家治理体系和治理能力现代化；到新中国成立100年时，全面实现国家治理体系和治理能力现代化，使中国特色社会主义制度更加巩固、优越性充分展现。坚持和完善中国特色社会主义制度，要处理好制度建设变与不变的关系，处理好坚守本来和吸收外来的关系，坚持以实践基础上的理论创新推动制度创新，坚持和完善现有制度，从实际出发，把成熟的法律及时上升为新制度，构建系统完备、科学规范、运行有效的制度体系，使各方面制度更加成熟更加定型，为我国社会发展进步提供更加有效的制度保障。

四、中国特色社会主义文化

文化是民族生存和发展的重要力量。人类社会每一次跃进，人类文明每一次升华，都必然伴随着文化的历史性进步。习近平指出，"中华民族创造了源远流长的中华文化，中华民族也一定能够创造出中华文化新的辉煌"[1]。中国特色社会主义文化，积淀了中华民族最深层的精神追求，代表中华民族独特的精神标识，是激励全党全国各族人民奋勇前进的强大精神力量。

走中国特色社会主义文化发展道路，就是坚持为人民服务、为社会主义服务的方向，坚持百花齐放、百家争鸣的方针，坚持贴近实际、贴近生活、贴近群众的原则，推动社会主义精神文明和物质文明全面发展，建设面向现代化、面向世界、面向未来的，民族的科学的大众的社会主义文化。

---

[1]《习近平谈治国理政》第一卷，外文出版社2018年版，第156页。

中国特色社会主义文化是坚守中华文化立场的文化。生生不息、博大精深的5000多年文明历史孕育的中华优秀传统文化，是我们文化发展的母体，是中华民族的根和魂，是我们在世界文化激荡中站稳脚跟的坚实根基，是中国特色社会主义文化的独特优势。中国特色社会主义文化同时又是立足当代中国现实，结合当今时代条件的面向现代化、面向世界、面向未来的文化。在当今时代，弘扬中华优秀传统文化，必须立足当代、面向未来、古为今用、推陈出新。要深入挖掘中华优秀传统文化蕴含的思想观念、人文精神、道德规范，紧密结合新的时代条件和实践要求进行创造性转化、创新性发展，不断赋予其新的时代内涵和现代表现形式。

中国特色社会主义文化继承了党和人民伟大斗争中孕育的鲜明独特、奋发向上的革命文化。党领导人民在进行革命、建设、改革中创造和发展起来的革命文化，是中华优秀传统文化的凝聚和升华，是中国共产党人和中国人民伟大创造精神的生动体现，是激励全党全国人民奋勇前进的强大精神力量。革命文化是坚守理想信念、充满革命激情、歌颂献身精神的文化，从红船精神、井冈山精神、长征精神、延安精神、西柏坡精神，到雷锋精神、大庆精神、"两弹一星"精神，再到载人航天精神、北京奥运精神、抗震救灾精神。这些富有时代特征、民族特色的宝贵财富，经过不断的再生再造、凝聚升华，逐渐熔铸进中国特色社会主义文化的有机体。

中国特色社会主义文化发展了以马克思主义为指导的社会主义先进文化。生机勃勃的社会主义先进文化，是对中华民族优秀传统文化和红色革命文化的继承和发展，是中国共产党人以马克思主义为指导，领导人民在革命、建设和改革中的文化创造。在社会主义先进文化中起中轴作用、决定其性质和方向的是社会主义核心价值观。社会主义核心价值观引领着社会风尚，教育人民树立和坚持正确的世界观、人生观、价值观、历史观、民族观、国家观、文化观、道德观，为全面建成小康社会，实现中华民族伟大复兴中国梦，建设社会主义现代化强国，不断注入蓬勃的生机活力和思想智慧。在短短几十年的社会主义实践中，我们创造了中国道路、中国模式、中国奇迹，充分说明社会主义先进文化是一种富有生命力的文化，是一种代表人类文明发展进步方向的文化。

发展中国特色社会主义文化，就是以马克思主义为指导，坚守中华文化立场，立足当代中国现实，结合当今时代条件，发展面向现代化、面向世界、面向未来的，民族的科学的大众的社会主义文化，推动社会主义精神文明和物质文明协调发展。要坚持为人民服务、为社会主义服务，坚持百花齐放、百家争鸣，坚持创造性转化、创新性发展，不断铸就中华文化新辉煌。

第二节　中国特色社会主义的光明前景

中国特色社会主义极大改变了中国的面貌、中华民族的面貌、中国人民的面貌、中国共产党的面貌。中国特色社会主义进入新时代，意味着近代以来久经磨难的中华民族迎来了从站起来、富起来到强起来的伟大飞跃；中国人民迎来了从温饱不足到小康富裕的伟大飞跃。中华民族正以崭新姿态屹立于世界东方，走上了实现伟大复兴的壮阔道路。中国特色社会主义也迎来了从创立、发展到完善的伟大飞跃，展现出光明前景。

一、中华民族迎来了从站起来、富起来到强起来的伟大飞跃

只有社会主义才能救中国，只有坚持和发展中国特色社会主义，才能实现中华民族伟大复兴。中国特色社会主义是党和人民长期奋斗、创造、积累的根本成就。正如习近平强调的，"中国特色社会主义不是从天上掉下来的，而是在改革开放40年的伟大实践中得来的，是在中华人民共和国成立近70年的持续探索中得来的，是在我们党领导人民进行伟大社会革命97年的实践中得来的，是在近代以来中华民族由衰到盛170多年的历史进程中得来的，是对中华文明5000多年的传承发展中得来的，是党和人民历经千辛万苦、付出各种代价取得的宝贵成果。"[①]

我国古代以农业立国，农耕文明长期居于世界领先水平。汉代时人口已超过6000万，开垦土地超过8亿亩。唐代都城长安的人口已超过百万。到北宋时期，人口超过10万的城市接近50座，而当时伦敦、巴黎、威尼斯、佛罗伦萨这些西方繁华城市的人口都不足10万。16世纪以前世界上最重要的300项发明和发现中，我国就占了173项，远远超过同期的欧洲。在相当长的历史时期，

---

① 转引自人民日报社评论部：《论学习贯彻习近平总书记"1·5"重要讲话》，人民出版社2018年版，第2—3页。

我国思想文化、社会制度、经济发展、科学技术以及其他许多方面都对周边国家发挥了重要辐射和引领作用。

但是，近代以来，在西方资本主义文明强势崛起之时我们却落伍了。鸦片战争后，我国的国门被西方列强打开，自给自足的自然经济逐渐解体的同时却没有抓住工业革命的历史机遇。尽管民族工业有一些发展，总体上国家依然贫穷落后。这一状态持续了百余年的时间，国家和人民一直饱受欺侮。因此，实现中华民族伟大复兴是鸦片战争以来中华民族最伟大的梦想，也是中国共产党与生俱来的历史使命和团结全体中华儿女不懈奋斗的最大公约数，凝聚了几代中国人的夙愿。

鸦片战争是对中华民族的警醒。无数仁人志士从来就没有甘心落后挨打、任人宰割，前赴后继矢志不渝地探索民族复兴之路。中华民族从倒下去到重新站起来走过了漫长的历程，付出了高昂的代价。中国共产党在国家战乱频仍、民族蒙受苦难、人民渴求光明的逆境中应运而生，带领人民历经 28 年浴血奋战，使"占人类总数四分之一的中国人从此站立起来了"[1]。中华人民共和国的成立，为民族复兴奠定了坚实基础。此后，经过改革开放之前 30 年的艰辛探索，确立起社会主义基本制度，推进社会主义建设，在"一穷二白"的基础上建成了独立的比较完整的工业体系和国民经济体系。

党的十一届三中全会开启了改革开放的历史新时期。改革开放成功开辟了中国特色社会主义道路，开启了中华民族伟大复兴的新征程，社会主义制度优越性集中展现。改革开放以来，中国发生了天翻地覆的变化，党和国家各项事业取得了举世瞩目的伟大成就。我国经济总量在世界上的排名，改革开放之初是第十一；2005 年超过法国，居第五；2006 年超过英国，居第四；2007 年超过德国，居第三；2010 年超过日本，居第二。在中国共产党领导下，中国这个世界上最大的发展中国家创造了人类社会发展史上惊天动地的发展奇迹，中华民族焕发出新的蓬勃生机。

党的十八大以来，经过历史性变革，我们比历史上任何时期都更接近、更有信心和能力实现中华民族伟大复兴的目标。我国发展站到新的历史起点上，中国特色社会主义进入了新时代。"中国特色社会主义进入新时代，意味着近代以来久经磨难的中华民族迎来了从站起来、富起来到强起来的伟大飞跃，迎

---

[1]　《毛泽东文集》第五卷，人民出版社 1996 年版，第 343 页。

来了实现中华民族伟大复兴的光明前景"①。

二、科学社会主义在 21 世纪的中国焕发出强大生机活力

中国特色社会主义，是科学社会主义理论逻辑和中国社会发展历史逻辑的辩证统一，是根植于中国大地、反映中国人民意愿、适应中国和时代发展进步要求的科学社会主义，是全面建成小康社会、加快推进社会主义现代化、实现中华民族伟大复兴的必由之路。

中国特色社会主义坚持了科学社会主义的基本原则。马克思、恩格斯阐述的科学社会主义基本原则，为建设社会主义、共产主义指明了方向。"科学社会主义基本原则不能丢，丢了就不是社会主义。"② 中国特色社会主义继承了马克思主义经典作家关于科学社会主义的重要思想，贯穿了马克思主义立场、观点、方法，在理论和实践上都很好地坚持了科学社会主义的基本原则。所以说"中国特色社会主义是社会主义，不是别的什么主义"③。

中国人选择社会主义道路，是近代以来中国各种主义和思潮反复比较、各种政治力量反复较量的结果。在中华民族积贫积弱、任人宰割的时期，各种主义和思潮都进行过尝试，但都没能解决中国的前途和命运问题，最终还是中国共产党坚持的科学社会主义引导中国人民走出漫漫长夜、建立了中华人民共和国，推动中国的社会主义现代化事业蓬勃发展。党的十九大作出中国特色社会主义进入新时代这个重大政治论断，"我们必须认识到，这个新时代是中国特色社会主义新时代，而不是别的什么新时代"④。

自从科学社会主义植根于中国大地的那一天开始，它就始终存在一个基本原则与中国具体国情相结合的问题。中国共产党人每一次具有历史转折意义的创造性开拓，都是既坚持科学社会主义的基本原则同时又根据具体实际和时代特征赋予其鲜明特色的结果。把中国特色社会主义放到世界社会主义 500 多年的大历史中考察，放到科学社会主义和国际共产主义运动 170 多年的长历史中考察，我们可以看到，中国特色社会主义已经成为 21 世纪科学社会主义一面

---

① 习近平：《决胜全面建成小康社会　夺取新时代中国特色社会主义伟大胜利——在中国共产党第十九次全国代表大会上的报告》，人民出版社 2017 年版，第 10 页。
② 《十八大以来重要文献选编》（上），中央文献出版社 2014 年版，第 109 页。
③ 《十八大以来重要文献选编》（上），中央文献出版社 2014 年版，第 109 页。
④ 《习近平关于"不忘初心、牢记使命"论述摘编》，党建读物出版社、中央文献出版社 2019 年版，第 37 页。

高扬的旗帜，具有鲜明的实践特色、理论特色、民族特色、时代特色。

中国特色社会主义具有鲜明的实践特色。中国特色社会主义有深厚的实践基础，是在我国改革开放和现代化建设实践中产生和发展起来的，并在实践中显示出蓬勃生机与活力。正是中国特色社会主义，使我们这样一个人口众多的发展中大国以世界上少有的速度持续快速发展起来，给我国人民带来更多福祉，使中华民族大踏步赶上时代前进潮流、迎来伟大复兴的光明前景。

中国特色社会主义具有鲜明的理论特色。中国特色社会主义继承和发扬马克思主义理论品质，贯穿鲜明的信仰信念、坚定的人民立场、强烈的历史担当，坚持求真务实的作风、勇于创新的精神和科学的方法论原则，呈现出当代中国化马克思主义的鲜明理论特色；中国特色社会主义具有坚守真理、传承文明的继承性，与时俱进、引领未来的创新性，不忘初心、牢记使命、践行宗旨的人民性和实事求是、把握规律的科学性。这是中国特色社会主义能够得到全党全国各族人民高度认同，在实践中发挥巨大的指导作用的根本原因。

中国特色社会主义具有鲜明的民族特色。中国特色社会主义是中华民族推进自身发展、实现民族伟大复兴的必由之路和必然选择。它立足于我国社会主义初级阶段基本国情，汲取我国优秀传统文化中的丰富营养，是科学社会主义同中华民族的文化特质、思维方式、价值取向有机结合的产物，具有鲜明的中国特色、中国风格和中国气派。

中国特色社会主义具有鲜明的时代特色。中国特色社会主义这个重大命题的提出有深刻的时代背景。伴随经济全球化和世界多极化加速发展，世界范围兴起了一场以增强综合国力为目标的改革调整浪潮，其涉及国家之广、影响程度之深、持续时间之长，都是前所未有的。其间，东欧剧变、苏联解体，世界社会主义运动遭受严重挫折。改革开放以来，中国共产党在复杂变幻的世界格局和国际局势面前，始终坚持以宽广眼界观察世界，以科学思维审视时代，积极适应世界形势变化，认真吸取世界社会主义运动的经验教训，在改革开放中解放和发展生产力，在竞争比较中学习借鉴人类社会一切文明成果，推动中国特色社会主义不断获得自我完善和发展。可以说，中国特色社会主义的发展，始终与世界的发展紧密联系在一起，始终与人类的文明进步紧密联系在一起，顺应了时代潮流，体现了时代要求。

中国特色社会主义使科学社会主义在 21 世纪的中国焕发出强大生机活力。与 20 世纪 80 年代末 90 年代初苏联和东欧国家社会主义理论与实践遭遇挫折和失败形成鲜明对比的是，中国通过改革开放为社会主义的发展注入了新的生机和活力。中国特色社会主义以其自身的发展推动着世界社会主义的发展，并以其独特的理论与实践不断丰富世界社会主义的内容。迈入新时代的中国特色社会主义已经成为当今世界社会主义的最大亮点。

这个亮点意味着一个拥有 9000 多万名党员和 14 亿人口的大国依然坚持走社会主义道路，其影响力、吸引力、辐射力不言而喻。

邓小平指出："最终说服不相信社会主义的人要靠我们的发展。如果我们本世纪内达到了小康水平，那就可以使他们清醒一点；到下世纪中叶我们建成中等发达水平的社会主义国家时，就会大进一步地说服他们"①。经过改革开放 40 多年的探索，中国特色社会主义的基本轮廓已经逐渐显现出来。习近平在党的十九大报告中充满自信地指出，中国特色社会主义进入新时代，"意味着科学社会主义在二十一世纪的中国焕发出强大生机活力，在世界上高高举起了中国特色社会主义伟大旗帜"②。

三、中国特色社会主义为解决人类问题贡献中国智慧和中国方案

人类社会曾经在生产力落后、物质生活总体匮乏的情况下延续了几千年。15 世纪末至 16 世纪初，西欧社会开始进入现代化进程，继之而起的工业化则大大加速了这一进程。在从工业文明开始到现在的短短几百年里，人类社会巨大的生产力创造了少数发达国家的西方式现代化，把它们从中世纪落后的农业社会转变成现代工业社会。现代化是一场全方位的社会大变革，涉及政治、经济、文化、社会、思想、行为等方方面面。正是这种变革让西方在世界力量格局中后来居上，一跃成为全世界的引领者。

历史地看，西方发达国家的现代化过程在一定意义上也就是资本主义化的过程，是一个资本主义生产方式逐渐确立并不断扩张的过程。在这个充斥着野蛮扩张、暴力征服的血与火的过程中，所有非西方国家都是被迫进入现代化进程的。然而，西方发达国家的这种现代化是建立在少数人富裕、多数人贫穷基

① 《邓小平文选》第三卷，人民出版社 1993 年版，第 204 页。
② 习近平：《决胜全面建成小康社会　夺取新时代中国特色社会主义伟大胜利——在中国共产党第十九次全国代表大会上的报告》，人民出版社 2017 年版，第 10 页。

础上的一种发展模式。这种发展模式是不可持续的，也是不可能被大多数国家复制的。它在事实上已经威胁到人类的生存。"当大多数人都要像少数富裕人那样生活，人类文明就将崩溃。当今世界都在追求的西方式现代化是不能实现的，它是人类的一个陷阱。"① 发展中国家必须创新发展理念，探索一条新的可持续发展的现代化道路。

其实，历史上各种社会主义思潮的产生、发展，就是对西方国家现代化过程中产生的不同社会问题的反应，是试图超越西方现代化道路而探索某种可行性替代方案进行的持续努力。从社会主义思潮和运动发展的轨迹不难看出，它对西方式现代化的回应主要在两个维度上展开：其一是通过对资本主义的现代化引发社会问题的持续批判，试图对这一现代化道路和模式进行一定程度的校正；其二是试图找到一种新的现代化道路和模式，对资本主义的现代化道路和模式进行替代。第二个维度的尝试又分为两个层面：一是理论设计，二是实践探索。

我国的现代化进程经历了颇多曲折。直到中华人民共和国成立后，我们党才提出探索一条不同于西方国家现代化的社会主义现代化之路的任务，并领导人民开始了大规模工业化建设。改革开放 40 多年来，尽管遇到各种困难，我们却创造了第二次世界大战结束后一个国家经济高速增长持续时间最长的纪录，成为世界制造业第一大国、世界第二大经济体、世界经济增长的主要动力源和稳定器。目前，中国经济已由高速增长阶段转向高质量发展阶段，与发达国家的经济差距在快速缩小。"我们用几十年时间走完了发达国家几百年走过的发展历程，创造了世界发展的奇迹。"② 从世界发展史看，这一社会大变革不但速度、规模超乎寻常，变化的广度、深度和难度也超乎寻常。一条不同于西方国家的现代化之路正越来越清晰地呈现在世界面前，从而为正走在现代化道路上的发展中国家提供了一种新的样板、新的选择、新的启示。中国现代化的成就雄辩地证明，实现现代化并非只有西方一条道路，也不存在唯一正确的"标准"模式。事实上，不同西方国家的现代化道路也是不同的，非西方国家的现代化道路多样性更加明显，找到适合本国的现代化道路才是成功的关键。习近平指出："中国特色社会主义道路、理论、制度、文化不断发展，拓展

---

① 习近平：《之江新语》，浙江人民出版社 2007 年版，第 118 页。
② 《习近平总书记重要讲话文章选编》，中央文献出版社、党建读物出版社 2016 年版，第 385—386 页。

了发展中国家走向现代化的途径，给世界上那些既希望加快发展又希望保持自身独立性的国家和民族提供了全新选择，为解决人类问题贡献了中国智慧和中国方案。"①

从文明进步的角度来看，人类文明发展本来是多元化、多引擎的。但进入近代之后，尤其是工业革命发生后，西方文明借助于资本主义的全球扩张俨然成了世界文明进步的标杆、样板、目标，西方发达国家的价值观也俨然成了人类文明进步的指挥棒。似乎世界的现代化、人类文明的进步就是西方化。中华文明的复兴必将终结西方文明事实上独霸天下的局面，必将重塑当代文明新格局，校正人类文明进步的方向，调整人类文明发展的步态。正是在这个意义上，我们说中国特色社会主义进入新时代，不仅在中华人民共和国发展史上、在中华民族发展史上、在世界社会主义发展史上具有重大意义，而且在整个人类社会发展史上也具有重大的意义。它不仅是全体中华儿女勠力同心、奋力实现中华民族伟大复兴中国梦的时代，也是"我国日益走近世界舞台中央、不断为人类作出更大贡献的时代"②。

当今世界正处在大发展大变革大调整时期。一方面，各国相互联系、相互依存，全球命运与共、休戚相关，和平、发展、合作、共赢的时代潮流更加强劲；另一方面，经济全球化遭遇逆风，世界经济增长乏力，金融危机阴云不散，发展鸿沟日益突出，地区冲突时有发生，冷战思维和强权政治阴魂不散，恐怖主义、网络安全、重大传染性疾病、气候变化等非传统安全威胁持续蔓延。西方的治理理念、体系和模式越来越难以适应新的国际格局和时代潮流，整个国际社会对未来发展方向也倍感迷茫。

在这样的背景下，习近平新时代中国特色社会主义思想有关构建人类命运共同体的主张越来越受到国际社会的关注。这一思想的主旨就是"要尊重世界文明多样性，以文明交流超越文明隔阂、文明互鉴超越文明冲突、文明共存超越文明优越"，由"各国人民同心协力，构建人类命运共同体，建设持久和平、普遍安全、共同繁荣、开放包容、清洁美丽的世界"。③ 可以预见，强起来的中

---

① 习近平：《决胜全面建成小康社会　夺取新时代中国特色社会主义伟大胜利——在中国共产党第十九次全国代表大会上的报告》，人民出版社 2017 年版，第 10 页。
② 习近平：《决胜全面建成小康社会　夺取新时代中国特色社会主义伟大胜利——在中国共产党第十九次全国代表大会上的报告》，人民出版社 2017 年版，第 11 页。
③ 习近平：《决胜全面建成小康社会　夺取新时代中国特色社会主义伟大胜利——在中国共产党第十九次全国代表大会上的报告》，人民出版社 2017 年版，第 59、58—59 页。

国必将成为人类文明进步的新支点。

第三节　坚定中国特色社会主义道路自信、理论自信、制度自信、文化自信

一个政党、一个国家、一个民族，只有对自己的道路、理论、制度、文化持有坚定的信心，才能获得坚守的从容，鼓起奋发的勇气，焕发创造的活力。确保党和国家事业始终沿着正确方向前进，决胜全面建成小康社会，夺取新时代中国特色社会主义伟大胜利，实现中华民族伟大复兴的中国梦，必须坚定中国特色社会主义道路自信、理论自信、制度自信、文化自信。

坚定中国特色社会主义道路自信，就是坚信中国特色社会主义道路是实现社会主义现代化的必由之路，是指引中国人民创造自己美好生活的必由之路。中国特色社会主义道路是我们党领导人民在长期的革命、建设、改革的伟大实践中，历尽千辛万苦、付出各种代价开创出来的，是近代以来中国人民长期奋斗历史逻辑、理论逻辑、实践逻辑的必然结果。道路是否正确，最终要靠事实说话，由人民裁判。中华人民共和国成立 70 多年特别是改革开放 40 多年来，我国经济实力、综合国力大幅提升，人民生活显著改善，国际地位空前提高，中华民族在如此短的时间内迎来了从站起来、富起来到强起来的伟大飞跃。这样的发展，这样的巨变，充分证明中国特色社会主义道路是引领中国进步、实现人民福祉的人间正道。当今世界，要说哪个政党、哪个国家、哪个民族能够自信的话，那就是中国共产党、中华人民共和国、中华民族。这个自信是有充分理由和充足底气的。

坚定中国特色社会主义理论自信，就是坚信中国特色社会主义理论体系是指导党和人民沿着中国特色社会主义道路实现中华民族伟大复兴的正确理论，是立于时代前沿、与时俱进的科学理论。理论是实践的先导，思想是行动的指南。充分发挥思想理论的引导作用，是我们党的宝贵品质，也是党领导人民实现革命、建设、改革伟大胜利的重要法宝。中国特色社会主义理论体系是深深扎根于中国大地、符合中国实际的当代中国马克思主义。中国特色社会主义理论体系同马克思列宁主义、毛泽东思想是坚持、发展和继承、创新关系。进一步坚定理论自信，就是既不忘老祖宗又要讲新话，坚定不移用马克思主义中

化最新成果武装头脑、指导实践、推动工作。习近平新时代中国特色社会主义思想，是马克思主义中国化最新成果，是中国特色社会主义理论体系的重要组成部分，是全党全国人民为实现中华民族伟大复兴而奋斗的行动指南。在中国特色社会主义新时代，坚持以马克思主义为指导，就是坚持以习近平新时代中国特色社会主义思想为指导；坚定中国特色社会主义理论自信，就是要用习近平新时代中国特色社会主义思想武装头脑、指导实践。

坚定中国特色社会主义制度自信，就是坚信中国特色社会主义制度是当代中国发展进步的根本制度保障，是具有鲜明中国特色、明显制度优势、强大自我完善能力的先进制度。"中国特色社会主义制度是党和人民在长期实践探索中形成的科学制度体系，我国国家治理一切工作和活动都依照中国特色社会主义制度展开，我国国家治理体系和治理能力是中国特色社会主义制度及其执行能力的集中体现。"① 中国特色社会主义制度，坚持把根本制度、基本制度、重要制度以及各方面体制机制等具体制度有机结合起来，既坚持社会主义根本性质，又注意借鉴古今中外制度建设有益成果，集中体现了中国特色社会主义的特点和优势。中华人民共和国成立以来特别是改革开放以来的历史证明，中国特色社会主义制度符合我国国情，顺应时代潮流，有利于保持党和国家活力，有利于调动广大人民群众和社会各方面的积极性、主动性、创造性，有利于解放和发展社会生产力、推动经济社会全面发展，有利于维护和促进社会公平正义、实现全体人民共同富裕，有利于集中力量办大事、有效应对前进道路上的各种风险挑战，有利于维护民族团结、社会稳定和国家统一。中国特色社会主义制度是在改革实践中不断发展完善的。进一步坚定制度自信，就是要既不照抄照搬，又不故步自封，更好地发挥中国特色社会主义制度的优越性。习近平新时代中国特色社会主义思想明确我国全面深化改革总目标就是完善和发展中国特色社会主义制度、推进国家治理体系和治理能力现代化。

坚定中国特色社会主义文化自信，就是坚信中国特色社会主义文化积淀着中华民族最深层的精神追求，代表着中华民族独特的精神标识，是中国人民胜利前行的强大精神力量。文化自信是一个政党、一个国家、一个民族对自身文化价值的充分肯定和积极践行，并对其文化的生命力持有的坚定信心。坚定中

① 《中共中央关于坚持和完善中国特色社会主义制度、推进国家治理体系和治理能力现代化若干重大问题的决定》，人民出版社2019年版，第1—2页。

国特色社会主义道路自信、理论自信、制度自信，说到底是要坚定文化自信，文化自信是更基础、更广泛、更深厚的自信，是更基本、更深沉、更持久的力量。坚定文化自信，是事关国运兴衰、事关文化安全、事关民族精神独立性的大问题。文化是一个国家、一个民族的灵魂。文化兴则国运兴，文化强则民族强。没有高度的文化自信，就没有中华民族伟大复兴。中国特色社会主义文化，源自中华民族5000多年文明历史孕育的博大精深的中华优秀传统文化，熔铸于党领导人民在革命、建设、改革中创造的鲜明独特、奋发向上的革命文化和承前启后、继往开来的社会主义先进文化，植根于中国特色社会主义伟大实践，这是我们文化自信的深厚根基和强大底气。正如习近平所说："站立在九百六十多万平方公里的广袤土地上，吸吮着五千多年中华民族漫长奋斗积累的文化养分，拥有十三亿多中国人民聚合的磅礴之力，我们走中国特色社会主义道路，具有无比广阔的时代舞台，具有无比深厚的历史底蕴，具有无比强大的前进定力。"① 中国人民应该有这个信心，每一个中国人都应该有这个信心。

中国特色社会主义道路自信、理论自信、制度自信、文化自信共同构成一个有机整体，是习近平新时代中国特色社会主义思想的重要内容，体现了中国共产党和中国人民坚持和发展中国特色社会主义伟大事业的坚定信念和坚强信心。坚定"四个自信"，对不断开创新时代中国特色社会主义新局面、夺取新时代中国特色社会主义伟大胜利、实现中华民族伟大复兴的中国梦、实现人民对美好生活的向往，具有重大意义。

思考题：

1. 如何理解中国特色社会主义的根本成就？

2. 如何把握中国特色社会主义进入新时代的光明前景？

3. 为什么说夺取新时代中国特色社会主义伟大胜利，必须坚定中国特色社会主义道路自信、理论自信、制度自信、文化自信？怎样才能坚定"四个自信"？

---

① 习近平：《决胜全面建成小康社会　夺取新时代中国特色社会主义伟大胜利——在中国共产党第十九次全国代表大会上的报告》，人民出版社2017年版，第70页。

第十章　社会历史发展的总趋势

170 多年前，马克思、恩格斯在《共产党宣言》中揭示了资本主义灭亡、共产主义胜利的必然性。社会主义在 20 世纪经历过高歌猛进的发展，也在 80 年代末、90 年代初遭遇了苏联东欧剧变那样的重大挫折，到了 21 世纪又有了新的发展。尽管我们所处的时代同马克思所处的时代相比发生了巨大而深刻的变化，但从世界社会主义 500 多年的大视野来看，我们依然处在马克思主义指明的历史时代。这是我们对马克思主义保持坚定信心、对社会主义保持必胜信念的科学根据。[①] 中国特色社会主义，是科学社会主义理论逻辑和中国社会发展历史逻辑的辩证统一[②]，科学社会主义在中国的成功，对马克思主义、科学社会主义的意义，对世界社会主义的意义，是十分重大的。[③] 当代资本主义的新变化和科学社会主义的新发展，体现了社会历史发展的总趋势。

第一节　当代资本主义的新变化

当代资本主义是指第二次世界大战以后的资本主义，是以当今世界一些发达资本主义国家为代表的资本主义。第二次世界大战以后，世界经历了冷战和冷战格局解体等一系列重大历史性变动，发达资本主义国家也出现了许多新变化。这些变化深刻地影响了资本主义发展的历史进程，也深刻地影响了社会主义发展的历史进程。

一、资本主义的自我调节能力及其新变化

资本主义的发展，从 1640 年英国资产阶级革命算起，至今已有 380 年的历史。在这个过程中，资本主义经历了几个发展阶段，几次快速发展和几次停滞，但从来没有像 20 世纪经历的那样跌宕起伏、风云变幻。习近平指出，"我们要深刻认识资本主义社会的自我调节能力，充分估计到西方发达国家在经济

---

① 参见《习近平谈治国理政》第二卷，外文出版社 2017 年版，第 66 页。
② 参见《习近平谈治国理政》第一卷，外文出版社 2018 年版，第 21 页。
③ 参见《习近平谈治国理政》第三卷，外文出版社 2020 年版，第 70 页。

科技军事方面长期占据优势的客观现实，认真做好两种社会制度长期合作和斗争的各方面准备。"① 因此，必须科学认识第二次世界大战之后资本主义的自我调节能力及其新变化。

20 世纪上半叶，由于社会化生产和资本主义占有这一资本主义基本矛盾的激化，资本主义国家危机不断，爆发了两次世界大战。特别是 1929 — 1933 年的世界资本主义经济危机，几乎造成资本主义的全面崩溃。第二次世界大战后，资本主义在 20 世纪 50 — 70 年代经历了一个经济较快发展的"黄金时期"。在 20 世纪 90 年代初以后的 10 年中，美国借助于高新科技，推进了其高增长率、低通胀率和低失业率的"新经济"。

为什么当代资本主义会获得这些新的变化呢？从根本上说，并不是因为资本主义的本质已经改变，而是因为资本主义国家在私有制允许的范围内，在生产力、生产关系和上层建筑各个领域内，对其具体制度进行了一系列自我调节、改良和改善，对资本主义经济社会的运行管理机制作了不少的调整，促使当代资本主义出现了种种新的变化。其中一个新变化在相当程度上推动和决定了其他变化，这就是资本主义国家对经济生活的干预和调节。

发达资本主义国家对经济生活的大规模干预和调节，始于 1929 — 1933 年的经济危机。此前，在西方经济思想史中居于主导地位的自由放任主义认为，由于有市场机制这双"看不见的手"的"完善调节"，供给会自动创造需求，资本主义社会既不会产生普遍的生产过剩危机，也不会出现失业，会实现均衡发展。然而，1929 — 1933 年爆发的世界资本主义经济危机却打破了这个神话。那场首先爆发在美国，以金融危机为先导、工农财贸相互交织的剧烈危机，使美国的工业生产下降 46.3%，企业倒闭 13 万家以上，经济倒退到 1905 — 1906 年的水平；使美国名义上的国民生产总值（GNP）减少了 44%，实际 GNP 减少 40%；使美国的失业率由 1929 年的 3.2% 上升到 1933 年的 25%，失业工人达 1300 万；美国农业生产者的货币收入减少 58%，美国的国民收入由 850 亿美元下降到 370 亿美元。随后，危机迅速波及其他主要资本主义国家，使资本主义世界的工业生产下降了 40%，失业工人达 3000 万，加上半失业者达 4500 万，世界贸易缩减了 2/3，整个资本主义工业生产倒退到 1908 — 1909 年的水平，其中英国倒退到 1897 年的水平。面对山穷水尽的境地，英国经济学家凯恩斯提出

---

① 习近平：《关于坚持和发展中国特色社会主义的几个问题》，《求是》2019 年第 7 期。

要加强国家对经济生活干预的系统理论。美国新当选总统罗斯福则在实践中开始了国家对经济生活的干预和调节，展开了以"救济、复兴、改革"为基调的所谓"新政"。这一整套改善和拯救资本主义的思想理论和政策措施，对第二次世界大战后西方国家的宏观经济政策产生了深远影响，直到20世纪70年代后期西方经济出现"滞胀"危机，才逐渐改变。

促使资本主义进行一系列自我调节、改良和改善的具体原因主要有：一是发展着的社会化大生产对于狭隘的资本主义私有制日益增长的压力，迫使资产阶级不得不在资本主义生产关系可能的限度内，越来越把生产力当作社会生产力来看待。资本主义社会中此前已有的股份制、托拉斯、国有化等也是在这种背景下发展起来的。二是工人运动的发展，迫使资产阶级为保持政权而作出一些让步，用社会改良来阻挡社会革命，以局部修缮资本主义制度来防止工人阶级用革命手段推翻资产阶级政权。三是社会主义国家作为资本主义国家的对立面出现，并显示出巨大的优越性，迫使资产阶级借鉴社会主义的一些做法，对资本主义的某些具体环节和运行管理机制进行一系列的自我调节、改良和改善。

发达资本主义国家对于经济生活的干预和调节，遍布生产力、生产关系和上层建筑等众多领域，涉及生产、分配、交换和消费等许多方面。

第一，在社会生产力领域，国家干预促进新科技革命的形成和发展。这种促进作用主要表现在：一是国家成为科研经费的主要提供者，对私人企业的科技研究和发展实行税收优惠，对新投资实行税收优惠；二是国家直接出面支持庞大的科研项目，如第二次世界大战期间美国科研与发展局直接主持制造原子弹的"曼哈顿计划"，第二次世界大战后转为民用核工业，又如20世纪60年代美国宇航局支持的"阿波罗登月计划"、80年代里根政府宣布实行的"星球大战计划"；三是根据经济战略目标，制定相应的科技政策，并投资建立新的生产部门、改造旧的生产部门；四是加强科技人才的培养。

第二，在生产资料所有制方面，国家通过实行所有权与经营管理权相分离，通过税收补贴政策以推行雇员持股计划等措施，逐步调整私有制的实现形式，推动资本主义企业由仅仅以股东为中心转变为兼顾利害相关者（经营管理者、雇员、债权人、供应商等）。雇员持股计划，使人们在经济制度中具有个人的利害关系时，就好像变成了自己是其组成部分的社会、政治、财务、文化等方面的管家。而实际上，西方国家企业股权的这种日益分散化，并没有影响作为大股东的垄断资产阶级对它们的有效控股。

第三，在企业的组织机构和治理结构方面，为适应资本主义经济由大规模生产制向灵活生产制①、由福特主义②向后福特主义③的转变，发达资本主义国家的企业大多实行了多层次、多形式的雇员参与管理和决策制度，并实行了吸收工人参与安全、养老金、利润分享、假日和工作时间等问题决策的工厂委员会制度。

第四，在产品的分配和再分配方面，发达资本主义国家在从国内、海外获得高额利润的基础上，在产品分配方面实行高工资、高消费政策；而在产品的再分配方面实行名目繁多、其支出超过经济增长速度的社会保障制度和社会福利制度，其规模和费用一般占政府开支的 1/3 到 1/2，占国民生产总值的 1/5。

第五，在经济社会的运行机制上，发达资本主义国家纷纷把推行经济计划作为国家对经济进行宏观综合调节的一种手段，以减轻生产无政府状态导致的严重后果。第二次世界大战以后，在国家干预思潮的影响下，法国、联邦德国、日本、荷兰、英国、比利时、瑞典、挪威、意大利等资本主义国家的政府都曾实行了一定程度的国民经济计划化，制定全局性、前瞻性的计划和规划，运用计划手段调整经济结构、引导投资方向、整合社会资源、调节经济周期。

第六，在国际经济关系方面，发达资本主义国家利用不合理的国际分工体系，凭借其在世界市场、贸易、金融、科技等领域的主导地位，用各种经济手段控制和剥削发展中国家，以获取巨额利润。20 世纪 80 年代和 90 年代的两次

---

① 灵活生产制，是一种与大批量标准化生产制相反的、能够灵活适应不同市场需求的生产制度。它为迎合顾客的爱好，专门设计了经常发生变化的商品品种。

② 福特主义，是由美国汽车大王福特在 1913 年首先采用的，第二次世界大战以后在西方发达资本主义国家广泛流行起来的一种生产管理方法。它在 20 世纪 60 年代达到巅峰，在 70 年代中期的世界经济危机中趋于衰落。其主要特征是在生产自动化和产品标准化的基础上，利用高速传送装置，把生产过程组成流水作业线，连续不停地运转，强制工人快速操作，以提高劳动生产率，增加产品数量。

③ 后福特主义，是在福特主义衰落以后，西方发达资本主义国家采用的一种新的生产管理方法。其主要特征是，随着"微电子革命"等科学技术的发展，引进新的信息处理、计划和管理技术，改组劳动过程和劳动组织，确立人和机器之间新的、更加灵活的结合方法，把劳动过程中的一些功能和服务加以拆分和分包；在销售和设计上，根据人们的生活方式、口味和文化来确定消费对象；在雇佣劳动者中间实行新的等级制度，削弱建立在标准化工作条件基础上的共同利益组织，而有计划、有步骤地使劳动关系个体化，使原来从事标准的批量生产的工人多样化，提高生产能力的利用率。

债务危机对发展中国家造成了严重后果，导致约 20 年经济停滞不前，贫困加剧。比如在撒哈拉以南非洲地区，仅 1980—1990 年期间，人均国民生产总值下降 19%，在联合国赤贫标准 1.25 美元/天之下的人口从 2.05 亿猛增到 3.3 亿，增幅过半。到 2014 年年底，发展中国家总外债达到 6.7 万亿美元，负债率（债务占 GDP 比重）达到 23.5%，尤其是拉美和加勒比海地区，达到 30%，撒哈拉以南非洲地区达到 27%。

第七，在上层建筑领域，美国在 20 世纪 30 年代就通过让工人组织工会、选派代表同雇主谈判和签订集体合同的形式，建构解决劳资之间争执的协商和妥协机制，竭力把工人阶级的斗争引入改良主义的轨道中；欧洲的发达资本主义国家则在第二次世界大战后把搞"中左政治"作为一种统治和管理方法，允许工人运动中的改良派、社会民主党组织内阁去管理资本主义社会。

第八，在与社会主义的关系方面，发达资本主义国家在同社会主义国家对抗的同时，又借鉴社会主义国家的一些做法。发达资本主义国家的政府推行了许多旨在提高工人生活水平的改革，实行劳动法、最低工资法、福利经济、公共卫生体制、遗产税、累进所得税等。一些西方学者也承认，要是没有这些改革，很难想象资本主义还会继续存在。

20 世纪 50—70 年代，通过一系列自我调节、改良和改善，发达资本主义国家赢得了资本主义发展历史上的一个"黄金时期"。这表明，当代资本主义仍然具有较强的自我调节能力。然而，1973—1975 年和 1979—1983 年两次较严重的经济危机，说明在资本主义制度下国家干预和调节经济的作用是有限的。凯恩斯主义虽在一定程度上缓解了资本主义矛盾，但没能从根本上解决资本主义社会的基本矛盾，而且还引发不断膨胀的政府开支、巨额的预算赤字和恶性的通货膨胀等严重后果。

20 世纪 80 年代以后，美、英等国家在治理增长停滞和通货膨胀并存的"滞胀"现象时，货币主义和供应学派的新自由主义取代了凯恩斯主义。虽然新自由主义力图解除国家对资本的管制，使资本追求利润的本性得到充分发挥，以解决生产停滞的问题。但在实际生活中，货币主义和供应学派对凯恩斯主义的"取代"，并没有完全达到从国家干预主义回到自由放任主义的程度，而只是在国家干预的范围、程度和形式方面进行了一定的调整。20 世纪 90 年代，为适应新自由主义挑战而崛起的由布莱尔、吉登斯等人倡导的"第三条道路"，所宣传的也是要把国家干预主义模式和自由市场模式的积极方面结合起来，提高宏观经济的稳定性。这表明，对于当代资本主义生存和发展来说，现代市场经济必须要有国家干预，国家干预也必须以市场经济为基础，国家宏观调控已经不可逆转地成为市场经济正常运转不可或缺的内在机制之一。

二、新科技革命和产业革命对资本主义发展的影响

科学技术是人类创造性劳动的产物，是人们认识和改造世界的智慧结晶。它一旦产生出来，就成为造福人类的巨大财富。马克思"把科学首先看成是一个伟大的历史杠杆，看成是按最明显的字面意义而言的革命力量"[1]。在人类历史上，科学技术的每一次重大突破，都会引起生产力深刻变革和人类社会巨大进步。第二次世界大战以后，发达资本主义国家经济快速增长的主要原因是新科技革命的推动。科学技术对经济增长贡献率不断提高，如美国由 1929—1947 年的 31% 提高到 1970—1980 年的 40%，日本由 1956—1964 年的 48.5% 提高到 80 年代的 60%。进入 21 世纪以来，美国、德国等发达资本主义国家经济增长的科技贡献率一般维持在 70%—80%，以色列甚至达到 90%。

新科技革命是继 18 世纪 60 年代开始的第一次工业革命、19 世纪 60 年代开始的第二次科技革命之后的第三次科技革命。这次科技革命，从 20 世纪 40 年代开始一直延续到目前，以原子和电子技术的广泛发展和运用为主要标志，使人类进入了原子和电子时代、自动化和信息化时代。20 世纪 80 年代以来，电子信息技术以数字化和网络化为特征，在向传统产业广泛渗透的同时，催生了新的重要产业。生命科学和生物技术取得重大突破，新材料、新能源、航空航天、海洋等高新技术产业的发展方兴未艾。各种学科相互交叉、渗透、融合，新技术不断涌现。知识和科技的更新速度日益加快，科技成果商品化、产业化的周期大大缩短。与前两次科技革命的重要区别之一是，在这次科技革命中，科学技术与由生产力各要素相互联系构成的生产力系统已经融为一体，广泛而深入地渗透到从微观到宏观的各个层次，科技革命与产业革命同时进行。科学技术作为第一生产力，已经成为经济发展和社会进步最具革命性的推动力量。

新科技革命对生产力发展的推动，主要体现为促使生产力各要素发生变

---

[1]　《马克思恩格斯全集》第 25 卷，人民出版社 2001 年版，第 592 页。

化，首先，在生产工具方面，出现了在机器原有组成部分之外，又增加了控制机，在一定程度上代替了人的脑力劳动，成为人的智能延伸；其次，在劳动对象方面，大量由人工合成的新材料层出不穷，人类可以创造劳动对象；再次，在人的方面，新科技革命对劳动者的科学素质、劳动技能、创造才能提出了高标准和高要求。这一切使生产力在质和量上都发生了巨大变化。

由于在新科技革命中，生产力各要素都得到重大发展和提高，发达资本主义国家的经济经过第二次世界大战后的经济恢复和调整迅猛发展起来。最典型的是在1953—1972年20年间，发达资本主义国家经济普遍、持续快速发展。据经济合作与发展组织的统计材料，在1953—1962年和1963—1972年两个10年期间，发达资本主义国家年均经济增长率为5.5%，日本更是达到8.7%和10.4%。第二次世界大战以后20年间世界资本主义工业的累积产量相当于1800—1953年一个半世纪的产量。发达资本主义国家的产业结构也经历了极其深刻的变化，总的趋势是建立和迅速发展许多新的技术密集型产业和高科技产业，压缩和转移许多劳动密集型产业，对许多资本密集型产业、传统技术产业进行大规模技术改造。高新技术产业特别是信息技术产业迅速崛起，不仅代替工业部门成为经济主导部门，而且渗入传统工业部门，改造它们并使之获得新的提高。

在新科技革命中，科学技术与生产的有机结合，使资本获得了最充分发展的机会。科学技术借助资本成为巨大的生产力，资本主义则借助科学技术获得了巨大的扩张能力。但是，当代资本主义并非没有危机，如20世纪50年代中期的经济危机，70年代中期的经济滞胀，80年代初的经济衰退，90年代初美国的"新经济"泡沫破裂，日本和西欧陷入了持续的危机，等等。特别是2008年由美国次贷危机引发的国际金融危机，使全球经济陷入第二次世界大战以来最严重的衰退。

第二节 资本主义的自我调节没有解决其社会基本矛盾

资本主义的自我调节对于当代资本主义发展的推动，并不是无限的、万能的。第二次世界大战后，发达资本主义国家采取的自我调节，并没有改变或取消在私有制基础上极少数人大量占有生产资料和社会财富的制度本性，也没有消除生产力的资本属性，从而没有也不可能从根本上解决资本主义固有的社会基本矛盾。

一、资本主义社会并没有终结其周期性经济危机

周期性经济危机始终是折磨资本主义社会的一种痼疾。单就世界性经济危机来说，从 1825 年第一次爆发一直到第二次世界大战期间，就爆发了 10 多次。在第二次世界大战结束以后，尽管当代资本主义一再宣称，资本主义周期性经济危机已经被克服或被成功转移，但随之而来的，却总是一轮新的经济危机降临。

周期性经济危机之所以如影随形地始终伴随资本主义，其根本原因在于，在机器大工业基础上形成的社会化大生产和巨大生产能力，使以资本家追逐利润为动力的资本主义制度，具有一种不顾市场限制而无限扩大生产的趋势，而在生产资料资本主义私有制基础上发生作用的剩余价值规律和资本积累规律把劳动群众有支付能力的需求限制在一个狭小的范围内。于是，社会化生产和生产资料的资本主义私人占有之间的矛盾，就造成了资本主义生产无限扩大的趋势和广大劳动群众有支付能力的需求相对缩小之间的矛盾，造成了相对意义上的生产过剩，再加上资本主义自由市场自发调节的运行方式与社会经济按比例发展要求之间的矛盾引起社会生产宏观比例失调，这些积累到一定程度就会爆发经济危机。对于资本主义社会基本矛盾，习近平指出，"有人说，马克思主义政治经济学过时了，《资本论》过时了。这个说法是武断的。远的不说，就从国际金融危机看，许多西方国家经济持续低迷、两极分化加剧、社会矛盾加深，说明资本主义固有的生产社会化和生产资料私人占有之间的矛盾依然存在，但表现形式、存在特点有所不同。"①

美国次贷危机在 2008 年引发了国际金融危机，也是一种资本主义生产过剩危机。所谓次贷危机，是指没有购房能力而且信用程度又很低的人，在通过贷款买房以后无力偿还抵押贷款，而金融机构又把这种贷款通过一种称作"住房抵押贷款支持证券"的金融衍生品拿到金融市场上去交易，把住宅抵押贷款证券化，由此形成了难以控制的金融交易，一旦在一个环节上出现问题就会引起连锁反应，造成金融链条断裂而酿成金融危机。这种金融问题之所以酿成次贷

---

① 习近平：《在哲学社会科学工作座谈会上的讲话》，人民出版社 2016 年版，第 14 页。

危机，是因为以股票、债券和各种金融衍生品为主要载体的虚拟资本获得极大的发展。这种虚拟资本一方面与实体经济严重脱节，另一方面造成的需求假象又诱导实体经济盲目发展，而社会有支付能力的需求却远远跟不上实体经济的发展速度。当社会信用链条在某个环节发生断裂，就会爆发作为经济危机先导的货币危机。从表面上看，美国次贷危机的表现并不是生产出来的房屋卖不掉，而是通过贷款买到房屋的穷人无力支付贷款，这就使实体经济领域中已经存在的生产过剩危机暴露出来。

资本主义的周期性经济危机根源于资本主义社会基本矛盾，只要这个基本矛盾还存在，那么无论资产阶级奉行新自由主义，还是国家干预主义，都不可能终结或转移这种经济危机。

二、资本主义改良并没有解决其社会基本矛盾

当代资本主义通过一系列自我调节和改良，在一定范围适应了生产社会化的发展，一定程度上也缓解了私有制对生产力的束缚，使资本主义社会的阶级矛盾和其他社会矛盾得到暂时缓和；同时，也在新的基础上不断积累和加深这个矛盾。"事实一再告诉我们，马克思、恩格斯关于资本主义社会基本矛盾的分析没有过时，关于资本主义必然消亡、社会主义必然胜利的历史唯物主义观点也没有过时。"[1]

第一，当代资本主义虽然在生产资料所有制方面，通过所有权和经营权的分离、推行雇员持股计划等措施来调整资本主义私有制的实现形式，却并没有消灭私有制。全球最富有的1%人口拥有的财富量超过其余99%人口财富的总和，收入分配不平等、发展空间不平衡令人担忧。[2] 在实际生活中，资本还在进一步集中，垄断程度还在进一步加深。例如，2014—2017年，美国的沃尔玛公司在《财富》世界500强排行榜上连续四年排名第一位，2016年营业收入高达4858.7亿美元，利润则高达136.43亿美元。资本即生产资料日益集中到少数资产阶级手里，必然积累和加深它同社会化大生产的矛盾。

第二，当代资本主义尽管用高工资、高福利政策来缓解劳资、贫富之间的悬殊差距，但实际上资本对劳动力的剥削程度还在加剧。例如，美国的剩余价

---

① 习近平：《关于坚持和发展中国特色社会主义的几个问题》，《求是》2019年第7期。
② 参见《习近平谈治国理政》第二卷，外文出版社2017年版，第480页。

值率在 1909 年为 10%，1950 年为 237%，1970 年为 289%，1987 年为 365%。与此同时，美国的收入分配差距也在不断拉大。近几十年来，各主要资本主义国家的生产率实现了较高增长，管理层的年薪大幅上涨，但一般工人或职员的实际工资并没有与生产率实现同步增长，有时甚至出现停滞或下降。在美国，对高收入群体还多次实施大幅度减税。这些变化说明，当代资本主义不仅没有消灭剥削、缩小贫富差距，而且进一步积累和加深了劳资之间的阶级矛盾和贫富矛盾。

第三，在第二次世界大战以后民族解放运动风起云涌的形势下，虽然帝国主义的殖民制度退出了历史舞台，但以前的殖民主义者、今天的发达资本主义国家仍在利用不合理的国际分工体系，倚仗其在经济、科技等方面的优势，用各种经济手段控制和剥削以前的殖民地半殖民地国家、今天的广大发展中国家，把国内各种社会矛盾和经济危机后果转嫁到广大发展中国家身上。美国等发达资本主义国家还利用金融殖民手段，通过各种金融衍生品从全球攫取巨额红利。这些都加剧了发达资本主义国家同发展中国家的矛盾。

三、当代资本主义面临一系列新矛盾

当代资本主义在不断积累和加深资本主义基本矛盾的同时，借助经济全球化把其基本矛盾推向全世界。这主要表现在以下几个方面：

第一，南北之间贫富差距不断拉大。1980 年，发达国家的国内生产总值在世界国内生产总值中所占比重为 60.19%，发展中国家仅为 20.61%；而到了 2002 年，发达国家的国内生产总值在世界所占比重上升为 80.38%，而发展中国家所占比重则下降到 16.66%。世界上"最不发达国家"由 1989 年的 42 个增至 1994 年的 48 个，占发展中国家近 1/3。瑞信银行《2017 全球财富报告》显示，2016 年年中至 2017 年年中美国财富增长 8.5 万亿美元，占全球财富增长总值的一半。2017 年美国财富达到 93.6 万亿美元，相当于全球财富总值 280 万亿美元的 33%。而非洲仅为 2.5 万亿美元，拉丁美洲仅为 8.1 万亿美元。南北贫富差距不断扩大，不仅是一个道义问题，更是涉及当代资本主义世界体系内的深层次矛盾问题。

第二，发达国家内部贫富悬殊不断扩大。以美国为例，美国家庭收入中位数（将家庭收入数据按大小排序后，位置在最中间的收入数值，更能代表普通民众的收入水平）呈下降趋势。近十几年来，美国民众遭受了收入严重下降的

窘况，2015 年美国家庭收入中位数甚至低于 1999 年的水平。与普通民众收入下降相伴随的，却是富人收入快速增加。事实上，从 20 世纪 80 年代开始，美国就进入了贫富差距扩大的轨道。2008 年国际金融危机后，收入不平等更是急速加剧。从 1980 年到 2015 年，美国收入最低的 20% 底层家庭总收入占全部家庭总收入的比重从 4.2% 降至 3.1%，收入最高的 5% 富裕家庭总收入占比则从 16.5% 飙升至 22.1%，占家庭总数 80% 的中下层家庭总收入占比从 55.9% 下跌至 48.8%。2015 年，美国收入最高的 5% 富裕家庭总收入为 2.2 万亿美元，是美国收入最低的 20% 底层家庭总收入的 7 倍。自 2010 年以来，在大多数欧洲国家，尤其是在法国、德国、英国和意大利，最富裕的 10% 人群占有国民财富的 60%。发达国家内部贫富两极分化的存在，无疑是当代资本主义矛盾的重要体现。

第三，针对发达资本主义国家的恐怖主义活动不断增多。恐怖主义是指，蓄意通过暴力手段，如制造绑架、暗杀、爆炸、空中劫持、扣押人质等造成平民或非战斗伤亡与财产损失，以达到某种政治目的的行为和主张。近年来，在一些西方发达国家推行霸权主义的同时，世界上恐怖主义的危害也日益上升，给世界政治、经济、安全形势带来严重威胁。比如，在美国对阿富汗的塔利班政权进行最初打击以后，本·拉登及其"基地"组织随即发表声明，明确表示美国和以色列是其恐怖活动的打击目标，并在 2001 年 9 月 11 日对美国的象征性建筑——世界贸易中心大楼发动恐怖袭击。又如自 2014 年以来在中东地区肆虐一时的"伊斯兰国"组织，虽然已经遭到沉重打击，但是其"溢出效应"仍不可忽视。应该看到，国际恐怖主义的发展，有深刻复杂的原因。从经济层面讲，南北贫富差距的拉大和矛盾的加深是一个深层次原因。在经济全球化条件下，有一系列因素促进了国际恐怖主义的发展，诸如贫富差距扩大、穷国向富国的移民潮、分离主义、毒品犯罪等为恐怖主义提供了必要条件。发达资本主义国家强行推行西方价值观、奉行双重标准，也激化了一些国家和地区的民族情绪和民族矛盾。

第四，资本主义的生产方式、生活方式与生态环境之间的矛盾加剧。自工业革命以来，资产阶级就在借助生产技术改造自然、发展经济的过程中，不合理地开发利用自然资源，造成全球性的环境污染和生态破坏，再加上没有节制的消费主义、享乐主义恶性发展，终于酿成了原料、能源危机和环境生态危机，对人类的生存和发展构成了现实的威胁。现今，发达资本主义国家的人口占世界总人口的 15%，却消耗着 80%的世界资源。其中，美国的人口不足世界总人口的 5%，却消耗着 25%的世界资源。

第三节　社会主义经历一个长期发展过程必然取代资本主义

20 世纪 80 年代末 90 年代初，以东欧剧变、苏联解体、苏共垮台为标志，世界社会主义遭受严重挫折。有的西方学者迫不及待地宣告"历史的终结"，认为资本主义已经全面战胜了社会发展的其他模式，现在不是资本主义向社会主义转变的时代，而是资本主义在世界扩张的时代。有的西方政客也宣称，人类处在资本主义已经无可替代的世界上，不应再把社会主义视为制度、目标，而应把社会主义视为对现存社会的不断调整，以实现平等和互助的价值，"告别社会主义"制度。如何认识世界社会主义出现的曲折，是科学社会主义必须研究和回答的重大时代课题。

一、世界社会主义挫折没有逆转社会主义代替资本主义的历史必然性

社会主义作为人类历史上崭新的思想体系和社会制度，是在迎接各种各样的挑战过程中，求得生存和发展的。从科学社会主义诞生之日起，社会主义就在历经曲折和艰辛中逐步发展壮大起来，实现了从理论到实践的飞跃，取得了一国到多国的胜利。应该说，社会主义的理论和实践在探索、保证全体人民的政治平等和当家作主，消灭人剥削人的制度，消除两极分化、贫富悬殊，建设新型的思想道德文化等方面，取得了巨大的进步，也积累了丰富的经验。实践证明，社会主义是指引世界上处于剥削制度压迫之下的无产阶级和劳动人民改变自己命运、获得社会解放、建设幸福生活的正确道路。

第一，东欧剧变、苏联解体、苏共垮台导致的世界社会主义曲折，并不是社会主义制度的失败，也不是科学社会主义理论造成的。这一历史剧变，既有历史原因也有现实原因；既有自身原因也有外部原因。苏联和东欧社会主义国家党的建设特别是党的政治建设出现偏差，先进性和执政能力衰退，放弃了马克思主义指导地位，失去了党长期执政的阶级基础和群众基础；长期实行高度集中的政治经济体制，越来越不适应经济社会发展的要求；以美国为首的西方

国家长期进行"和平演变",不遗余力瓦解苏联和东欧国家的社会主义制度。东欧剧变、苏联解体不等于社会主义制度本身的失败,恰恰是因为在一些重要问题上没有遵从科学社会主义基本原则。从历史长河来看,这只是社会主义在发展过程中遭受的一次严重挫折,没有也不可能逆转社会主义代替资本主义的历史必然性。

第二,资本主义发展到今天,它的社会制度无论怎样调整,都不可能从根本上解决资本主义社会的基本矛盾。导致资本主义必然要被社会主义取代的那些因素,如资本主义生产关系过于狭窄、容纳不下它创造的财富,生产资料的集中和劳动的社会化同其资本主义私有制的外壳不能相容等问题,通过改良,虽然暂时能够得到一定缓解,但并不会消失。马克思说,"无论哪一个社会形态,在它所能容纳的全部生产力发挥出来以前,是决不会灭亡的"[1]。这些调整和改良,正是使资本主义社会形态所容纳的全部生产力发挥出来的重要步骤,某种意义上为资本主义向社会主义过渡奠定了更加坚实的基础,为这一过渡的来临创造了更加充分的前提。

第三,资本主义基本矛盾的存在和激化,决定了经济危机出现的必然性,当资本主义再也无法在既有社会制度框架内克服危机时,资本主义必然走向灭亡,社会主义必然取得胜利。在当代资本主义社会,生产的社会化与生产资料的私人占有之间的矛盾有了新的表现形式:金融企业创新的无限性与社会金融产品消费不足的矛盾,使金融衍生品带来的问题越来越突出;个别企业生产的节约性与整个社会生产的巨大浪费之间的矛盾,造成人们欲求无限膨胀;国家治理的利益集团化与人民大众利益的冲突,使整个社会陷入治理的危机之中。从人类历史发展的大趋势而言,社会主义在全球取代资本主义,是最终彻底解决无论是一国还是世界范围经济危机的决定性条件。当然,这将是一个长期的历史过程。

二、发展中国家在历史比较中思考和选择发展道路

中国特色社会主义进入新时代,拓展了发展中国家走向现代化的途径,给世界上那些既希望加快发展又希望保持自身独立性的国家和民族提供了全新选择,为解决人类问题贡献了中国智慧和中国方案。发展中国家在持续的历史对

---

① 《马克思恩格斯文集》第2卷,人民出版社2009年版,第592页。

比中深入思考，将深刻影响发展中国家未来发展的路径选择，将为社会主义在
21世纪的复兴提供有利条件。

"发展中国家"这个概念是20世纪60年代兴起的。虽然联合国、世界银
行等国际组织对发展中国家有不同的划分标准，但是发展中国家的概念已经被
国际社会广为接受。一般认为，发展中国家是相对于发达国家而言的，是一个
包括160多个国家在内的庞大的国家群体。发展中国家都有过被奴役或控制的
历史遭遇，当今都在经济上不够发达，都主张独立自主谋求本国经济社会发
展，在政治上面对霸权主义和强权政治，要求改善全球治理，建立国际政治经
济新秩序，实现国际关系民主化，维护地区与世界和平。

自从社会主义制度创立、社会主义国家诞生以来，世界上开辟了一条不同
于资本主义制度的新的发展道路，深刻影响了整个人类社会的历史发展走向。
面对两种制度、两条道路，广大发展中国家在历史比较中进行思考和选择。

第一，数百年来，发展中国家长期落后的最根本原因就是西方资本主义国
家的侵略和奴役。发展中国家拥有悠久的历史、灿烂的文明、众多的人口、丰
富的资源，但是由于西方资本主义国家历史上长达数百年的侵略和奴役，扭曲
了发展中国家的历史发展进程，使发展中国家陷入长期落后的境地。资产阶级
从印第安人手中掠夺了大量金银等贵金属，罪恶的奴隶贸易使非洲损失了近1
亿人口，中国、印度等古老的东方国家成为资本主义的资源掠夺地和商品倾销
地，资本主义的发展正是伴随着对广大亚非拉地区的压迫和掠夺而实现的。在
资本主义的全球扩张形成的资本主义世界体系中，形成了资本主义宗主国与殖
民地半殖民地的对立，"使未开化和半开化的国家从属于文明的国家，使农民
的民族从属于资产阶级的民族，使东方从属于西方"[①]。第二次世界大战之后掀
起民族独立浪潮，出现一系列民族独立国家，冲破了帝国主义殖民体系。西方
资本主义国家则改变策略，通过干涉民族独立国家政局、挑起局部冲突、制定
和实行不合理的国际贸易规则、扩大初级产品和工业制成品的剪刀差、利用高
科技优势和金融霸权地位等手段，继续从政治上控制发展中国家、从经济上剥
削发展中国家，使发展中国家的经济社会长期得不到良好发展。

第二，十月革命以来，发展中国家取得进步，一定程度上是由于社会主义
国家的大力支援和帮助。根据列宁关于帝国主义时代的民族解放斗争是世界无

---

① 《马克思恩格斯文集》第2卷，人民出版社2009年版，第36页。

产阶级革命一部分的理论，一部分殖民地半殖民地国家在无产阶级政党领导下夺取了民族解放斗争的胜利，并建立起社会主义制度，走上了社会主义道路。社会主义国家为推动殖民地半殖民地的民族独立运动发展，提供了坚决的支援和帮助。社会主义国家一方面通过给予经济援助、支持发展中国家团结合作等方式提供直接支持，另一方面在国际上广泛开展与帝国主义国家的斗争，形成了强有力的支持民族解放运动的正义呼声。社会主义国家支援下的民族解放运动，最终使100多个殖民地半殖民地国家获得独立，旧的世界殖民体系土崩瓦解。中国等一些经济文化相对落后的国家走上社会主义道路之后，在增强综合国力和改善人民生活水平方面的突出成就，为新独立的民族国家树立了光辉榜样，产生了巨大的吸引力。20世纪50—70年代，出现了一个民族社会主义发展高潮。如亚洲的印度尼西亚、缅甸、印度，非洲的埃及、加纳、坦桑尼亚、赞比亚，拉丁美洲的圭亚那、智利等许多发展中国家，都曾宣称走社会主义道路，社会主义的确在全球范围内促进了发展中国家的发展。当然，这些民族社会主义本质上不属于科学社会主义。而且奉行民族社会主义的国家在发展遇到挫折时也相继放弃了社会主义政策，都转向了资本主义道路。

第三，冷战结束以来，发展中国家走资本主义道路无一例外都不成功，最根本的原因就是西方国家为维护和扩大垄断资本利益推行新自由主义模式。西方国家打着"人权、自由、民主"的旗号，变换手法维护和扩大垄断资本的利益，用所谓新自由主义模式阻断发展中国家的独立发展道路，用西式民主干扰发展中国家的政治进程，用所谓"普世价值"输出有利于垄断资产阶级的价值观，并且在特定情况下直接侵犯一些发展中国家的主权、颠覆一些发展中国家的政权。在非洲，西方国家出钱出枪，拉一派打一派，扶植代理人上台执政；在西亚北非，西方国家颠覆独立国家的政权，造成大规模难民潮，并引发了恐怖活动加剧；在拉美，美国继续把拉美国家当作自己的"后院"，采取各种方式干涉拉美国家的主权。2010年和2011年西方国家煽动的"阿拉伯之春"已经演变成"阿拉伯寒冬"。叙利亚、伊拉克、利比亚和也门等国发生的事件造成巨大损失，一些国际评估结果显示，基础设施损失达到9000亿美元，这些事件还造成超过140万人死亡，1500多万人沦为难民。一些发达国家利用这种战乱和混乱为自己获取利益。

第四，近年来，发展中国家认识到，中国特色社会主义道路是正确的可以借鉴的道路。在20世纪80年代末90年代初世界社会主义遭遇挫折、步入低谷时期，中国坚持改革开放和社会主义现代化建设，走出一条中国特色社会主义的成功之路，在世界上高高举起中国特色社会主义伟大旗帜。今天，中国已经成为世界第二大经济体、第一大工业国、第一大货物贸易国、第一大外汇储备国。40 年来，按照可比价格计算，中国国内生产总值年均增长约 9.5%；以美元计算，中国对外贸易额年均增长 14.5%。中国人民生活从短缺走向充裕、从贫困走向小康，现行联合国标准下的 7 亿多贫困人口成功脱贫，占同期全球减贫人口总数 70% 以上。[①] 在处理对外关系时，"中国不打地缘博弈小算盘，不搞封闭排他小圈子，不做凌驾于人的强买强卖"[②]。中国特色社会主义倡导的是平等参与共同享有的经济全球化，一贯反对独享独占的经济全球化。一方面为一些发展中国家实现现代化提供经济积累，中国与发展中国家互利共赢的贸易使很多发展中国家获得了丰厚的利益；另一方面提供经济制度和发展方式的借鉴。如埃塞俄比亚遵循了中国成功践行的国家主导大力投资的发展模式，成功吸引外国制造业者，成为撒哈拉以南非洲一面希望的旗帜，说明这个迄今地球上最贫困的地区能够遵循让世界其他地区富裕起来的常见发展模式。

更重要的是，中国认为文明是平等的、多彩的、包容的，将文明交流互鉴视为推动人类文明进步和世界和平发展的重要动力。中国积极推进全球治理，秉持"正确义利观"，开创同发展中国家战略合作的新境界，致力于破解全球治理赤字、信任赤字、和平赤字、发展赤字。"我们所做的一切都是为人民谋幸福，为民族谋复兴，为世界谋大同。"[③] 中国提出人类命运共同体思想，与广大发展中国家分别建立中非合作论坛、中阿合作论坛、中拉论坛等区域合作机制，积极推动"南南合作"等国际机制有效运行，深化了发展中国家的团结合作。中国组建联合国维和待命部队，向发展中国家提供多种类型的发展援助项目，免除对一些最不发达国家、内陆发展中国家、小岛屿发展中国家的到期未还债务，推动解决伊朗核问题、叙利亚问题、南苏丹问题等重大国际问题，为维护世界和平与促进共同发展作出了重大贡献。1950 年至 2016 年，中国在自身长期发展水平和人民生活水平不高的情况下，累计对外提供援款 4000 多亿元

---

① 参见习近平：《开放共创繁荣 创新引领未来：在博鳌亚洲论坛 2018 年年会开幕式上的主旨演讲》，人民出版社 2018 年版，第 3 页。

② 习近平：《开放共创繁荣 创新引领未来：在博鳌亚洲论坛 2018 年年会开幕式上的主旨演讲》，人民出版社 2018 年版，第 13 页。

③ 《习近平会见联合国秘书长古特雷斯》，《人民日报》2018 年 4 月 9 日。

人民币，实施各类援外项目 5000 多个，其中成套项目近 3000 个，举办 11000 多期培训班，为发展中国家在华培训各类人员 26 万多名。改革开放以来，中国累计吸引外资超过 1.7 万亿美元，累计对外直接投资超过 1.2 万亿美元，为世界经济发展作出了巨大贡献。国际金融危机爆发以来，中国经济增长对世界经济增长的贡献率年均在 30% 以上。这些数字，在世界上都是名列前茅的。①

三、科学社会主义在世界上高高举起了中国特色社会主义伟大旗帜

在遭遇东欧剧变、苏联解体那样的巨大挫折和曲折以后，世界上许多进步力量在总结教训和适应时代发展新要求的基础上，继续坚定地进行迈向社会主义、建设社会主义新的探索。其中，以中国共产党带领中国人民建设中国特色社会主义尤为典型，创造出令世人惊叹的"中国奇迹"，彰显了社会主义制度独特的创造力和强大生机活力。

第一，中国特色社会主义在遵循科学社会主义基本原则的基础上形成、坚持和完善中国特色社会主义制度，彰显出社会主义具有不断变革和自我完善的强大生机活力。坚持社会主义制度是进行社会主义现代化建设的根本前提。然而，要真正坚持科学社会主义，还必须坚持和完善与生产力发展和具体国情相适应的社会主义制度体系。"中国特色社会主义制度是党和人民在长期实践探索中形成的科学制度体系，我国国家治理一切工作和活动都依照中国特色社会主义制度展开"②。中国特色社会主义强调要坚持社会主义，不是固守已经被实践证明不适应时代、不符合国情的发展道路和发展模式，而是在制度层面上结合本国实际坚持马克思主义，坚持支撑中国特色社会主义制度的根本制度、基本制度、重要制度，同时又改革不适应生产力发展的具体体制。中国人民以中国特色社会主义制度体系为依托，坚持聚精会神搞建设、坚持改革开放不动摇，持之以恒，锲而不舍，推动中国发生了翻天覆地的变化。

第二，中国特色社会主义立足本国实际建设社会主义，彰显出社会主义具有同实践不断结合发展壮大的强大生机活力。20 世纪世界社会主义面对的一个重要问题，是社会主义没有像马克思主义经典作家设想的那样，首先在发达资本主义国家取得胜利，而是在经济文化比较落后的国家取得胜利。这样的国家

---

① 参见《习近平谈治国理政》第二卷，外文出版社 2017 年版，第 484 页。
② 《中共中央关于坚持和完善中国特色社会主义制度、推进国家治理体系和治理能力现代化若干重大问题的决定》，人民出版社 2019 年版，第 1—2 页。

能否在一定条件下跨越资本主义的充分发达阶段去建设社会主义，成了一个难题。中国特色社会主义始终立足于本国实际，强调必须坚持马克思主义，坚持走社会主义道路，强调"马克思主义必须是同中国实际相结合的马克思主义，社会主义必须是切合中国实际的有中国特色的社会主义"①。"社会主义并没有定于一尊、一成不变的套路，只有把科学社会主义基本原则同本国具体实际、历史文化传统、时代要求紧密结合起来，在实践中不断探索总结，才能把蓝图变为美好现实。"② 中国共产党把科学社会主义基本原则与中国实践相结合，形成邓小平理论、"三个代表"重要思想、科学发展观、习近平新时代中国特色社会主义思想这些理论创新成果，在此基础上制定了正确的路线方针和政策，使中国特色社会主义在实践中展现出勃勃生机，彰显出社会主义制度的优越性和生命力。

　　第三，中国特色社会主义坚持与时代发展同进步，彰显出社会主义具有能伴随时代和实践的发展而发展起来的强大生机活力。时代主题与根本任务是紧密相连的。不同的时代具有不同的实践主题，也被赋予了不同任务。当今时代的发展表现在诸多方面，其中最重要的一点就是时代主题的转换。根据马克思主义时代观，时代的划分是有层次的。在由资本主义向社会主义过渡的大时代中，20世纪前半个世纪的时代主题是战争与革命，后半个世纪至今的时代主题是和平与发展。在战争与革命的时代，建立社会主义制度是无产阶级一切工作的前提条件，开展阶级斗争、武装夺取政权是中心内容。在和平与发展的时代条件下，发展成为解决一切问题的关键，经济建设成为中心，其余任务都要服从、服务于这个中心。如果不能及时实现这个转变，不能把工作重点转移到社会主义现代化建设上来，势必落后于时代。正如邓小平指出的："我们要赶上时代，这是改革要达到的目的。"③ 尤其是20世纪后半期以来，世界范围蓬勃兴起的新科技革命推动世界经济以更快的速度向前发展。伴随经济全球化和世界多极化趋势的加速发展，世界范围兴起了一场以增强综合国力为目标的改革调整浪潮。这股浪潮涉及国家之广泛、影响程度之深刻、持续时间之长久，都是前所未有的。世界格局和国际形势发生的巨大变化，深深地影响世界历史进程，也深深地影响社会主义发展进程。中国特色社会主义充分利用经济全球化

① 《邓小平文选》第三卷，人民出版社1993年版，第63页。
② 习近平：《在纪念马克思诞辰200周年大会上的讲话》，《人民日报》2018年5月5日。
③ 《邓小平文选》第三卷，人民出版社1993年版，第242页。

带来的各种有利条件和机遇，同时对此带来的风险始终保持清醒认识，积极应对全球化带来的风险和挑战，取得了显著的发展成就，有力地驳斥了社会主义"过时论""终结论"，彰显了社会主义制度强大的说服力和感召力。

四、社会主义的发展前景和中国的担当

马克思主义运用历史唯物主义揭示了人类社会历史发展不可逆转的总趋势：封建社会代替奴隶社会，资本主义代替封建主义，社会主义经历一个长期发展过程后必然代替资本主义。这是从决定世界社会主义发展前景的人类历史发展规律角度来讲的。我们要以科学的态度对待科学，以真理的精神追求真理，不断开辟21世纪社会主义、当代中国社会主义的新境界。

在当今世界，虽然资本主义在与社会主义的总体力量对比中仍然占有优势，但是其政治经济实力相对下降，衰退趋势越来越明显。西方新自由主义在经济危机中丧失信誉，受到人们的普遍质疑。发达国家主导的世界体系既无法解决严重的国内问题，也无力解决愈演愈烈的国际治理危机。美国虽仍处于"一超独霸"的地位，但是受到各种力量越来越多的抵制，其采取的刺激经济增长的短视政策，从长远来看无法扭转发展颓势。其他发达资本主义国家在经济、政治、社会各方面也问题重重。同时，世界社会主义和左翼进步势力却呈现出明显的复兴势头，开始进入世界社会主义发展长周期的上升期。各社会主义国家分别采取了符合本国实际的改革举措，社会主义理论和实践更加丰富多彩，社会主义制度更加富有活力，特别是中国在世界上高高举起了中国特色社会主义伟大旗帜。世界社会主义和左翼力量的国际联合形成声势，世界性的共产党工人党会议多次召开，加强了沟通协调和联系。各种进步力量对资本主义批判的观点和主张得到进一步检验和发展，社会主义运动发展到一个新的水平。

从世界历史进程看，社会主义历史还相对较短，总的来说还处在探索和发展初期。还要看到，十月革命以来先后诞生的社会主义国家，原来基本上都是经济文化比较落后的国家。在建立社会主义基本制度以后，要彻底改变这种落后面貌，需要经历一个漫长的发展过程，在前进途中也不可避免地会遇到许多难以预料和想象的困难与风险，不可能一帆风顺。"现在，外部环境复杂，风险挑战严峻，不稳定不确定因素明显增多。"① 邓小平曾经指出，巩固和发展社

---

① 习近平：《在"不忘初心、牢记使命"主题教育工作会议上的讲话》，《求是》2019年第13期。

会主义制度，还需要一个很长的历史阶段，需要我们几代人、十几代人，甚至几十代人坚持不懈地努力奋斗。由于社会主义是一种崭新的社会制度，没有现成的经验可以遵循，需要不断实践、认识、再实践、再认识，在这个过程中就可能发生这样那样的失误以至挫折。

实际上，任何新的社会制度建立和巩固，都要经过艰难曲折和反复斗争，都有一个从不成熟到成熟的过程。封建制度代替奴隶制度是这样，资本主义制度代替封建制度也是这样。以资本主义制度代替封建制度为例，资产阶级革命较早发生的英国，1640 年的革命推翻了国王，但 1660 年旧王朝便复辟了；直到 1688 年，资产阶级政党以政变的方式从荷兰迎来一个带着荷兰海陆军进入英国的国王，才使英国的资产阶级政权稳定下来。法国资产阶级革命从 1789 年爆发到 1870 年第三共和国成立，经过了 81 年。整个资本主义制度，大体经历了二三百年时间，才逐渐成熟起来。如果从资本主义生产关系在封建社会萌芽到这种生产关系在世界上占统治地位而言，则时间长达五六百年。资产阶级革命，资本主义制度的成长和成熟，是用一种剥削关系和私有制度代替另一种剥削关系和私有制度，尚要经过曲折复杂的斗争和长期的过程。无产阶级建立社会主义制度，是要消灭一切剥削制度，并且只能在夺取政权后，才能建立社会主义的生产关系，因此社会主义制度的成长和成熟，既不可能一帆风顺，也不可能一蹴而就。出现曲折和风波是完全正常的，社会主义只能在大风大浪中发展和臻于成熟、完善。正如列宁指出的："在这样崭新、艰难和伟大的事业中，缺点、错误和失误是不可避免的。谁害怕社会主义建设中的困难，谁被这些困难吓倒，谁见了这些困难就悲观失望或者张皇失措起来，谁就不是社会主义者。"[1] 习近平深刻把握了实现共产主义的辩证法，强调要坚持共产主义远大理想："我们要全面掌握辩证唯物主义和历史唯物主义的世界观和方法论，深刻认识实现共产主义是由一个一个阶段性目标逐步达成的历史过程，把共产主义远大理想同中国特色社会主义共同理想统一起来、同我们正在做的事情统一起来，坚定中国特色社会主义道路自信、理论自信、制度自信、文化自信，坚守共产党人的理想信念，像马克思那样，为共产主义奋斗终身。"[2]

社会主义作为一种运动，在其已历经的一个半多世纪风云中，充满了高

---

[1] 《列宁选集》第 4 卷，人民出版社 2012 年版，第 130 页。
[2] 习近平：《在纪念马克思诞辰 200 周年大会上的讲话》，《人民日报》2018 年 5 月 5 日。

潮、低潮、推进、反复、成功、挫折，但总趋势是越过一个又一个低潮不断走向高涨，社会主义原则也在这一过程中获得了更深刻的实现。社会主义制度尽管还比较年轻，但在经历了风风雨雨的磨难后，执政的共产党人已积累了丰富经验。人们对社会主义社会发展规律的认识，从来没有像今天这样清醒、深刻和正确。中国特色社会主义在充分展示社会主义优越性和强大生机活力、促进资本主义国家人民改变观念、改变对社会主义的认识等方面提供了成功范例。邓小平在 20 世纪 80 年代指出："我们中国要用本世纪末期的二十年，再加上下个世纪的五十年，共七十年的时间，努力向世界证明社会主义优于资本主义。我们要用发展生产力和科学技术的实践，用精神文明、物质文明建设的实践，证明社会主义制度优于资本主义制度，让发达的资本主义国家的人民认识到，社会主义确实比资本主义好。"[①] 当前，我们依然处在马克思主义所指明的从资本主义向社会主义、共产主义过渡的历史时代。随着社会生产力的进一步发展，资本主义越来越暴露出制度上难以克服的弊端，世界各国人民求变革、求和平、求发展的愿望更加迫切，社会主义必将用自己的实践向世人展示走向振兴的光明前景，强烈地表明社会主义优于资本主义、社会主义是必由之路，科学社会主义的最终目标——共产主义必将实现。

思考题：

1. 第二次世界大战以后，以发达资本主义国家为代表的当代资本主义出现了哪些新变化？出现这些新变化的根本原因是什么？如何认识这些新变化？

2. 为什么说第二次世界大战结束后，发达资本主义国家的自我调节并没有根本解决其基本矛盾，反而在新基础上积累和加深着资本主义基本矛盾？

3. 结合实际，谈谈对社会主义必将代替资本主义科学论断的认识。

4. 为什么说中国特色社会主义进入新时代为解决人类问题贡献了中国智慧和中国方案？

[①] 《邓小平年谱（1975—1997）》（下），中央文献出版社 2004 年版，第 1255 页。

阅 读 文 献

■《马克思恩格斯全集》第18、25、38卷，人民出版社1964、2001、1972年版。

■《马克思恩格斯文集》第1—10卷，人民出版社2009年版。

■《列宁全集》第12、24、27、28、32、34、36、38、41、42、43、60卷，人民出版社1990、2017年版。

■《列宁选集》第1—4卷，人民出版社2012年版。

■《斯大林选集》上、下卷，人民出版社1979年版。

■《毛泽东选集》第一至四卷，人民出版社1991年版。

■《毛泽东文集》第五至七卷，人民出版社1996、1999年版。

■《邓小平文选》第二、三卷，人民出版社1994、1993年版。

■《邓小平年谱（1975—1997)》（下），中央文献出版社2004年版。

■《江泽民文选》第三卷，人民出版社2006年版。

■《胡锦涛文选》第三卷，人民出版社2016年版。

■《习近平谈治国理政》第一至三卷，外文出版社2018、2017、2020年版。

■《习近平新时代中国特色社会主义思想三十讲》，学习出版社2018年版。

■《习近平新时代中国特色社会主义思想学习纲要》，学习出版社2019年版。

■《十八大以来重要文献选编》（上、中、下），中央文献出版社2014、2016、2018年版。

■《十九大以来重要文献选编》（上），中央文献出版社2019年版。

人名译名对照表

［德］	马克思	Karl Marx
［德］	恩格斯	Friedrich Engels
［俄］	列宁	Владимир Ильич Ленин
［苏联］	斯大林	И. В. Сталин
［德］	康德	Immanuel Kant
［法］	拉普拉斯	Laplace
［德］	黑格尔	Georg Wilhelm Friedrich Hegel
［古希腊］	柏拉图	Plato
［英］	培根	Francis Bacon
［法］	孟德斯鸠	Charles de Secondat, de Montesquieu
［法］	伏尔泰	Voltaire
［法］	卢梭	Jean-Jacques Rousseau
［英］	莫尔	Thomas More
［意大利］	康帕内拉	Tommaso Companelle
［德］	闵采尔	Thomas Müntzer
［英］	温斯坦莱	Gerrard Winstanley
［法］	摩莱里	Morelly
［法］	马布利	Gabriel Bonnot de Mably
［法］	圣西门	Comte de Saint-Simon
［法］	傅立叶	Charles Fourier
［英］	欧文	Robert Owen
［俄］	查苏利奇	Вера Ивановна Засулич
［德］	魏德迈	Joseph Weydemeyer
［德］	考茨基	Karl Kautsky
［苏联］	托洛茨基	Лев Давидович Троцкий
［俄］	普列汉诺夫	Валентинович Георгий Плеханов
［苏联］	戈尔巴乔夫	Михаил Сергеевич Горбачёв
［苏联］	赫鲁晓夫	Никита Сергеевич Хрущёв

［苏联］	勃列日涅夫	Леонид Ильич Брежнев
［苏联］	安德罗波夫	Юрий Владимирович Андропов
［苏联］	契尔年科	Константин Устинович Черненко
［俄罗斯］	叶利钦	Борис Николаевич Ельцин

第一版后记

《科学社会主义概论》教材是马克思主义理论研究和建设工程重点教材。在编写过程中，得到了马克思主义理论研究和建设工程咨询委员会的指导，得到了中央有关部门和专家学者的帮助和支持。同时，广泛听取了高校科学社会主义课程教师和大学生的意见和建议。

本教材由首席专家李君如、赵曜、靳辉明和严书翰主持编写。课题组主要成员参加了本教材的讨论、撰写工作。参加教材撰写、修改的还有：龚学增、胡振良、青连斌、刘海涛、常欣欣、贾建芳、牛先锋、白平浩、冯书泉、郭强等。张磊主持了工程办公室组织的统稿和审改。王心富、邵文辉、宋凌云、田岩、李海青、冯宏良、王燕燕等参加统稿和审改。参加集中阅看并提出修改意见的有：杨金海、颜晓峰、秦宣、徐遥、辛向阳、韩久根、卫庶等。

2011 年 3 月

第二版后记

组织全面修订马克思主义理论研究和建设工程重点教材，是推动习近平新时代中国特色社会主义思想和党的十九大精神进教材、进课堂、进头脑的重要举措。《科学社会主义概论》（第二版）是在第一版教材基础上修订而成的。在教材修订过程中，得到了马克思主义理论研究和建设工程咨询委员会的指导，得到了中央有关部门和有关专家学者的帮助和支持。同时，也广泛听取了高校专业课程教师和学生的意见和建议。

教材修订课题组由方立、靳诺任首席专家，闫志民、许耀桐、辛向阳、蒲国良、郭强、孟鑫、冯宏良、郭春生、郑云天作为主要成员参加修订。何成主持了工程办公室组织的审改定稿工作。王昆、王勇、石文磊、田岩、冯静、曹守亮、刘一、聂大富等参加了审改。参加集中审阅并提出修改意见的有严书翰、刘建军、周春明、陶文昭、季正聚、姜辉、肖贵清、刘志明、徐成芳、张新、李玉峰、史伟等。

2020 年 8 月